MUSÉE IMPÉRIAL DU LOUVRE.

PRIX : 1 FR. 50 C.

NOTICE

DES

ANTIQUITÉS, OBJETS DU MOYEN AGE, DE LA RENAISSANCE

ET DES TEMPS MODERNES

COMPOSANT LE

MUSÉE DES SOUVERAINS

PAR

Henry BARBET DE JOUY

CONSERVATEUR DU MUSÉE DES SOUVERAINS ET DES OBTETS D'ART
DU MOYEN AGE ET DE LA RENAISSANCE.

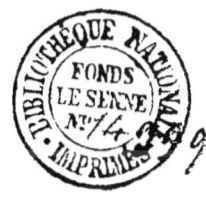

PARIS

CHARLES DE MOURGUES FRÈRES

Imprimeurs des Musées impériaux

RUE J.-J. ROUSSEAU, 8.

1866

A MONSIEUR LE COMTE DE NIEUWERKERKE,

SÉNATEUR,

SURINTENDANT DES BEAUX-ARTS, MEMBRE DE L'INSTITUT.

Monsieur le Surintendant,

Quatorze années se sont écoulées depuis la création du Musée des Souverains.

C'est en 1852 que l'Empereur a décidé que tous les objets ayant appartenu aux Souverains qui ont régné sur la France seraient recherchés, réunis, et placés dans le palais du Louvre.

Les intentions de Sa Majesté sont exprimées dans son décret du 15 février :

« Louis-Napoléon,

« Président de la République française,

« Sur le rapport du Ministre de l'Intérieur ;

« Considérant qu'il est d'un grand intérêt pour l'art et pour l'histoire de réunir dans une seule et même collection tous les objets ayant appartenu, d'après constatation authentique, aux différents Souverains qui ont régné sur la France ;

« Que ces objets, aujourd'hui disséminés dans un grand nombre d'établissements publics, y sont pour la plupart peu dignement placés;

« Considérant, en outre, que le nouveau Musée s'enrichira encore des dons particuliers que pourront lui faire les possesseurs de semblables objets,

« Décrète : (1)

« Art. 1er. Il est créé à la Direction générale des Musées un Musée spécial destiné à recevoir tous les objets ayant appartenu authentiquement aux Souverains qui ont régné sur la France.

« Art. 2. Le Ministre de l'intérieur est autorisé à faire rechercher, par le Directeur général des Musées, tous les objets en question, et à les faire retirer des divers musées, bibliothèques, garde-meubles et autres établissements appartenant à l'État, pour les réunir au Musée du Louvre dans les salles qui seront spécialement affectées à cette collection.

« Art. 3. Le Ministre de l'intérieur est chargé de l'exécution du présent décret.

« Fait au palais des Tuileries, le 15 février 1852. »

L'emplacement choisi dans le Palais du Louvre pour y établir le Musée des Souverains a été celui qu'au commencement de son règne l'Empereur Napoléon Ier avait indiqué pour un appartement d'apparat et de réception, dont une Salle du Trône eût occupé la pièce principale; cette Salle du Trône, située au centre et dans

---

(1) Une note explicative du décret a été insérée dans le *Moniteur* du 4 mars 1852.

l'axe de la façade qui ayant ses vues au couchant sur la cour du Louvre, est adossée à la colonnade de Perrault, est celle que vous avez désignée pour recevoir les objets, précieux à tous et chers au peuple, pour avoir appartenu au glorieux fondateur de la dynastie impériale. Le soin de la décorer pour sa destination nouvelle fut confié au talent éprouvé de M. Duban, et nous dirons, en la décrivant [1], comment cet artiste habile y a su réussir.

La grande salle attenante au Salon impérial, et les deux pièces qui précèdent cette salle, fort intéressantes par les lambris et les plafonds sculptés dont elles sont revêtues, ont par leur adjonction complété l'établissement du Musée et rempli le but de sa création. Elles ont été disposées pour recueillir et conserver les rares objets que le temps, les guerres religieuses et les révolutions sociales ont épargnés, parmi ceux que recommandait aux respects des hommes la mémoire des rois qui les ont gouvernés : ce sont les restes vénérables des premiers siècles de la monarchie ; ce sont les objets consacrés par un usage royal, quelques-uns sauvegardés par la piété, transmis par la tradition, tous dignes d'intérêt par les noms qu'ils rappellent, et beaucoup d'entre eux précieux par l'art qu'ils manifestent. Leur ensemble accuse et explique la succession des temps, les différences des races, la transformation des mœurs et des usages en France. C'est ainsi que de leur rapprochement résulte le plus sûr comme le plus rapide enseignement pour l'historien et pour l'artiste.

---

(1) Page xxvii.

En exécution du décret du prince, et pour régler les difficultés qui pourraient s'élever à propos des revendications à faire, M. le Ministre de l'Intérieur, par un arrêté en date du 13 mars 1852, institua, sous la présidence du Directeur général des Musées, une commission composée de MM. Naudet, Mérimée, comte de Viel-Castel, Sauvageot. Cette commission, que vous avez présidée, Monsieur le Surintendant, et dont M. Mérimée a été le secrétaire, a apporté dans l'accomplissement de sa tâche délicate, un esprit de très-grande réserve, s'est entourée d'avis contradictoires, et parmi beaucoup d'objets qui lui étaient offerts n'a voulu faire qu'un choix sévère et limité.

Au premier rang des objets ayant appartenu aux souverains sont ceux qui n'ayant été à l'usage d'aucun d'eux particulièrement, ont servi à tous tour à tour : ce sont les ornements impériaux et royaux dont ils étaient revêtus le jour de leur sacre et couronnement, et pour ce jour seulement.

Les cérémonies du sacre et couronnement des rois de France nous sont connues par des relations contemporaines ne négligeant aucun détail, et par des formulaires qui, en maintenant la tradition, l'ont transmise de règne en règne.

Théodore Godefroy en a fait l'objet principal de son livre du *Cérémonial français* [1] : il y a inséré tous les extraits des historiens qui mentionnent ou décrivent

---

(1) Paris, M.DC.XLIX.

les sacres, et les formulaires qui prescrivent l'ordre que l'on y doit suivre. Le plus ancien de ces formulaires est celui que Louis le Jeune fit rédiger, en 1179, pour le sacre de son fils, Philippe Auguste. Celui de Louis VIII est de 1223, et l'ordonnance de saint Louis ne lui est postérieure que de trois années; il est intéressant de les étudier en les comparant avec le formulaire de 1365, corrigé et mis par écrit d'après le commandement du roi Charles V, et de suivre l'ordre qui s'en conservait, dans les relations non interrompues depuis Charles VI jusqu'à Henri IV.

Le travail de Godefroy s'arrête au formulaire du sacre de Louis XIII, qu'il appelle le formulaire moderne; Quesnel, en outre, a dessiné les moments les plus solennels des cérémonies. C'est par trois gravures de Lepautre que nous est connu le sacre de Louis XIV, dont l'ordre est décrit dans un livre imprimé à Paris en 1654. Le Musée du Louvre possède les dessins originaux du sacre de Louis XV, du sacre de Charles X; le magnifique exemplaire du sacre de l'empereur Napoléon, dont les dessins sont de la main d'Isabey, ayant appartenu à S. M., est déposé dans le Musée des Souverains.

C'est dans ces recueils que nous pouvons suivre de siècle en siècle, de règne en règne, la transmission ou les transformations des ornements royaux et impériaux.

Quand, par le décès d'un roi de France, son successeur voulait se faire sacrer et couronner, la coutume était qu'il fît apporter à Reims, ville ordinaire du sacre, les ornements royaux qui étaient dans l'abbaye de Saint-Denis; dans les temps anciens, c'était l'abbé de Saint-Denis qui les devait apporter de son monastère à Reims, qui devait rester près de l'autel pour les garder, et, après le couronnement, les reporter à Saint-Denis.

Il nous paraît utile, pour bien préciser quels étaient les ornements royaux, de rappeler les principales cérémonies des sacres et l'ordre dans lequel ils y apparaissaient.

Le jour du sacre, avant que ne fût chanté le *Te Deum*, pendant toute la durée duquel le roi restait prosterné, les ornements royaux avaient été mis sur l'autel, à savoir : la couronne royale, l'épée enclose dans le fourreau, les éperons d'or, le sceptre doré, la verge ou main de justice, les chausses appelées sandales ou bottines, la tunique ou dalmatique, le surcot ou manteau royal.

Le roi, étant devant l'autel, n'avait conservé de ses vêtements qu'une camisole de soie et sa chemise, qui était ouverte à la poitrine et entre les épaules, les ouvertures étant rejointes par des attaches d'argent. Lorsqu'après sa prière le roi se relevait, le grand chambellan de France lui chaussait les *bottines* que l'abbé de Saint-Denis lui avait remises, puis le duc de Bourgogne lui attachait les *éperons* et incontinent les lui ôtait.

C'était alors que l'archevêque seul lui ceignait son *épée*, la lui déceignait aussitôt, et, l'ayant tirée hors du fourreau qui était mis sur l'autel, il plaçait l'épée nue dans la main du roi, en lui disant l'oraison qui suit :

« Prends ce glaive à toi donné avec la bénédiction de Dieu, par lequel, en la vertu du Saint-Esprit, tu puisses résister et repousser tous les ennemis et les adversaires de la sainte Église, défendre le royaume à toi commis et garder l'armée de Dieu par l'aide de notre seigneur Jésus-Christ, triomphateur invincible, lequel régnera avec le Père, etc. »

Le roi, ayant reçu l'épée de la main de l'archevêque, l'offrait à l'autel, puis la reprenait de la main de l'archevêque et aussitôt la donnait au connétable de France, qui la portait devant le roi dans l'église jusqu'à la fin de la messe, et après la messe jusqu'au palais.

Après cette cérémonie était faite l'onction avec l'huile de la Sainte-Ampoule, et les attaches des ouvertures des vêtements du roi étaient refermées.

Alors le grand chambellan habillait le roi de la *dalmatique* et du *manteau royal*.

L'archevêque lui mettait au doigt un *anneau* en lui disant : « Prends l'anneau signal de la sainte foi..... »

Puis l'archevêque plaçait le *sceptre* dans la main droite du roi, en disant : « Prends le sceptre, enseigne de la puissance royale....., » et dans la main gauche la *main de justice*, en disant : « Prends la verge de vertu et équité par laquelle tu saches assurer les bons et faire craindre les mauvais..... »

C'est à ce moment solennel que le chancelier appelait par leur nom, et selon leur ordre, les pairs de France; lorsqu'ils s'étaient approchés, l'archevêque prenait sur l'autel la *couronne royale*, la plaçait sur la tête du roi et les pairs, y mettant la main, la soutenaient de tous côtés, pendant que l'archevêque prononçait ces paroles :

« Dieu te couronne de la couronne de gloire et justice, honneur et œuvre de constance, afin que par l'office de bénédiction avec droite foi et fruit multiplié de bonnes œuvres, tu parviennes au royaume perpétuel par la largesse de celui duquel le règne et empire est permanent ès-siècles des siècles. »

Après le couronnement commençait la messe chantée ; à l'offrande étaient portés un pain d'or, du vin dans un baril d'argent et treize besants d'or ; le roi y était conduit et ramené par les pairs, qui soutenaient sa couronne, son épée nue étant portée devant lui lorsqu'il allait à l'offrande et lorsqu'il en revenait. Après que la messe avait été chantée, et après la communion, l'archevêque ôtait la grande couronne que le roi avait sur la tête et la remplaçait par une couronne plus petite. Le roi s'en allait au palais, l'épée étant portée nue devant lui.

Est-il besoin que nous fassions remarquer de nouveau que des objets d'un usage royal et religieux, qui reparaissaient à l'avénement de chaque prince, et qui, dans l'intervalle d'un sacre à un autre, étaient soigneusement gardés dans le trésor d'une communauté, ont une histoire que nous pouvons suivre et étudier. Elle est interrompue violemment à la fin du siècle dernier : de ces reliques vénérables, quelques débris seulement survivent à une tourmente qui a fait périr le plus grand nombre. Ces débris ont été recherchés lorsque le calme et le culte des souvenirs nationaux ont reparu dans la vie de la France ; aujourd'hui qu'ils sont rassemblés par la volonté de l'Empereur, nous pouvons préciser ce que le temps a détruit, ce qu'il a épargné : L'*épée de Charle-*

magne (1) est parvenue jusqu'à nous presque intacte ; ses *éperons* (2) nous ont été conservés ; le *sceptre* (3), à son effigie, œuvre excellente des orfèvres de Charles V, a été vu jusqu'à nos jours dans les sacres des rois et à celui de l'Empereur Napoléon Ier. L'ivoire, qui est la portion essentielle de la *main de justice* (4), à une très-antique origine ; mais la seule couronne qui nous reste est une couronne du roi Louis XVI : celle qui, au XVIIIe siècle, portait le nom de Charlemagne, a péri ; la couronne de saint Louis a péri ; elle était d'or et enrichie de pierres fines, dont la plus précieuse était un rubis sous lequel était enchâssée une épine de la couronne de Jésus-Christ. La riche couronne du sacre que fit faire Charles V, « en laquelle il y avait un gros rubis de la valeur de trente mille francs, » ne nous est plus connue que par les descriptions ; celle de la reine Jeanne d'Évreux, qui était « d'or, enrichie de rubis, de saphirs, de perles, et qui servait au couronnement des reines, a péri ; les deux couronnes qu'Henri IV fit faire pour son sacre ont péri, et avec elles les deux du sacre de Louis XIII, de celui de Louis XIV, de celui de Louis XV ; toutes ont été détruites en même temps qu'a cessé l'existence de l'abbaye de Saint-Denis, et si nous avons encore le modèle de la couronne du roi Louis XVI, c'est parce qu'il était placé dans un des dépôts du Garde-Meuble.

---

(1) N° 20 de notre Notice, folio 8.
(2) N°s 21 et 22 de notre Notice, folio 10.
(3) N° 41 de notre Notice, folio 69.
(4) N° 26 de notre Notice, folio 32.

MUSÉE DES SOUVERAINS.

Nous avons déjà dit que la partie du palais choisie par l'Empereur pour y placer le Musée des Souverains est celle que Napoléon Ier, lorsqu'après 1804 il fit entreprendre la restauration du Louvre, avait désignée pour l'installation d'un appartement d'apparat et de réception ; la salle du trône en eût occupé la pièce principale et centrale, précisément celle où sont aujourd'hui réunis tous les objets qui ont appartenu à S. M. l'Empereur et Roi.

De cet appartement, le gros œuvre seul fut fini sous le règne de Napoléon Ier, mais les deux escaliers, situés dans les pavillons terminant, au midi et au nord, la façade qui est adossée à la colonnade de Perrault, avaient été ordonnés et ont été achevés par l'architecte Fontaine. Ces escaliers conduisent au Musée des Souverains : l'un d'eux est précédé, à rez-de-chaussée, par les salles qui contiennent les grandes sculptures égyptiennes ; l'autre, par les salles correspondantes dans lesquelles sont disposés les monuments de l'Assyrie. C'est en montant par l'escalier du midi que l'on trouve, sur le palier des dernières marches, l'entrée principale du Musée des Souverains. Les trois premières salles de ce Musée sont décorées d'anciennes boiseries qui, détachées des appartements royaux ont été longtemps conservées, dans les magasins du palais, comme des œuvres rares et des modèles de sculpture décorative. Le roi Charles X avait eu la pensée de faire recomposer des chambres avec ces boiseries devenues historiques, et l'exécution, dirigée par Percier et Fontaine, qui ont fait faire, dès 1828, des raccordements de sculpture, dans les ateliers de M. Plantard, n'a eu son accomplissement qu'après 1830.

LE VESTIBULE.

Le plafond de cette pièce et les parties anciennes des lambris proviennent des appartements que Louis XIII avait fait orner pour la reine Anne d'Autriche, dans le château neuf de Vincennes, dont ce prince avait posé la première pierre le 17 août 1610. Le chiffre de la reine, qui est composé de la répétition de la lettre A, se lit en plusieurs places dans les divisions du plafond ; les couronnes royales, les armoiries d'Autriche, celles de France, se voient dans les mains des génies qui sont groupés, portant des guirlandes, dans deux compartiments des caissons. Les quatre autres peintures, ornant les angles, représentent l'Europe, l'Asie, l'Afrique, l'Amérique, et sont une allusion aux possessions de l'Espagne dans les quatre parties du monde.

Le portrait d'Anne d'Autriche, placé au-dessus de la cheminée, est une œuvre originale : la reine tient un caducée, comme symbole de la paix qui est un des bienfaits de son mariage. Le portrait de Louis XIII, que l'on voit en face, est attribué à Philippe de Champagne ; le costume du roi est l'habillement royal ; le sceptre qu'il a dans la main droite est celui que les rois de sa famille ont porté dans les cérémonies de leur sacre, celui qui nous a été conservé, et qui étant exposé dans une des armoires du Musée, est décrit dans notre Notice sous le n° 41.

Trois vases de porcelaine, de la manufacture de Sèvres, ont été depuis peu placés dans le vestibule.

LA CHAMBRE A ALCOVE.

Les boiseries de cette pièce et de celle qui est à la suite proviennent de l'ancien appartement du roi, dans le palais du Louvre. Cet appartement avait été construit et distribué sous le règne de Henri II ; l'escalier qui a conservé son nom, et qui est aujourd'hui l'entrée du Musée, tel que nous l'admirons, sculpté par J. Goujon, conduisait à l'appartement du roi. La vaste pièce dans laquelle, depuis deux ans, sont classées les sculptures de terre cuite du Musée Napoléon III, était la salle des gardes; celle à la suite était l'antichambre. Les pièces particulièrement habitées par le roi étaient distribuées dans le pavillon qui, de nos jours, est connu sous le nom de Salle des Sept-Cheminées, ne formant plus qu'un vaste salon dans lequel sont placés les plus grands tableaux de l'école française : le Naufrage de la Méduse en occupe le fond. Les salles royales, lorsqu'elles étaient distribuées sur cet emplacement, consistaient en une très-belle chambre de parade, en une autre à alcôve et en un grand cabinet. La chambre à alcôve était la chambre à coucher du roi. C'est dans cette chambre qu'après l'exécrable attentat de Ravaillac fut rapporté Henri IV, blessé mortellement ; il a rendu le dernier soupir sous la voûte de la petite alcôve. Cette voûte, ornée de sculptures dorées et de peintures, est le seul fragment qui nous reste des travaux exécutés dans la chambre sous le règne de Henri IV. Quelques portions d'entablement, quatre caissons formant soffite, et qui se voyent aux angles du plafond de la chambre, quelques mufles de lion, délicatement sculptés et dorés, sont les derniers vestiges de la chambre faite dans l'origine pour Henri II; mais ce qui domine tout l'ensemble, ce sont les grandes décorations faites pour le jeune roi Louis XIV, et qui l'ont transformée. Le sculpteur Gilles Guérin « eut la conduite des ornements d'architecture...; les quatre enfants qu'on voit à l'alcôve, et qui soutiennent un pavillon, sont de sa main, aussi bien que les ornements qui les accompagnent; il donna les modèles des figures et des ornements qui sont à la gorge du plafond de la chambre. » Guillet de Saint-Georges, qui a consigné ces détails dans ses Mémoires, ajoute quelque chose de plus : il explique que les esclaves et les trophées qu'on voit à deux chutes du plafond ont été exécutés par Girardon et par Regnaudin, et que les Renommées qui sont aux deux autres chutes, ont été faites par Laurent Magnier et par Legendre.

La lettre L, initiale du nom de Louis, les trois fleurs de lis de France, le sceptre royal et la main de justice, sont plusieurs fois répétés dans la voussure du milieu.

Au-dessus de la cheminée, qui est moderne, a été placé, en 1847, un portrait en pied, et sous le costume royal, de Marie de Médicis; il est la copie du portrait original, peint par Porbus, qui autrefois a fait partie de la suite des rois et reines de France, dans la petite galerie du Louvre, et est aujourd'hui exposé dans la grande galerie des tableaux.

Vis-à-vis ce portrait de Marie de Médicis est celui de Henri IV, de l'école de Porbus.

Sur l'estrade de l'alcôve se voit une statue, par Bosio, représentant Henri IV enfant ; elle est d'argent, ciselée par Soyer ; elle a été fondue, en 1824, par Odiot, orfévre.

LA CHAMBRE DE PARADE.

Nous donnons à cette chambre le nom qu'elle avait sous Louis XIV. Sauval, dans sa description du Louvre, s'étend fort au long sur sa disposition et ses beautés royales : « Les curieux et les musiciens, » dit-il, « la trouvent si accomplie que non-seulement ils la nomment la plus belle chambre du monde, mais prétendent qu'en ce genre c'est le comble de toutes les perfections dont l'imagination se puisse former une idée. Aussi ne conviennent-ils pas entre eux du nom de celui qui en a donné le dessin. Les uns veulent que ce soit Pierre Lescot, les autres tiennent que c'est François Primatice, intendant des bâtiments. Roland Maillard, Biart grand-père, les Hardouyns, Francisque et maître Ponce, ont contribué à la perfection de cette chambre... » A ces indications, Sauval ajoute une description très-exacte, et dont nous retrouvons ici sur place tous les détails ; il termine en répétant que « les musiciens assurent que dans tout Paris, il n'y a pas de lieu plus propre à la musique douce, et qu'ils en attribuent la cause au bois de ses plafonds, de son lambris et des embrasements de chaque croisée. »

En effet, nous ne connaissons aucune salle du temps de Henri II dont la boiserie soit aussi belle.

Lorsqu'elle a été reposée, en 1829, en la place qu'elle

occupe aujourd'hui, des murs de refend ont été élevés pour n'en pas changer les dimensions qui étaient déterminées par le périmètre du plafond.

C'est alors qu'ont été ajustées sur les murailles les étoffes tissées (1) de soie, d'or et d'argent, simulant des peintures en grisaille, dont les compositions sont empruntées à l'histoire de Debora, dans le premier livre des Juges.

Le tableau que l'on voit en entrant représente cette prophétesse entre la Justice et la Loi : « Elle s'asseyait sous un palmier qu'on avait appelé de son nom, entre Rama et Bethel, sur la montagne d'Ephraïm ; et les enfants d'Israël venaient à elle pour faire juger tous leurs différends. »

En face est le combat de Baruc contre Sisarah, général des armées chananéennes. « Debora dit à Baruc : Courage, voici le jour où le Seigneur a livré Sisarah entre vos mains... Baruc descendit donc de la montagne de Thabor, et dix mille combattants avec lui..... En même temps le Seigneur frappa de terreur Sisarah, tous ses chariots et toutes ses troupes, et les fit passer au fil de l'épée aux yeux de Baruc, de sorte que Sisarah, sautant de son chariot en bas, s'enfuit à pied. »

Le tableau placé entre les fenêtres représente la

---

(1) Le cardinal de Mazarin a possédé des tentures semblables, si elles ne sont pas les mêmes ; voici comment elles sont désignées dans l'inventaire de tous ses meubles, dressé en 1653 : « Deux pièces de tapisseries de brocard d'or de Florence, tout uni, représentant l'histoire de Débora, dessin de Pierre de Cortone et de Romanelli, la peinture de clair-obscur illuminée d'or ; la frise d'un feston de bro-

Mort de Sisarah. « Jahel, femme d'Haber, ayant pris un des grands clous de sa tente, avec un marteau, entra doucement sans faire aucun bruit ; et ayant mis le clou sur la tempe de Sisarah, elle le frappa avec son marteau et lui en transperça le cerveau, l'enfonçant jusque dans la terre ; et Sisarah ayant été tué de cette sorte, passa du sommeil naturel à celui de la mort. En même temps, Baruc arriva poursuivant Sisarah ; et Jahel, étant sortie au-devant de lui, lui dit : Venez, je vous montrerai l'homme que vous cherchez. »

Lorsque le Musée des Souverains a été fondé, le Garde-Meuble de la Couronne avait en sa possession, et tenait en réserve, les parements d'autel de l'ordre du Saint-Esprit, les manteaux de cérémonie, plusieurs objets se rattachant à l'existence de l'ordre et intéressants pour son histoire.

Ils ont été réunis et exposés dans la chambre de parade.

Ils comprennent :

Lettre A. *Parement de l'autel de l'Ordre du Saint-Esprit.* — L'Annonciation est le sujet du motif central, simulant un tableau de forme ovale en tapisserie tissée d'or et brodée de soie. Les écussons qui sont sur les côtés sont les armes de Henri III, fondateur et grand-maître de l'ordre. Ces armes réunies de France et de Pologne-Lithuanie dont Henri, duc d'Anjou, avait été roi par élection, et pendant un an, avant de régner sur la France, sont surmontées de la couronne royale ; elles sont entourées des colliers de Saint-Michel et du Saint-Esprit. Le fond de soie verte, sur lequel est posée la tapisserie et sont rapportés les écussons, est semé de flammes d'or, par allusion aux langues de feu qui descendirent du ciel sur les apôtres lorsque le Saint-Esprit leur apparut. Les chiffres brodés avec de l'argent, qui forment, mêlés aux fleurs de lis, un encadrement au tableau de l'Annonciation, et les mêmes chiffres, qui se retrouvent sur la bordure du parement d'autel, entourant l'image du Saint-Esprit ou alternant avec la rosace qui renferme la colombe, avaient une signification dont le roi s'était réservé le secret, et qui n'a jamais été bien expliquée. L'on y distingue les initiales de son nom, de celui de sa femme, le monogramme de la vierge Marie.

Lettre B. *Tenture du rétable d'autel de l'Ordre du Saint-Esprit.* — La disposition est la même que celle du parement d'autel ; les écussons armoriés, les flammes semées sur le fond, les emblèmes et les chiffres sont semblables. Le tableau central est seul changé, et représente l'Esprit-Saint apparaissant à la Vierge Marie et aux Apôtres. L'Église célèbre le souvenir de cette journée par une fête, qui est la Pentecôte, et Henri III, en fondant un ordre qu'il plaçait sous la protection du Saint-Esprit, se plaisait à remarquer qu'il était né le jour de la Pentecôte, et, le même jour, avait été nommé roi en Pologne et en France.

Lettre C. *Dais de l'autel du Saint-Esprit.* — L'on y retrouve les écussons armoriés, les symboles, les ornements et les chiffres que nous avons décrits sur le parement de l'autel et signalés sur la tenture du rétable. Ce qui distingue le dais, c'est, au centre de son plafond, une tapisserie de soie et d'or où l'on voit le Saint-Esprit, sous l'image d'une colombe, planant dans un ciel lumineux que circonscrit une couronne de nuages, desquels sortent les têtes et les ailes de huit anges qui l'entourent.

Lettre D. *Dais sous lequel était assis le roi, grand-maître de l'ordre, lorsqu'il recevait un chevalier.* — La couleur de l'étoffe, les flammes d'or semées sur le fond, les symboles et les chiffres des bordures, sont la répétition de ceux qui décorent le dais de l'autel. Au centre du plafond est une colombe planant, entourée de rayons, brodée sur un drap d'or.

Lettre E. *Tapis du pupitre sur lequel était posé le livre des Évangiles.* — Au milieu est un Saint-Esprit d'argent, brodé sur or. Le fond vert de l'étoffe est semé de flammes d'or.

Lettre F. *Tapis recouvrant le prie-Dieu royal, qui était placé sous le dais.* — Les flammes d'or semées sur le fond vert, les écus armoriés de France et de Pologne-Lithuanie, qui se voient au centre, les colliers de Saint-Michel et du Saint-Esprit, qui sont brodés autour des armes, les fleurs de lis, les chiffres et monogrammes, qui forment la bordure, sont tels que nous les avons déjà décrits.

Lettre G. — Les mêmes ornements se retrouvent sur le *coussin* posé sur le degré du prie-Dieu.

Lettre H. *Manteau du grand-maître de l'ordre du Saint-Esprit.* C'est le manteau du roi [1]. Il est conforme aux prescriptions du statut LXXI : c'est « un long manteau, fait à la façon de ceux qui se portaient le jour de la Saint-Michel, de velours noir en broderie tout autour d'or et d'argent. La dite broderie faite de fleurs de lis et nœuds d'or, entre trois divers chiffres d'ar-

---

(1) Il a été placé au milieu de la grande armoire, dans la salle de la monarchie, près de l'armure du roi Henri III, décrite sous le numéro 72.

gent; et au dessus des chiffres des nœuds et fleurs de lis, des flammes d'or semées. Le dit grand manteau garni d'un mantelet de toile d'argent verte, couvert de broderie faite de même façon que celle du grand manteau..... Les dits manteaux et mantelets doublés de satin jaune orangé. »

Ils étaient portés retroussés du côté gauche, l'ouverture étant du côté droit.

Lettre I. *Manteau d'un chancelier de l'ordre du Saint-Esprit.* — Il est comme ceux des commandeurs, semblable à celui du grand-maître, mais la croix est cousue au devant du manteau.

Lettre J. *Manteau d'un commandeur, prévot de l'ordre du Saint-Esprit.*

Lettre K. *Manteau d'un grand-trésorier de l'ordre du Saint-Esprit.*

Lettre L. — *Manteau d'un greffier de l'ordre du Saint-Esprit.*

Lettre M. — *Manteau d'un hérault roi d'armes de l'ordre du Saint-Esprit.* — Le hérault et l'huissier avaient des manteaux de satin noir et le mantelet vert brodé de flammes, comme ceux des officiers.

Lettre N. — *Collier* (1) *de commandeur de l'ordre du Saint-Esprit.* — Le statut LXXXVI prescrivait qu'il devait être « fait à fleurs de lis et trois divers chiffres entrelacés de nœuds, de la façon de la broderie du manteau.

Lettre O. — *Masse* 2) *que portait dans les cérémonies*

---

(1) Il est placé sur le manteau du roi, dans la grande armoire de la salle de la monarchie.

(2) La masse est renfermée dans la grande armoire de la salle de la monarchie, près des objets décrits sous les numéros 75 à 96.

l'huissier de l'ordre du Saint-Esprit. — Elle est d'argent doré, ciselé, ornée de figures en ronde bosse et de quatre bas-reliefs travaillés au repoussé ; elle a été faite exprès pour le service de l'ordre, conformément au statut LXII, qui en détermine l'usage. Elle se portait appuyée sur l'épaule.

La couronne royale la surmonte ; l'image du Saint-Esprit est répétée quatre fois, posée sur la corniche de chacune des faces du petit monument qui renferme dans ses entre-colonnements les quatre bas-reliefs représentant les cérémonies de l'ordre. Quatre anges accroupis soutiennent de leur tête, de leurs ailes et de leurs mains, les angles de l'édicule et dans la gorge que forme la moulure, dont ils épousent la courbe, l'on trouve ciselée quatre fois l'une des devises de Henri III : le corps de cette devise est de trois couronnes dont deux sont comme en terre et la troisième dans le ciel, car elle est entourée d'étoiles ; l'âme consiste en trois mots : MANET ULTIMA CŒLO. [la dernière reste dans le ciel,] parce qu'ayant été deux fois roi sur la terre, en Pologne puis en France, il n'attendait plus que la couronne du chrétien. En l'honneur de la double royauté, les armes de Henri III, qui sont apposées plus bas, surmontées de la couronne royale et entourées du collier du Saint-Esprit, sont de France et de Pologne. Les écussons sont émaillés. Des armoiries semblables, mais de plus grandes proportions, décorent le plateau sur lequel est posée la grande couronne qui termine la masse.

Nous avons indiqué les quatre bas-reliefs qui sont le plus grand intérêt de ce travail d'orfèvre. Sur l'un d'eux est représenté l'ordre de la marche qui avait lieu, lorsque les cardinaux, prélats, commandeurs et officiers accompagnaient le souverain de l'ordre, depuis son palais jusqu'à l'église, la veille du premier jour de janvier.

« L'huissier marche devant ; le héraut après l'huissier, puis le prévôt entre le grand trésorier et le greffier : le chancelier seul après... »

Ils vont entendre les vêpres, pour se préparer à la communion qu'ils devront faire le lendemain.

Le sujet du bas-relief suivant, est la réception qui était faite, la veille du premier jour de janvier, après les vêpres entendues. Le roi est placé sous un dais, près de l'autel, et il présente le collier de l'ordre à l'élu qui est agenouillé et fait son vœu et serment, en posant la main sur le livre des évangiles tenu par le chancelier : l'élu est vêtu de chausses et pourpoint qui devaient être de toile d'argent et l'on voit le manteau et mantelet de l'ordre qui lui seront remis par le roi, entre les mains du prévôt et du maître des cérémonies.

Sur le troisième bas-relief est représentée la communion donnée simultanément, au roi souverain de l'ordre par un cardinal, assisté de deux prélats, et aux commandeurs et officiers par un prélat et des frères Augustins. L'on voit dans les mains des officiants plusieurs des vases sacrés et objets (1) au service de l'église que nous aurons occasion de décrire, comme ayant été exclusivement à l'usage de l'autel du Saint-Esprit.

---

(1) Renfermés dans la grande armoire de la salle de la monarchie, ils sont compris dans notre Notice entre les numéros 87 et 96.

Sur le quatrième bas-relief est représenté le dîner qui avait lieu le premier janvier, après la messe, dans le palais du souverain.

Le roi est seul à une table, sous un dais; les plats sont apportés par les officiers de sa maison.

Les chiffres et emblèmes semés sur le bâton de la masse sont : la lettre H, initiale du nom de Henri, la couronne royale, les palmes du chrétien, la fleur de lis de France, la croix du Saint-Esprit, les flammes de la Pentecôte.

Lettre P. *Camail de la masse que portait dans les cérémonies l'huissier de l'ordre du Saint-Esprit.* — Soie verte brodée de flammes d'or.

LA SALLE DE LA MONARCHIE.

Elle a été décorée de peintures, sur les dessins de M. Duban, en 1852, pour l'installation du Musée des Souverains.

Au milieu du plafond, sont peintes les trois fleurs de lis sur champ d'azur, surmontées de la couronne royale, entourées des colliers de Saint-Michel et du Saint-Esprit.

Deux tiges de lis et deux branches d'olivier accompagnent l'écu royal, supportant le sceptre de Charlemagne et la main de justice. Aux extrémités, on lit le chiffre de Louis XVIII et celui de Charles X.

Les médaillons de ces deux princes, que désignent leurs noms, sont peints sur la voussure. Le mot TROCADERO inscrit sous le médaillon du premier, celui d'ALGER sous celui du second, rappellent la guerre d'intervention en Espagne et les premiers actes de la conquête de l'Algérie Aux quatre angles de la voussure sont peints des trophées : ce sont les insignes de la Religion, de la Paix, de la Justice, de la Force militaire, groupés autour des écussons royaux de France et Navarre, entremêlés aux instruments des sciences et des arts.

Les murailles, qui sont d'une couleur bleue violacée, sont semées de fleurs de lis dorées.

Dans cette salle sont exposés les objets qui ont appartenu aux souverains, depuis Childéric Ier jusqu'à Napoléon.

LE SALON DE L'EMPEREUR.

Il a été, comme la Salle de la Monarchie, décoré, sur les dessins de M. Duban, en 1852, pour l'installation du Musée des Souverains.

Le nom de NAPOLÉON est inscrit au milieu du plafond, dans un champ semé d'abeilles, qu'entoure un cadre orné de foudres et d'aigles couronnés. Quatre palmes, symboles de la Victoire, et des étoiles d'or se détachent sur le fond d'azur supportant l'écusson central.

La haute voussure du salon est richement ornée ; à l'endroit le plus apparent, formant le milieu de la pièce et faisant face à la lumière, l'artiste a peint le trône impérial, sur lequel on lit la lettre N, initiale du nom de Napoléon. La couronne surmonte le dossier ; le sceptre et la main de justice sont appuyés sur les bras du trône, qui, s'élevant sur six marches dont le tapis est semé d'abeilles, est porté par un aigle dans les serres duquel se déploie le ruban rouge auquel est suspendue la croix de la Légion d'honneur.

Le chiffre de Napoléon, couronné, se voit en face.

Aux places qui correspondent sur les côtés sont des trophées. Dans l'un sont les armes de l'Empire, dans l'autre l'écusson de l'Empereur, comme roi d'Italie; les insignes de la Guerre, les symboles de la Paix, les instruments des Arts et des Sciences; quatre figures de Victoires se font face, et les noms inscrits sur des banderoles placées à leurs côtés, sont ceux des hommes qui, à l'abri de la Victoire, ont honoré par leurs talents la France et l'Empire. Des aigles couronnés sont posés de place en place, et les mots qui se lisent aux angles sont ceux de PATRIE et HONNEUR.

Les murailles, qui sont d'un rouge éteint, sont semées d'abeilles dorées.

Au milieu du salon se voit la statue de Napoléon, par Louis Rochet, de bronze argenté, exécutée à Paris en 1857, placée en 1865. Elle représente Napoléon Bonaparte, à l'âge de quinze ans, sous le costume qu'il portait à l'École militaire de Brienne.

Sur la muraille, et près de la porte d'entrée du salon, est suspendu un portrait de Napoléon Bonaparte, à l'âge de seize ans; la tête est posée de profil et regarde à droite; la chevelure est longue; une inscription manuscrite, crayonnée sur le fond, indique que ce portrait a été fait en 1785, par Pontornini et à Tournon. Napoléon Bonaparte était alors lieutenant dans un régiment en garnison à Valence. Ce portrait au crayon, rehaussé de blanc sur papier bleu, a été donné au Musée des Souverains par M. de Baudicourt.

ANTIQUITÉS MÉROVINGIENNES.

CHILDÉRIC Ier. — DAGOBERT Ier.
(Cinquième et septième siècles.)

1 à 18. — Armes, objets d'habillement, fragments, monnaies, trouvés dans le tombeau de Childéric Ier.

Fils de Mérovée, il a été le père de Clovis. Sa mort est fixée à l'an 481.

1. — Lance (Fer de la).
Longueur 0,227. — Largeur 0,030.

La lance, que les premiers historiens de la monarchie nomment indistinctement *lancea*, *framea* et *hasta*, fut plus que l'arme habituelle des Francs; entre les mains de leurs premiers chefs, elle était le signe du commandement et l'indice de la royauté. Gontran, l'un des fils du roi Clotaire Ier, et qui lui succéda au royaume de Bourgogne, à la suite d'événements dont on peut lire le détail dans le récit de Grégoire de Tours, mit une lance dans la main de Childebert, son neveu, et lui dit : « C'est la marque que je te donne tout mon royaume. » Le sceau de Childéric Ier, qui fut au nombre des objets trouvés dans son tombeau, à Tournay, est le plus important de tous, puisqu'il a fait connaître, sans qu'il puisse exister aucun doute, le nom du roi Mérovingien dont les insignes nous ont été rendus après douze siècles de sépulture. Ce sceau représente Childéric, désigné par son nom, ayant dans la main droite la lance, placée comme plus tard on verra le sceptre dans la main des rois.

2. — Hache (Fer de la).

Longueur 0,200. — Largeur 0,090.

Nommée tour à tour par les premiers historiens *securis*, *bipennis*, elle est souvent désignée par un troisième nom, *francisca*, qui convient plus particulièrement à l'arme d'un guerrier franc.

3. — Épée (Poignée de l').

Longueur 0,120. — Largeur 0,083.

Or battu, filigranes d'or ; sur la garde, mosaïque de verre imitant le grenat, champlevée et cloisonnée d'or.

4. — Pommeau de la poignée de l'épée (Fragment du).

Longueur 0,038. — Largeur 0,015.

Or et mosaïque de verre imitant le grenat, champlevée et cloisonnée d'or.

5, 6, 7. — Garnitures du fourreau de l'épée.

Longueur 0,064. — Largeur 0,120.

Longueur 0,074. — Largeur 0,017.

Longueur 0,062. — Largeur 0,018.

Or et mosaïque de verre imitant le grenat, champlevée et cloisonnée d'or.

8. — Abeille.

Longueur 0,015. — Largeur 0,010.

Or et verre coloré imitant le grenat. Au revers est un anneau d'attache.

9. — Abeille.

Longueur 0,015. — Largeur 0,009.

Or et verre coloré imitant le grenat. Au revers est un anneau d'attache.

Lorsque la sépulture de Childéric fut découverte, le nombre d'abeilles d'or qu'on y recueillit fut tel qu'on ne l'estima pas à moins de trois cents. Les antiquaires qui depuis ont recherché quel en avait dû être l'emploi ont supposé le manteau du roi franc parsemé d'abeilles, d'autres le harnais de son cheval ; nous partagerions l'opinion de ceux qui penseraient que ces abeilles ont orné le baudrier de Childéric, parce que c'est le baudrier que nos historiens nomment le plus souvent comme étant la pièce de l'équipement militaire la plus riche et celle qui était offerte en don.

10. — Bouton circulaire.

Diamètre, 0,018.

Or et verre coloré imitant le grenat ; au revers est un anneau d'attache.

11. — Bouton semi-circulaire.

Longueur, 0,018.

Or et verre coloré imitant le grenat ; au revers est un anneau d'attache.

12. — Agrafe (Fragment d'une).

Longueur 0,019.

Or et verre coloré imitant le grenat.

13. — Coulant (Fragment d'un).

Hauteur 0,024.

Or et verre coloré imitant le grenat.

14. — Boucle.

Longueur 0,045. — Largeur 0,030.

Or. C'est une boucle de ceinturon.

15. — Boule de cristal de roche.

Diamètre 0,045.

Des boules semblables ont été de notre temps trouvées dans des tombeaux mérovingiens, retenues dans une garniture en or qui, au sommet, est munie d'un anneau de suspension. Dès lors on a pu s'expliquer que ces boules étaient portées pendant au collier.

16. — Dent trouvée dans la sépulture.

17. — Sol d'or, de Léon, empereur d'Orient (474).

Diamètre 0,018.

D. N. LEO PERPET. AUG. Buste casqué de Léon, posé de face, armé d'une lance et d'un bouclier.

R. VICTORIA AVCCC z. Victoire ailée, tournée à gauche, tenant une croix longue. A l'exergue, CONOB.

18. — Sol d'or, de Léon, empereur d'Orient (474).
Diamètre 0,018.

D. N. LEO PERPET. AVG. Buste casqué de Léon, posé de face, armé d'une lance et d'un bouclier.

R. VICTORIA AVCCC I. Victoire ailée, tournée à gauche, tenant une croix longue. A l'exergue, CONOB.

C'est le 27 mai 1653 que fut découverte, dans la ville de Tournay, la sépulture du roi mérovingien ; Chifflet, qui en a été le premier historien, raconte que d'abord on aperçut une sorte de nid où, parmi des débris de cuir détruit, étaient amassées plus de cent monnaies d'or. Les deux sols d'or à l'effigie de l'empereur Léon étant les seuls qui soient parvenus jusqu'à nous, il est heureux que Chifflet ait fait un classement chronologique des cinquante-deux types qui y étaient frappés. Il y a reconnu les noms de neuf princes ayant régné à Rome ou à Constantinople depuis Théodose jusqu'à Zénon, de 450 à 480. La seconde moitié du cinquième siècle était donc l'époque où avait vécu le guerrier franc dont après douze siècles on fouillait le tombeau. Le doute ne fut plus possible lorsqu'en continuant les recherches, on eut recueilli un anneau d'or sur lequel était gravée l'image en buste d'un homme armé, vu de face, ayant une longue chevelure et désigné par les mots : CHILDIRICI REGIS [sigillum]. C'était le sceau du roi Childéric, et les monnaies d'or dont nous avons parlé, qui toutes s'arrêtaient à l'année 480, étaient d'accord pour indiquer Childéric Ier, mort en 481.

La France, en 1653, ne possédait pas Tournay, et ce trésor, plus précieux pour nous que pour toute autre nation, fut donné à l'archiduc Léopold qui gouvernait les Pays-Bas, porté en Allemagne et mis dans le cabinet de l'empereur, après la mort de l'archiduc. « L'électeur de Mayence, qui avait vu ces curiosités dignes du cabinet d'un roi de France, les fit demander à l'empereur par le père Brenik, jésuite, son confesseur, et Sa Majesté impériale jugeant assez quel pouvait être le dessein de l'Électeur, fut bien aise de trouver cette occasion de faire plaisir au roi (Louis XIV); il retint seulement vingt-sept des abeilles dont il y avait plus de trois cents, et des copies des autres monuments qui (en l'an 1700), étaient encore dans son cabinet, avec une inscription finissant par ces mots : *Discas, lector, vel sepultam majestatem nusquam interire.* [Apprends, lecteur, que la grandeur, même ensevelie, ne périt jamais.] L'Électeur chargea M. de Fresne de les présenter au roi, ce qu'il fit le premier de juillet 1665, avec une attestation signée de sa main (1). »

Déposés au Louvre, en 1665, dans la collection des rois, ces monuments, les plus anciens que nous possédions de la monarchie française, y ont été replacés en vertu du décret du 22 févier 1852, après un long séjour dans le cabinet des médailles, qui de Versailles a été transféré à la bibliothèque de la rue Richelieu.

Le tombeau de Childéric Ier a été le sujet et est le titre d'une monographie faite par M. l'abbé Cochet en 1859. Cet ouvrage fait connaître et résume les travaux de tous les écrivains qui avant lui se sont occupés de la découverte de Tournai.

L'épée de Childéric et la boucle de cristal de roche trouvée dans sa sépulture ont été dessinées et gravées par Jules Jacquemart pour notre recueil des Gemmes et Joyaux de la Couronne (2).

---

(1) Ménétrier, *Histoire du règne de Louis le Grand, par les médailles, emblèmes, devises*..... Paris, 1700.

(2) Paris, 1865, à la Chalcographie des Musées impériaux, au palais du Louvre.

19. — Siége de Dagobert.

Dagobert Ier, mort en 638, fut enseveli dans la basilique de Saint-Denis, qu'il avait fondée et enrichie de ses dons.

Hauteur 1,030. — Largeur 0,710.

Ce siége est de bronze, doré par places, fondu et ciselé. Les têtes qui le décorent sont des têtes de panthère.

« Il est celui sur lequel s'asseyaient les rois francs de la première race pour recevoir, lorsqu'ils prenaient le commandement, les hommages des grands du royaume. »

Telle était la tradition au douzième siècle, lorsque Suger, abbé de Saint-Denis, en le désignant dans le livre de son administration comme étant le siége de Dagobert, en constate l'origine, l'usage, signale le mérite de son exécution, le mauvais état dans lequel il était tombé, et indique qu'il le fit refaire.

En effet, si l'on examine cet antique monument des premiers siècles de la monarchie, l'on remarque que la partie inférieure, qui est une imitation du siége des magistrats romains, et dont le style et l'exécution sont très-rapprochés de l'art antique, appartient seule aux temps mérovingiens ; dans l'origine, il fut un siége pliant, et n'avait pas d'autres galeries latérales que celles que nous voyons formées par une succession de rosaces ; le dossier est l'addition que fit faire Suger ; elle rendit le siége immobile en le transformant en fauteuil, et nécessita, pour le raccordement, la surélévation des galeries latérales, qui fut obtenue au moyen d'une frise composée de feuillages découpés, dont le dessin et l'exécution sont parfaitement conformes aux types reconnus du douzième siècle. Les deux têtes ciselées et les deux boules furent remontées. L'on peut voir, par les arrachements qui en restent, qu'une croix grecque remplissait le cercle qui est au milieu du dossier.

Il a été, jusqu'à la fin du siècle dernier, conservé dans l'abbaye de Saint-Denis, et depuis a été vu longtemps dans le cabinet des médailles de la Bibliothèque

Impériale. M. Lenormand a fait sur le fauteuil de Dagobert un travail considérable, qui a été inséré dans le tome Ier des *Mélanges d'archéologie et d'histoire*, 1847 à 1849.

ANTIQUITÉS CARLOVINGIENNES.

CHARLEMAGNE. — CHARLES-LE-CHAUVE,
SON PETIT-FILS.

(Fin du huitième et première moitié du neuvième siècle.)

20. — Épée de Charlemagne.

Longueur totale, 1,00.

La poignée, les garnitures du fourreau et du ceinturon sont d'or. L'ornementation du pommeau est composée de l'enlacement de deux oiseaux fabuleux, tel qu'est le phénix; elle est empruntée aux monuments asiatiques, de même que l'invention des deux lions ailés qui terminent les gardes de la poignée.

Les pierres incrustées qui forment les yeux des lions sont des boules de lapis; les pierres taillées en cabochons ou simplement polies, qui enrichissent l'orfévrerie du fourreau, sont des saphirs, des topazes, des améthystes, un grenat et un cristal de roche.

Cette épée est celle que les moines de l'abbaye de Saint-Denis conservaient dans leur trésor. A chaque avénement d'un roi, elle était portée par eux dans la ville où avait lieu le couronnement, le plus souvent à Reims, et déposée sur l'autel pour les cérémonies du sacre. Dès le treizième siècle, elle avait un nom : on l'appelait Joyeuse. Après que le roi l'avait reçue des mains de l'archevêque, il la remettait en celles du connétable, qui la portait devant le prince dans l'église en certains moments du sacre, et après la cérémonie lorsqu'il se rendait au palais. L'histoire a conservé les noms des hommes illustres qui l'ont portée devant les rois. Au sacre et couronnement de l'empereur Napoléon Ier, le maréchal Lefebvre porta pendant la cérémonie l'épée de Charlemagne. Ce fut à cette occasion que la fusée de la poignée a été refaite telle qu'elle existe aujourd'hui.

Cette partie de l'épée avait déjà subi une modification analogue, car le travail d'orfévrerie qu'on remarque sur la fusée, dans les dessins qui en ont été faits avant ce siècle, est très-postérieur au neuvième siècle. Rigaud a placé l'épée de Charlemagne au côté du roi Louis XIV, dans un portrait que le Louvre possède; Gaignières l'a fait dessiner avec exactitude pour son précieux recueil, et on la trouve gravée dans les monuments de la monarchie française de Montfaucon. Alors la disposition du revêtissement d'or qui enveloppe la fusée était losangée comme nous la voyons aujourd'hui, mais chaque losange contenait une fleur de lys, et les antiquaires, qui n'ont envisagé que cette partie de la poignée, étaient portés à en méconnaître l'âge et l'authenticité. Or, le style et l'exécution du pommeau, de la garde, des garnitures du fourreau, c'est-à-dire tout, excepté la fusée, est parfaitement carlovingien. Nous n'hésitons pas à conclure que la fusée qui a été refaite au commencement de ce siècle l'avait été déjà à l'une des époques que nous avons signalées (1), où les ornements royaux ont été réparés. Si, entre ces époques, nous n'en précisons pas une, c'est que l'œuvre d'orfévrerie de la fusée ayant été entièrement remplacée, ne nous est connue que par des peintures ou des dessins faits au dix-septième siècle, sans autre recherche que l'apparence et sans aucune étude du style.

Les velours bleus fleurdelysés d'or, qui garnissent le fourreau et le ceinturon, ont été ajoutés, en 1824, pour le sacre du roi Charles X.

21 et 22 — Éperons de Charlemagne.

Longueur 0,170. — Diamètre 0,060.

Ce sont ceux qui étaient gardés, avec l'épée et les ornements royaux, dans le trésor de l'abbaye de Saint-Denis, et ils étaient au nombre des objets portés dans l'église où avait lieu le couronnement. Au commencement de la cérémonie, le duc de Bourgogne les attachait aux pieds du roi et incontinent les lui ôtait.

Ils sont d'or. Une courte description, qui en est donnée dans la relation du sacre de Charles VIII, les désigne tels que nous les voyons aujourd'hui : « Ayant des boulettes rondes assez grosses sur les bouts des verges. » Les grenats dont ils sont ornés ont été ajoutés lorsque les ornements royaux ont été réparés au commencement de ce siècle.

A la même époque ont été brodées les attaches de velours et or qui y sont jointes.

---

(1) Voir l'introduction.

23. — Évangéliaire de Charlemagne.

Manuscrit sur vélin en langue latine.

Hauteur 0,310. — Largeur 0,210.

Il comprend cent vingt-sept feuillets numérotés ; les trois premiers sont remplis par de grandes peintures qui couvrent le recto et le verso. Le texte commence au feuillet 4. Il est écrit sur deux colonnes, en lettres d'or, et sur fonds pourpres, les marges ayant été laissées blanches. Quelques passages ont été écrits avec de l'argent qui, par l'effet de l'oxidation, a presque entièrement disparu.

Le texte se compose de deux cent quarante-trois évangiles : le premier est l'évangile de la vigile de Noël, selon saint Mathieu ; à la suite sont l'évangile de la messe de minuit et de la messe de l'aurore, selon saint Luc; celui de la messe du jour, selon saint Jean. Puis on trouve l'évangile de saint Étienne, premier martyr; celui de la fête de saint Jean, et en leur place les évangiles *proprii temporis* et du commun des saints jusqu'aux évangiles de la fête des Morts; au verso du feuillet 121 commence un calendrier et la table pascale, qui ne se compose que de deux cycles de dix-neuf ans chacun, 779 à 797 et 798 à 816.

L'année en laquelle le livre a été commandé par Charles, roi des Francs, et par son épouse Hildgarde, est précisée dans une pièce de vers qui, commençant au verso du feuillet 126, termine le manuscrit. Cette année est « la quatorzième de leur règne heureux » : c'est donc l'an 781. Le scribe qui a pris le soin d'indiquer la date exacte de son manuscrit n'a pas négligé de dire son nom : il se nommait Godesscalc et avait accompagné l'empereur en Italie ; au printemps de cette année 781, Charlemagne ayant fait ses pâques à Rome, le pape Adrien avait baptisé le fils que l'empereur avait eu de Hildgarde. C'est au bas de la seconde colonne de la première page du petit poème que sont écrits ces vers :

SEPTENIS CUM APERIT FELIX BIS FASCIBUS ANNUM
HOC OPUS EXIMIUM FRANCHORUM SCRIBERE CARLUS
REX PIUS EGREGIA HILDGARDA CUM CONJUGE JUSSIT

Et presqu'en tête de la colonne qui suit :

ULTIMUS HOC FAMULUS STUDUIT COMPLERE GODESSCALC
TEMPORE VERNALI TRANSCENSIS ALPIBUS IPSE
URBEM ROMULEAM VOLUIT QUO VISERE CONSUL
UT PETRUM SEDEMQUE PETRI REX CERNERET ATQUE
PLURIMA CELSI THRONO DEFERRET MUNERA CHRISTO
MULTA PERAEGRINIS CONCESSIT DONA MISELLIS
ANNUA TUNC IBIDEM CELEBRANS SOLEMNIA PASCHAE
PRAESULIS OFFICIO TUNC ADRIANUS FUNCTUS IN ARVIS
CULMEN APOSTOLICUM ROMANA REXIT IN URBE
PRINCIPIS HIC CAROLI CLARIS NATALIBUS ORTAM
CARLMANNUM SOBOLEM MUTATO NOMINE PIPPIN
FONTE RENASCENTEM ET SACRO BAPTISMATE LOTUM
EXTULIT ALBATUM SACRATIS COMPATER UNDIS
SEPTIES EXPLETUS FUERAT CENTESIMUS ANNUS
OCTIES INDECIMO SOL CUMQUE CUCURRERAT ANNO
EX QUO CHRISTUS JESUS SECLA BEAVERAT ORTU
EXSUERAT TOTUM ET TETRA CALIGINE MUNDUM.

[Au commencement heureux de la quatorzième année, Charles, pieux roi des Francs, et Hildgarde, son illustre épouse, ont ordonné d'écrire ce bel ouvrage...

Godesscalc, le dernier de leurs serviteurs, s'est appliqué à l'accomplir ; au temps du printemps, il avait traversé les Alpes, lorsque le consul voulut voir la ville de Romulus, lorsque le roi voulut visiter Pierre et le siége de saint Pierre, et porter de nombreux présents au Christ tout puissant. Il accorda des dons multipliés aux lépreux pèlerins, et célébra en ce lieu la solennité annuelle de la Pâque. Alors Adrien, remplissant la charge de chef de ces pays, occupait le trône apostolique dans la ville de Rome. Un fils, qui avait été nommé Carloman, était issu de l'illustre lignée du prince Charles ; son nom étant changé en celui de Pépin, Adrien le vivifia par l'immersion, le purifia par le sacré baptême, fut son parrain et le sortit blanchi des eaux consacrées. Sept fois cent ans s'étaient accomplies et huit fois le cours du soleil avait parcouru dix années depuis que Jésus-Christ avait délivré les siècles par sa naissance et arraché le monde entier à ses sombres ténèbres.]

Les peintures qui sont en tête du livre représentent :
I. L'évangéliste saint Mathieu (1) ;
II. L'évangéliste saint Marc ;
III. L'évangéliste saint Luc ;
IV. L'évangéliste saint Jean.

Chacun d'eux étant figuré écrivant l'Évangile, sous la dictée de l'ange, du lion, du bœuf, de l'aigle.

V. Jésus-Christ tenant le livre de vérité et bénissant (2).

VI. Le puits mystique (3), « c'est la source d'eau vive de laquelle Jésus donnera gratuitement à boire à celui qui aura soif. » (Apocalypse, XXI. 6.) Elle est figurée par un puits monumental dont le faîte est terminé par la croix de la rédemption, le cerf que l'on voit près du puits rappelant ce passage des psaumes : « Comme le cerf soupire après les eaux, de même mon cœur soupire après vous, mon Dieu. » « Mon âme est toute brûlante de soif pour Dieu. »

La reliure de l'Évangéliaire de Charlemagne est de velours vert, posé sur panneaux de bois ; les plaques d'argent niellées qui sont fixées sur le milieu des plats, et les coins de même métal, et de travail sembla-

---

(1) Cette miniature a été reproduite en fac simile dans le grand ouvrage de M. le comte de Bastard.
(2) Id.   id.   id.
(3) Id.   id.   id.

ble, qui en complètent l'ornementation, ont été exécutés au XVIe siècle.

Guillaume Catel, dans son *Histoire des comtes de Toulouse*, dit avoir « vu et lu un ancien et vénérable livre, dans le trésor de saint Sernin de Toulouse, écrit du mandement de Charlemagne et d'Hildgarde, sa femme, en lettres d'or sur du parchemin teint en pourpre, contenant les évangiles des principales fêtes de l'année, couvert d'un petit coffre d'argent doré, sur lequel sont relevés les mystères de la passion de notre Sauveur, » et « que sur la fin de ce livre sont écrits des vers en lettres d'or contenant comme Charlemagne et sa femme Hildgarde commandèrent d'écrire ce livre lorsqu'ils allèrent à Rome. »

Catel l'avait donc fort bien vu et lu.

L'intérêt qu'en des temps plus difficiles ce manuscrit précieux inspirait encore à Toulouse, est consigné dans une lettre qui a été conservée et appliquée en tête du livre, sur le revers de la reliure. Écrite de Toulouse, à la date du 24 germinal an II de la République française, cette lettre est ainsi conçue : « Citoyens, ayant retrouvé les notes dont feu mon père avait fait placer une copie à la tête du rare manuscrit connu autrefois dans la sacristie des reliques de saint Sernin, je vous les envoie, afin que si par hasard ce manuscrit, un des plus rares par sa conservation et sa date du VIIIe siècle, avait été égaré, ces notes puissent vous donner des indications nécessaires pour le retrouver. Salut et fraternité, Casimir Marcassus Puymaurin. » « Ce manuscrit a été fait en 780, et a par conséquent 1013 ans d'antiquité; il est digne d'être conservé dans votre museum. »

La lettre de M. de Puymaurin ne fut pas écrite en vain. L'évangéliaire de Charlemagne fut replacé dans la bibliothèque municipale jusqu'au jour où la ville de Toulouse, à l'occasion de la naissance du roi de Rome, l'offrit à l'empereur Napoléon Ier. Une note relative à cet acte est insérée dans le *Magasin encyclopédique de Millin*, année 1811, tome III.

Les auteurs des voyages pittoresques dans l'ancienne France doivent à M. Barbier, aujourd'hui administrateur de la bibliothèque du Louvre, une notice très-complète sur le manuscrit de saint Sernin. Sans omettre aucune des particularités du livre, M. Barbier a signalé le premier, en marge d'une des tables du cycle pascal, à l'endroit où est indiquée l'année 781, cet avertissement écrit en lettres d'or :

IN ISTO ANNO IVIT DOMINUS REX KAROLUS AD SANCTUM PETRUM ET BAPTISATUS EST FILIUS EIUS PIPPINUS A DOMINO APOSTOLICO.

[En cette année, le seigneur roi Charles alla à Saint-Pierre, et son fils Pépin fut baptisé par le seigneur apostolique.]

M. Barbier a longtemps gardé dans la bibliothèque du Louvre le manuscrit dont il savait si bien tout le prix.

24. — Psautier de Charles-le-Chauve.

Manuscrit sur vélin en langue latine.

Hauteur 0,240. — Largeur 0,190.

Il contient, après deux feuillets de garde, cent soixante-douze feuillets numérotés. Sur le verso du premier est une peinture représentant le roi David jouant de la lyre [*psalterium*]; les personnages qui sont à ses côtés et les deux qui sont au-dessous sont les lévites qu'il avait choisis pour chanter les louanges de Dieu ; l'un danse en soulevant une écharpe, le second agite des cymbales [*cymbalum*], le troisième est prêt à pincer les cordes d'une sorte de guitare [*cythara*], le quatrième souffle dans un oliphan [*tuba cornea*]. Chacun d'eux est désigné par son nom : ASAPH, EMAN, ETHAN, IDITHUN, et le sujet de la peinture est précisé par une inscription qui en occupe la partie supérieure :

QUATUOR HIC SOCII COMITANTUR IN ORDINE DAVID.

[Ici les quatre lévites accompagnent en mesure David.]

Le texte commence au feuillet 2ᵉ par une sorte de préface dont le titre est : ORIGO PSALMORUM DAVID PROPHETÆ [Origine des psaumes du prophète David], et le commencement : « David filius Jesse cum esset in regno suo quatuor elegit qui psalmos facerent, id est Asaph, Eman, Ethan et Idithun........ » [David, fils de Jessé, étant en son royaume, choisit quatre personnes pour faire les psaumes, à savoir : Asaph, Eman, Ethan et Idithun.......]

Le nombre et le partage des psaumes entre le roi prophète et ses compagnons, y est indiqué, et le nombre est conforme à celui que contient le livre.

L'on trouve sur le verso du feuillet 3 le portrait de Charles-le-Chauve, assis, couronné, tenant le sceptre royal et le globe impérial ; l'inscription qui le désigne distingue ses deux qualités de roi et d'empereur, lorsqu'elle le déclare semblable à Josias et l'égal de Théodose :

CUM SEDEAT KAROLUS MAGNO CORONATUS HONORE
EST IOSIAE SIMILIS PARQUE THEODOSIO.

[Assis et couronné en ce grand appareil, Charles est semblable à Josias et l'égal de Théodose.]

La peinture qui est en regard, sur le recto du feuillet 4, représente saint Jérôme, traducteur des saintes écritures, prêt à transcrire les psaumes de David, ainsi que l'indiquent les deux vers tracés sur l'architrave du petit monument qui l'encadre :

NOBILIS INTERPES HIERONIMUS ATQUE SACERDOS
NOBILITER POLLENS TRANSCRIPSIT JURA DAVIDIS

[Jérôme, noble interprète et prêtre tout-puissant, a transcrit la loi de David.]

Le titre INCIPIT LIBER PSALMORUM et le commencement du psaume 1ᵉʳ, BEATUS VIR QUI NON ABIIT, sont encadrés dans une ornementation des plus riches qui couvre en entier le verso du feuillet 4 et le recto du feuillet 5. Si l'on parcourt le manuscrit, l'on trouve des pages ornées ou des lettres majuscules d'un dessin hardi et inventif, aux feuillets 27, 42, 53, 55, 70, 88, 104, 107; l'écriture du livre entier est d'une rare netteté, parfaitement élégante; les caractères sont dorés; des marges et des bandes transversales, peintes en couleur violette, tranchent sur la blancheur du vélin et diversifient la disposition des pages.

Le texte contient, après les cent cinquante psaumes, un psaume *extra numerum*, du livre des rois, QUANDO DAVID PUGNAVIT CUM GOLIATH [quand David combattit avec Goliath]; puis les cantiques d'Isaïe, d'Ezéchias, d'Anne, mère de Samuel; le cantique de Moïse, après le passage de la mer Rouge; celui du prophète Habacuc; un second cantique de Moïse pour recommander la fidélité à la loi; le cantique des trois enfants dans la fournaise; ceux de Zacharie, de Marie, qui est le *Magnificat*, de Siméon; à la suite se trouvent l'hymne à matines des dimanches, le *Te Deum laudamus* en entier, l'oraison dominicale, le symbole des apôtres, l'hymne angélique ou *Gloria*, le symbole de saint Athanase. Le livre se termine par les litanies des saints, et sur la dernière bande, on lit ces mots:

HIC CALAMUS FACTO LIUTHARDI FINE QUIEVIT.

[Ici, l'ouvrage étant fini, la plume de Liuthard s'est reposée.]

Liuthard est donc le nom du calligraphe qui a écrit le livre. Le portrait de Charles-le-Chauve, placé en tête du manuscrit, serait déjà une forte présomption que c'est pour lui qu'il a été fait et qu'il lui a appartenu, mais le livre contient de véritables preuves; on lit au folio 106 (1):

REX REGUM KAROLO PACEM TRIBUAT QUE SALUTEM.

[Que le roi des rois accorde à Charles la paix et le salut.]

---

(1) En ce même endroit du livre est cousu, servant de signet, un très-joli galon, des temps mérovingiens, mêlé d'or et de soie, qui, ayant toujours été renfermé à l'abri de la lumière, est parfaitement conservé.

Au bas du verso du folio 171 :

UT MIHI KAROLO A TE REGI CORONATO VITAM ET PROSPE-
RITATEM ATQUE VICTORIAM DONES TE ROGO.

[Accorde, je t'en prie, la vie et la prospérité et la victoire, à moi, Charles, que tu as couronné roi.]

UT HIRMINDRUDIM CONJUGEM NOSTRAM CONSERVARE DIGNE-
RIS TE ROGAMUS.

[Daigne, nous t'en prions, conserver Hirmindrude, notre épouse.]

UT LIBEROS NOSTROS CONSERVARE DIGNERIS TE ROGAMUS.

[Daigne, nous t'en prions, conserver nos enfants.]

Il n'est pas besoin de plus : le possesseur du livre est roi. le roi se nomme Charles, ce roi Charles a eu pour femme Hirmindrude qui lui a donné des enfants ; il ne peut être autre que le roi Charles-le-Chauve, et le livre a été écrit du vivant de la reine, c'est-à-dire avant l'année 869.

Il n'y a aucune raison de douter que la magnifique couverture du psautier de Charles-le-Chauve soit contemporaine du manuscrit, la première, la seule qu'il ait jamais eu; les encadrements d'orfèvrerie qui entourent les bas-reliefs d'ivoire dont elle est décorée ont tout le caractère des bijoux carlovingiens, et les ivoires, s'ils ne sont pas du IXe siècle, seraient plutôt antérieurs Ces deux petits bas-reliefs d'ivoire sont on ne peut plus précieux. Ils ont été fort bien interprétés. A M. Paul Durand [1] revient l'honneur d'avoir expliqué le plus difficile des deux, et le sujet représenté est devenu très-intelligible du moment qu'on a su par lui qu'il en faut chercher la signification dans le psaume LVI de David. Quelques extraits de ce psaume suffiront ici :

« .... ô Dieu, ayez pitié de moi, car c'est en vous

---

[1] *Revue archéologique*, t. v.

que mon âme a mis sa confiance, et j'espérerai à l'ombre de vos ailes,.... » Notons ici seulement que l'âme est la petite figure humaine que l'on voit assise sur les genoux d'un ange, puis continuons la lecture du psaume :..... « Je crierai vers le Dieu très-haut,....
..... Il a arraché mon âme du milieu des petits lions..... Il a envoyé sa miséricorde et sa vérité.... Les enfants des hommes ont des dents qui sont comme des armes et des flèches, et leur langue est une épée très-aiguë..... Ils ont tendu un piége à mes pieds et ils y ont abaissé mon âme ; ils y ont creusé une fosse devant mes yeux et ils y sont eux-mêmes tombés. »

Les dimensions de ce bas-relief sont : haut. 0,140, larg. 0,095.

Le sujet du bas-relief d'ivoire qui est placé sur le plat opposé de la couverture avait été dans un travail antérieur [1] démontré par le R. P. Cahier. Il est tiré du second livre des rois et représente le prophète Nathan envoyé par le Seigneur devant David, et Nathan lui disant : « Il y avait deux hommes dans une ville, dont l'un était riche et l'autre pauvre. Le riche avait un grand nombre de brebis et de bœufs. Le pauvre n'avait rien du tout qu'une petite brebis qu'il avait achetée et avait nourrie ; qui était crue parmi ses enfants..... dormant dans son sein...... Un étranger étant venu voir le riche, celui-ci ne voulut point toucher à ses brebis ni à ses bœufs pour lui faire festin ; mais il prit la brebis de ce pauvre homme et la donna à manger à son hôte.

« David entra dans une grande indignation contre cet homme, et dit à Nathan : « Vive le Seigneur, celui
« qui a fait cette action est digne de mort. »

« Alors Nathan dit à David : « C'est vous même qui
« êtes cet homme.... »

« .... Vous avez fait perdre la vie à Urie, Hé-

---

(1) *Mélanges d'archéologie*, t. I.

theen ; vous lui avez ôté sa femme et vous l'avez tué
« par l'épée des enfants d'Ammon. »

L'homme que l'on voit vers le milieu du bas-relief, étendu et mort est Urie tué par les Ammonites; la femme qui est debout, en arrière de David, portant un panier et un écheveau de laine est Bethsabée, femme d'Urie.

Les dimensions du bas-relief d'ivoire sont : hauteur 0,140, larg. 0,095.

Les encadrements d'orfévrerie qui entourent les ivoires offrent deux dispositions absolument différentes. L'effet de l'une est produit par l'entassement de grosses pierres transparentes et variées de couleurs qui sont presque juxtaposées ; dans l'autre, les pierres qui toutes ont la nuance du grenat sont groupées pour former de place en place une fleur à quatre lobes dont une perle est le cœur et les grands espaces qui existent entre les fleurs sont rehaussés par une broderie de cordelettes et de graines d'un travail solide et élégant. Dans l'une comme dans l'autre, l'œuvre d'orfévrerie n'est qu'un épais placage d'argent doré appliqué sur des panneaux de bois.

Sur le dos du livre est une antique étoffe, contemporaine de la couverture, dont les nuances sombres sont presque confondues ; le dessin n'en est plus apparent.

La bibliothèque royale et impériale a longtemps possédé le psautier de Charles-le-Chauve. Il y était entré avec les livres de Colbert, et ce sont les chanoines de Metz qui en avaient fait don au ministre de Louis XIV.

Deux notes de la main de Baluze, et l'une d'elle est signée de son nom, se lisent sur le revers de la première peinture représentant David et ses compagnons ; elles constatent le don et l'origine du livre : « Hunc librum precum Karoli Calvi Regis Francorum diu in cathedrali ecclesia Metensi servatum canonici Metenses bibliothecæ Colbertinæ donarunt anno Christi 1674. Scriptus est Codex iste inter annum 842 quo decembr. 14 die Hirmindrudim de qua fol. ult. vact. in Lilan.

uxorem duxit Carolus Calvus rex et annum 869 quo 6 octobre die obiit eadem Hirmindrudis. »

[« Ce livre de prières de Charles-le-Chauve, roi des Francs, conservé longtemps dans l'église cathédrale de Metz a été donné à la bibliothèque de Colbert, l'an du Christ 1674 par les chanoines de Metz.

Ce livre a été écrit entre l'année 842 en laquelle le quatorzième jour de décembre, Hirmindrude, dont il est parlé au dernier feuillet des litanies, épousa le roi Charles-le-Chauve et l'année 869 que la même Hirmindrude mourut, le sixième jour d'octobre. »]

Les deux ivoires du psautier de Charles-le-Chauve ont été gravés pour la dissertation du R. P. Cahier, dans le tome Ier des mélanges d'archéologie et d'histoire. M. Jules Labarte, dans sa récente publication, *Histoire des arts industriels au moyen âge* [1], a reproduit les encadrements d'orfévrerie avec les ivoires, en donnant un fac-simile de chaque couverture.

25. — Bible de Charles-le-Chauve.

Manuscrit sur vélin, en langue latine, in-folio.

Hauteur 0,500. — Largeur 0,370.

Elle est composée de quatre cent vingt-trois feuillets, dont le texte est écrit sur deux colonnes.

En tête est une pièce de vers adressée au roi Charles-le-Chauve ; les deux premiers sont :

REX BENEDICTE TIBI HAEC PLACEAT BIBLIOTECA CARLE
TESTAMENTA DUO QUAE RELEGENDA GERIT.

[Charles, roi béni, puisse te plaire ce livre qui contient deux testaments.]

et les derniers :

QUI MARE QUI TERRAM QUI TOTUM CONTINET ORBEM
TE CONSERVET AMET DUCAT AD USQUE POLUM

---

(1) Librairie de A. Morel, Paris, 1864.

SIT TIBI HONOR PAX ORDO DECUS PATIENTIA REGNUM
PROSPERITAS OMNIS ET SINE FINE VALE

[Puisse celui qui renferme la mer, la terre et tout l'univers te conserver, t'aimer et te conduire jusqu'à la dernière limite : possède en toi tout honneur, toute paix, ordre, gloire, patience, pouvoir, prospérité sans bornes et sans fin !]

Cette dédicace contient deux cents vers, qui sont écrits sur deux colonnes en lettres d'or et sur un fond pourpre.

A la suite est une grande miniature qui est la première du livre et consacrée à saint Jérôme comme traducteur des saintes Écritures ; les préfaces de ce saint dont l'Église a conservé l'usage sont inscrites dans la bible de Charles-le-Chauve, et c'est pour cette raison qu'avant la Genèse l'on trouve l'épître de saint Jérôme à Paulinien, *de omnibus divinis historiæ libris* que suit sa préface dont la première lettre majuscule, très-belle, est ornée des images du soleil, de la lune, et des signes du zodiaque. Les tables des chapitres précèdent la Genèse et sont dressées dans les encadrements d'une disposition architecturale d'un style très-élevé qui est répétée en plusieurs endroits du livre.

Voici en quel ordre sont placés dans la bible de Charles-le-Chauve les livres saints : la Genèse, l'Exode, le Lévitique, les Nombres, le Deuteronome, le livre de Josué, fils de Nun, précédé d'une préface à ce livre et à celui des Juges. Le livre des Juges, le livre de Ruth, quatre livres des Rois que précède une préface de saint Jérôme, le livre du prophète Isaïe, le livre du prophète Jérémie, le livre du prophète Ézéchiel, le livre du prophète Daniel (chacun de ces livres étant précédé d'une préface de saint Jérome). Les livres des douze petits prophètes, Osée, Johel, Amos, Abdias, Jonas, Michée, Nahum, Habacuc, Sophonias, Aggeus, Zacharie, Malachias; le livre de Job, précédé d'un prologue et d'une préface; le livre des Psaumes, précédé d'une préface de saint Jérome ; le livre des proverbes, précédé d'une épître de saint Jérôme ; le livre de l'Ecclésiaste ; le cantique des cantiques ; le livre de la Sagesse ; le livre de Jesu, fils de Sirach, précédé d'un prologue ; le livre de l'Ecclésiastique ; deux livres des Paralypomènes, précédés d'une préface de saint Jérôme ; le livre d'Esdras, avec une préface de saint Jérôme ; le livre d'Esther, avec une préface de saint Jérome ; le livre de Tobie, avec une préface ; le livre de Judith, avec une préface ; les deux livres des Macchabés, terminant l'*Ancien Testament*.

Trois préfaces de saint Jérôme et une lettre d'Eusèbe sont en tête du *Nouveau Testament*, et les quatre évangiles de saint Mathieu, saint Marc, saint Luc et saint Jean, avec leurs préfaces, arguments ou prologues, sont précédés de tables ou canons, au nombre de dix, dressés entre des entrecolonnements d'une ordonnance sévère et élégante dont nous avons déjà indiqué la disposition ; ces canons sont l'annotation par chiffres des versets des quatre évangiles concordants entre eux ou de ceux qui sont particuliers à chaque évangéliste. A la suite sont les Actes des apôtres avec une préface de saint Jérôme ; puis, un prologue aux sept épîtres canoniques : une de saint Jacques, deux de saint Pierre, trois de saint Jean, une de saint Jude. Un argument de saint Jérôme aux épîtres de saint Paul et des tables disposées sous des portiques et ayant pour titre : CONCORDIA EPISTOLARUM PAULI APOSTOLI [Concordance des épîtres de l'apôtre Paul] précèdent ces épîtres qui sont celle aux Romains, première aux Corinthiens, aux Colossiens, aux Laodiciens (épitre qui n'est pas comprise de nos jours dans le canon des Écritures) aux Thessaloniens. Après les épîtres aux églises viennent celles qui sont adressées à des particuliers, et après celles-là l'épitre aux Hébreux, toutes étant précédées d'arguments et de tables. Une dernière préface de saint Jérôme est en tête de l'Apocalypse qui termine la bible de Charles-le-Chauve.

Une pièce de vers semblable par ses lettres d'or, le fond pourpre sur lequel elle est écrite, et les ornements qui l'encadrent, à celle qui est en tête du livre, se trouve à la fin. De même que la première, celle-ci est adressée au Roi :

O DECUS O VENERANDA SALUS O SPLENDIDE DAVID REX CAROLE.

[Oh gloire! oh salut vénérable! oh éclatant David! roi Charles!]

Et le premier distique inscrit au verso explique la miniature placée en regard et qui est comme la dédicace du livre :

HÆC ETIAM PICTURA RECLUDIT QUALITER HEROS
OFFERT VIVIANUS CUM GREGE NUNC HOC OPUS

[Cette peinture représente le moment où l'illustre Vivien, accompagné de sa suite, présente cet ouvrage.]

La bible de Charles-le-Chauve contient huit grandes miniatures dont les sujets sont désignés par des inscriptions versifiées :

La première, consacrée, ainsi que nous l'avons dit, à saint Jérôme comme traducteur des saintes Écritures représente plusieurs épisodes de la vie du saint. On l'y voit quittant la ville de Rome, et plus loin, arrivé à Jérusalem, recevant et payant les instructions d'un homme que l'on sait avoir été un Juif converti et qui lui enseigna la langue hébraïque. Plus bas, le même saint Jérôme discourt sur les Ecritures et a pour auditeur le prêtre Évagre, à côté de qui sont deux scribes traducteurs; d'autre part, quatre femmes, au premier rang desquelles est Paula, dame d'une illustre famille romaine, et Eustoquie, fille de cette dame. Au dessous, saint Jérôme distribue les livres saints qu'il a traduits à des moines qui les transportent dans leurs couvents.

Les inscriptions sont :

EXIT HIERONIMVS ROMA CONDISCERE VERBA
HIERVSALEM HEBRÆ LEGIS HONORIFICE

[Jérôme sort de Rome afin d'apprendre à Jérusalem pour son plus grand honneur, les textes de la loi hébraïque.]

EUSTOCHIO NEC NON PAVLÆ DIVINA SALVTIS
IVRADAT ALTITHRONO FVLTVS VBIQVE DOMO

[Toujours assis sur un trône élevé, il enseigne chez lui les divines lois du salut à Eustoquie et à Paula.]

HIERONIMVS TRANSLATA SVI (sic) QVÆ TRANSTULIT ALMVS
OLLIS HIC TRIBVIT QVIS EA CONPOSVIT.

[Jérôme ayant transcrit les livres saints les distribue aux toits (demeures, couvents), pour lesquels il les a composés.]

La seconde miniature [1], placée en regard de la Genèse, représente : I° la création de l'homme et de la femme; puis Dieu, qui a conduit Adam et Ève dans le paradis terrestre, leur faisant défense de toucher à l'arbre de la science. II° Ève, écoutant le serpent, reçoit de lui et présente à Adam le fruit défendu; tous deux, après le péché, tremblent en entendant la voix de Dieu qui les appelle. III° Adam et Ève, chassés par un ange du paradis terrestre, sont condamnés aux labeurs de la vie : l'homme est courbé pour cultiver la terre, et la femme qui garde son enfant est assise, s'abritant sous un voile blanc contre l'ardeur du soleil.

Les inscriptions sont :

ADAM PRIMVS VTI FINGITVR ISTIC
CVIVS COSTA SACRÆ CARPITVR EVÆ
CHRISTVS EVAM DVCIT ADÆ QVAM VOCAT VIRAGINEM
AST EDANT NE POMA VITÆ PROHIBET IPSE CONDITOR

[L'on voit ici comment a été formé le premier homme, Adam.

Et de sa côte est issue Ève sacrée.

Le Christ conduit Ève à Adam et l'appelle sa femme.

Mais le créateur leur interdit de manger les fruits de la vie.]

---

[1] Elle est reproduite en fac simile dans le grand ouvrage de M. le comte de Bastard.

Svadet nvper creatæ angvis dolo pvellæ
Post hæc moena lvstrans Adam vocat redemptor

[Le perfide serpent persuade la jeune fille qui vient d'être créée.

Le rédempteur qui voit du haut des cieux appelle Adam.]

Vterqve ab vmbris pellitvr inde sacris
Et iam labori rvra colvnt habiti

[Tous deux sont chassés des campagnes sacrées, et déjà condamnés au travail ils cultivent la terre.]

La troisième miniature, placée en regard de l'Exode, représente : I° Moïse, sur le mont Sinaï, qui reçoit de la main de Dieu le livre de la loi. II° Moïse, qui enseigne la loi au peuple du Seigneur, et l'on voit au premier rang le prêtre Aaron.

Les inscriptions sont :

Suscipit legem moyses corusca Regis b dextra superi.
sed infra
Iam docet christi populum repletus nectare sancto.

[Moyse reçoit la loi de la main éclatante du Roi des cieux.

En bas. Rempli du saint nectar, il instruit le peuple du Christ.]

La quatrième miniature, placée en regard du livre des Psaumes, représente David roi et prophète, accompagné des quatre lévites qu'il avait choisis pour chanter les louanges du Seigneur et pour composer avec lui les psaumes.

Le roi David a sur la tête une couronne semblable à celle que nous verrons plus loin placée par le miniaturiste sur la tête de Charles le Chauve, et cette similitude implique un parallèle entre les deux rois. L'instrument que touche le prophète est le psaltérion. Ses quatre compagnons sont assis sur des chaises qui nous font connaître ce qu'était un siége d'usage domestique au neuvième siècle. Asaph souffle dans un cornet et tient une cymbale; Eman a des cymbales dans chaque main; Ethan joue de la lyre et Idithun a dans la bouche une longue flûte.

Les gardes qui portent les armes du roi David sont nommés CERETHI et PHELETHI, c'est-à-dire habitants de Carioth-Hesron et Belphalet, qui sont des villes de la tribu de Juda. (1)

Les inscriptions sont :

PSALMIFICVS DAVID RESPLENDET ET ORDO PERITVS
EIVS OPVS CANERE MVSICA AB ARTE BENE.
DAVID REX ET PROPHETA. ASAPH. ÆMAN. ÆTHAN. IDITHVN.
CERETHI ET PHELETHI. PRVDENTIA. IVSTITIA. FORTITVDO.
TEMPERENTIA.

[Ici brille le psalmiste David et son accompagnement habile à chanter avec art son ouvrage. David roi et prophète. Asaph, Eman, Ethan, Idithun.

La Prudence, la Justice, la Force, la Tempérance], qui sont les quatre vertus cardinales.

La cinquième miniature, placée en regard du livre des Évangiles de saint Mathieu, représente le Christ, les quatre animaux symboliques, les quatre grands prophètes, Isaïe, Jérémie, Ézéchiel et Daniel, et les quatre évangélistes, Mathieu, Marc, Luc et Jean.

Les inscriptions sont :

REX MICAT ÆTHEREVS CONDIGNE SIVE PROPHETÆ.
HIC EVANGELICÆ QVATTVOR ATQVE TVBÆ.
CHRISTUS. ESAIAS. HIEREMIAS. HIEZECHIEL. DANIHEL.
MATTH. MARCVS LUCAS. IOHANNES.

[Le roi brille au haut des cieux de tout son éclat.
Ici les prophètes, ici les quatre trompettes évangéliques.]

La sixième miniature, placée en regard de l'épître

---

(1) Banaïas, fils de Joïada, commandait les Céréthiens et les Pheletiens. II. *Rois*, xx, 23.

de saint Paul aux Romains, représente : I° Le soldat qui devait être apôtre se rendant à Damas pour exterminer les chrétiens ; il est arrêté dans sa marche par une lumière extraordinaire et, renversé à terre, il entend une voix qui lui dit : Saül [1], Saül, pourquoi me persécutes tu? S'étant relevé aveugle, il est dirigé par l'un de ses gardes vers la porte de Damas. II° Plus bas : c'est Ananie, l'un des disciples, que l'on voit couché et endormi, et qui est averti par une révélation divine ; c'est également lui qui, étant allé chercher Saül, lui impose les mains, lui rend la vue, et l'on sait qu'après l'avoir instruit il le baptisa. III° Au dessous : saint Paul, apôtre et docteur des nations, enseigne la loi ancienne et nouvelle à des soldats qui l'écoutent.

Les inscriptions sont :

HIC SAVLVM DOMINVS CÆCAT. HINC FVNDIT IN IMAM.
TERRAM PROTRAHITVR CÆCVS VT IRE QVEAT.

[Ici le Seigneur aveugle Saül.
Là il le précipite à terre.
Il se traîne à terre afin de pouvoir avancer.]

ALLOQVITVR SABAOTH ANNANIAM QVÆRERE SAVLVM.
REDDIT ET EN OLLI LVMINA ADEMPTA SIBI.

[Le Dieu des armées dit à Ananias de chercher Saül.
Et voici qu'il lui rend la lumière qu'il lui a ôtée.]

QVAM BENE SANCTE DOCES VITALIA DOGMATA PAVLE.
EX SERIE PRISCA CÆLITVS ATQVE NOVA.

[Oh ! saint Paul ! que tu enseignes bien les dogmes de vie !
De la loi ancienne et nouvelle qui vient d'en haut.]

La septième miniature, placée en regard de la préface, au livre de l'Apocalypse, représente : I° Quelques images de la vision de saint Jean, telles que les

---

(1) Il était juif de la tribu de Benjamin et se nommait Saül.

annoncent les paroles ici extraites : « Je vis un trône placé dans le ciel....... Sur le trône un livre écrit dedans et dehors, scellé de sept sceaux....... et nul ne pouvait, ni dans le ciel, ni sur la terre, ni sous la terre, ouvrir le livre ni le regarder....... Voici le lion de la tribu de Juda, le rejeton de David, qui a obtenu par sa victoire le pouvoir d'ouvrir le livre et d'en fermer les sept sceaux. Je regardai au milieu du trône et des quatre animaux....... un agneau debout..... il vint et il prit le livre....... et l'ayant ouvert, les quatre animaux se prosternèrent devant l'agneau.

Ils chantaient un cantique nouveau, en disant : « Vous êtes digne, Seigneur, de prendre le livre et d'en lever les sceaux, parce que vous avez été mis à mort et que vous nous avez rachetés pour Dieu par votre sang....... »

Et ailleurs : « Je vis que l'agneau avait ouvert l'un des sept sceaux, et j'entendis l'un des quatre animaux qui dit avec une voix comme d'un tonnerre : « Viens et vois. » Je regardai, et je vis un cheval blanc ; celui qui était monté dessus avait un arc et on lui donna une couronne, et il partit en vainqueur qui va remporter victoire sur victoire. »

L'inscription est :

SEPTEM SIGILLIS AGNVS INNOCENS MODIS
SIGNATA MIRIS IVRA DISSERIT PATRIS.

[L'agneau innocent répand les lois de son père, merveilleusement marquées des sept sceaux.]

II° La peinture inférieure représente saint Jean vêtu de blanc, en signe de sa pureté ; il est assis. Les quatre animaux qui symbolisent les évangélistes, sont groupés à l'entour, se reliant l'un à l'autre, et se rattachent à lui par un voile blanc que l'apôtre soulève en le tenant des deux mains ; ce voile forme au-dessus de la tête du saint une courbe régulière comme celle d'une écharpe enflée par le vent. Les quatre animaux évangéliques sont nimbés, et c'est parce que le nimbe entoure la tête de l'aigle symbolisant l'évangéliste saint Jean, que celui-ci n'en a pas. L'on remarquera, d'ailleurs, que le miniaturiste a placé l'aigle sur le voile blanc, au point qui correspond au sommet de la tête du saint, de telle façon qu'il ne fait qu'un avec lui. Aussi verrons-nous que l'apôtre est nimbé dans les deux compositions détachées, et dont les figures sont de plus petite proportion, qui sont peintes près des angles supérieurs, et font allusion à ces paroles du chapitre 1er de l'Apocalypse : « La révélation de Jésus-Christ que Dieu lui a donnée pour découvrir à ses serviteurs les choses qui doivent arriver bientôt; et il l'a fait connaître en envoyant son ange à Jean, son serviteur...... » Et ailleurs : « Un jour de dimanche, je fus ravi en esprit, et j'entendis derrière moi une voix éclatante comme une trompette : « Écris dans un livre ce que tu vois. »

L'inscription qui règne au-dessus de cette miniature se lit :

LEGES E VETERIS SINV NOVELLÆ

ALMIS PECTORIBVS LIQVANTVR ECCE

QVÆ LVCEM POPVLIS DEDERE MULTIS

[Voici que les lois nouvelles, issues de la loi ancienne, s'écoulent des poitrines fécondes qui ont donné la lumière à des peuples nombreux.]

La huitième miniature [1], placée à la fin du livre et qui en est, ainsi que nous l'avons dit, comme la dédicace, représente le roi Charles le Chauve recevant la Bible manuscrite qui lui est offerte par les moines de l'abbaye Saint-Martin de Tours. Le roi, couronné, tenant un sceptre, est assis sur un siége à dossier ; près de lui sont debout deux personnages, que le bandeau dont est ceinte leur tête désigne comme des grands du royaume, et deux gardes, l'un desquels porte la lance royale et le

---

[1] Elle est reproduite en fac simile dans le grand ouvrage de M. le comte de Bastard.

bouclier, l'autre l'épée, sont exactement tels que les hommes de la tribu de Juda représentés dans la miniature du roi David et nommés Cerethi et Phelethi. Les moines de Saint-Martin sont au nombre de onze, l'un d'eux porte avec cérémonie la Bible, et Vivien, comte séculier, que l'on croit avoir été abbé commandataire de l'abbaye de Tours, fait de la main un geste qui s'allie à l'action des moines qu'il accompagne. C'est ainsi que l'expliquent les deux vers que nous avons déjà cités :

> Hæc etiam pictura recludit qualiter heros
> Offert Vivianus cum grege nunc hoc opus.

Ils suffisaient, et il n'était pas besoin qu'une main étrangère au texte du manuscrit inscrivît sur la marge de la page, à une époque plus rapprochée de nous, car l'écriture est du douzième siècle : « Qualiter Vivianus monachus sancti Martini presentat hanc Bibliam Carolo imperatori. » [Comment Vivien, moine de Saint-Martin, présenta cette Bible à l'empereur Charles.]

Les chanoines de l'église de Metz firent don au ministre Colbert, en l'année 1675, de la Bible de Charles le Chauve, qu'ils possédaient depuis longtemps.

Étienne Baluze, bibliothécaire de Colbert, a constaté le don et tracé rapidement l'histoire du manuscrit par deux phrases écrites de sa main sur la feuille de garde du livre, et l'une d'elles est signée de son nom :

Voici quelles elles sont :

« Hunc codicem sacrorum bibliorum, diu in cathedrali Ecclesiæ Metensi servatum, Canonici Metenses bibliothecæ Colbertinæ donarunt anno Christi MDCLXXV. » Puis : « Hunc ipsum codicem Vivianus comes rector Ecclesiæ S. Martini Turonensis, et ejusdem monachi undecim, obtulerant Carolo Calvo Francorum Regi anno 850, dum Turonis in dicta Ecclesia versatur. »

[Ce livre des saintes écritures, conservé longtemps dans l'église cathédrale de Metz, a été donné par les chanoines de Metz à la bibliothèque de Colbert, l'an du Christ 1675.

C'est le même livre que le comte Vivien, recteur de

l'église Saint-Martin de Tours et onze moines de la même église, avaient offert à Charles le Chauve, roi des Francs, l'an 850, lorsqu'il était allé à Tours dans ladite église.]

C'est donc vers 1675 qu'aura été faite la reliure moderne du livre, qui est de maroquin rouge avec les chiffres de Jean-Baptiste Colbert et ses armes.

ANTIQUITÉS CAPÉTIENNES.

LOUIS LE JEUNE. — ALIENOR. — CONSTANCE. — BLANCHE DE CASTILLE. — SAINT LOUIS. — JEANNE D'ÉVREUX, FEMME DE CHARLES IV (1). — CHARLES V. — CHARLES VII. — JEANNE DE FRANCE, FILLE DE LOUIS XI.

26. — Main de justice que les rois de la troisième race ont successivement portée dans les cérémonies de leur sacre et couronnement.

Ivoire.

Longueur 0,178.

Le pouce et les deux doigts le plus rapprochés du pouce sont droits et placés comme ils doivent être

---

(1) Avec Charles IV finit en 1328 la ligne dite des Capétiens directs.

pour bénir, les deux autres doigts étant repliés; c'est ainsi qu'est disposée la main de justice qui se voit sur le sceau de Hugues Capet ; or le sceau de ce fondateur de la dynastie capétienne est le premier monument national qui fasse connaître l'usage de cet insigne de la royauté, usage établi et reconnu lorsque fut rédigé le formulaire du sacre de Philippe-Auguste ; l'on y peut lire l'ordre de la tradition qui en était faite au roi ; la longueur de l'insigne y est fixée (une coudée), et il y est dit qu'une main d'ivoire le devait terminer. C'est sous cette forme qu'elle était conservée dans le trésor de l'abbaye de Saint-Denis, où se trouvait également la main de justice de saint Louis.

L'ivoire est la seule partie de l'insigne royal qui appartienne au temps des premiers princes de la race capétienne ; la hampe d'argent doré a été refaite en 1804 pour le sacre et couronnement de l'empereur Napoléon Ier, car cette main de justice fut, pendant la cérémonie, portée par l'un des trois maréchaux dans les mains desquels étaient placés les honneurs de Charlemagne. Alors fut ajouté le bijou d'or [1] orné de pierres fines et de perles qui décore le sommet de la hampe : il est l'œuvre d'un orfèvre du dixième siècle (plusieurs pierres ont été remplacées) et, choisi parmi les bijoux du moyen âge que possédait l'État, il mérite d'être attentivement étudié dans tous ses détails et sous tous ses aspects ; alors aussi ont été remontées les trois pierres gravées qui complètent l'ornementation de l'insigne.

L'une des pierres est une améthyste, polie en cabochon, et la gravure en intaille qui représente une victoire ailée, debout près d'une colonne, portant une tablette, est antique.

Une autre pierre est une topaze rose, de forme ovale (hauteur 0,030, largeur 0,020), gravée en relief, tête

---

[1] Il a été dessiné et gravé par J. Jacquemart pour notre publication des Gemmes et Joyaux de la couronne.

de femme, profil regardant à gauche, gravure du huitième siècle.

La troisième est une aigue-marine, de forme octogone (hauteur 0,025, largeur 0,017), gravée en relief, tête de femme, profil regardant à gauche, gravure du huitième siècle.

Le velours violet semé de fleurs de lys d'or brodées a été placé sur la hampe pour le sacre du roi Charles X. Longueur totale de la verge et main de justice, 1,330.

27. — Vase d'Aliénor, femme du roi Louis VII.

Hauteur 0,340. — Diamètre 0,113.

Il est de cristal de roche, et la taille en alvéoles qui l'enveloppe comme ferait un réseau est un travail antique. Les montures d'argent doré sont l'œuvre des orfèvres employés par Suger, vers l'année 1140 ; leur ornementation en filigranes, d'un dessin fort heureusement combiné est d'une exécution fine ; les bracelets de pierreries cerclant en trois places le col doré qui surélève le vase, de même que celui qui, composé de pierres plus grosses, entoure la base dont il est supporté, enrichissent les montures sans les surcharger.

Sa forme est celle des bouteilles ou flacons qui, dans les inventaires du moyen âge, sont désignés sous le nom de *Justes*.

Aliénor d'Aquitaine le tenait de son aïeul, à qui il avait été donné par un personnage dont le nom était Mitadol ; nouvellement fiancée au roi Louis, elle le lui offrit ; Louis VII le donna à Suger et Suger le consacra à saint Denis, saint Rustique et saint Éleuthère, l'ayant auparavant fait orner de gemmes et d'orfèvrerie.

Cette histoire du vase au douzième siècle est racontée par Suger, abbé de Saint-Denys, qui fut ministre de Louis le Jeune et régent du royaume pendant le voyage du roi en terre sainte ; on le trouve dans le livre de son administration (*Liber de rebus in administratione sua gestis*)[1], et il ne saurait y avoir aucun doute sur l'identité puisqu'il dit avoir fait graver sur le pied l'inscription que nous pouvons lire :

HOS VAS SPONSA DEDIT ANOR REGI LUDOVICO
MITADOLUS AVO MIHI REX SANCTISQUE SUGER

[Ce vase, c'est Aliénor qui l'a donné au roi Louis son fiancé; Mitadol l'avait donné à son aïeul ; le roi à moi et moi Suger, aux saints.]

Ce vase, consacré aux saints et qui se plaçait sur l'autel a été jusqu'à la fin du dix-huitième siècle renfermé dans le trésor de l'abbaye de Saint-Denis.

Il a perdu son couvercle dont la forme semi-ovoïde est indiquée dans le dessin gravé [2] pour l'ouvrage de Michel Félibien.

Les quatre petits écussons émaillés que l'on voit sur le col en orfèvrerie sont les armes anciennes de la France, les fleurs de lys sans nombre sur champ d'azur ; ils ont remplacé des pierres gravées ou des chatons que les ouvriers de Suger avaient disposés en la place qu'ils occupent. M. le comte de Laborde, dans sa notice des émaux du Louvre, a, antérieurement à nous, reconnu que la forme de la fleur de lys et la nature de l'émail indiquent comme date de leur exécution le quatorzième siècle.

M. Jules Labarte, dans son histoire des arts industriels au moyen âge, a consacré une planche et un chapitre au vase d'Aliénor. M. Jules Jacquemart l'a dessiné et gravé à l'eau forte pour notre publication des gemmes et joyaux de la couronne [3].

---

(1) Duchesne, *Historiæ Francorum scriptores*. Paris, 1641, T. IV, p. 347.
(2) *Trésor de Saint-Denis*, planche IV, lettre Z.
(3) Paris, 1865, *Chalcographie du Louvre*.

28. — Sceau de Constance de Castille, seconde femme du roi Louis VII.

Louis le Jeune l'épousa en 1154, trois ans après avoir répudié Aliénor, qui, par son mariage avec Henri II, roi d'Angleterre, exclut de la succession de l'Aquitaine les deux filles du roi de France.

Le sceau est d'argent, de forme ovale, muni à sa partie supérieure d'un tenon percé, de façon qu'il peut être suspendu. Sa longueur est de 0,087, sa largeur 0,052.
La reine y est représentée debout, en pied, vue de face, ayant sur la tête un bandeau royal et tenant dans chaque main une fleur de lys, comme fille et femme de roi. L'inscription gravée reproduit sur l'empreinte de cire les mots : SIGILLUM REGINE CONSTANCIE.
La reine Constance, morte en 1159, fut enterrée à Saint-Denis, et c'est dans son tombeau qu'à la fin du siècle dernier, son sceau a été retrouvé. Il était conservé depuis dans la collection des médailles de la Bibliothèque impériale et a été gravé pour le Trésor de numismatique [1].

29. — Bassin, de fabrique orientale, connu sous le nom de Baptistère de saint Louis.

Cuivre rouge damasquiné d'argent.

Hauteur 0,223. — Diamètre 0,500.

Ainsi que l'observe Millin, qui, en décrivant Vincennes où ce bassin était religieusement conservé, en a fait l'objet d'une notice intéressante [2], le nom de Baptistère n'était pas exact, puisqu'un baptistère est le monument même où sont placés les fonts baptismaux. Il

---

[1] *Sceaux des rois de France*, planche III, n° 3.
[2] *Antiquités nationales*, 1791, t. II.

eût pu ajouter que l'eût-on nommé Fonts baptismaux de saint Louis, la preuve était difficile à produire : ce n'est pas que le bassin soit plus moderne que le temps de Louis VIII; nous le croyons plutôt plus ancien, et s'il est vrai, comme le dit Piganiol, qu'il ait été fait pour le baptême de Philippe-Auguste, en 1166, ce serait jusqu'au règne de Louis le Jeune et au temps de la seconde croisade qu'il faudrait remonter pour fixer la date de son importation en France. Millin cite, comme l'opinion la plus commune, celle qui reconnaîtrait 897 pour l'année de son exécution. En présence de dates si positives, on est tenté de croire que des documents écrits les établissent ou, ce qui vaudrait mieux, que des inscriptions sont entaillées dans le bronze même du bassin ; les documents ne nous sont pas connus, et, si des dates ont été lues [1] sur le bronze, ce n'a pu être qu'en deux places que recouvrent actuellement des écussons d'argent, aux armes des rois de France, qui y ont été appliqués et scellés au XIXe siècle; ils l'ont été parce que l'usage s'était établi de baptiser dans ce bassin les enfants de France. L'on sait que Henri IV le fit apporter de Vincennes à Fontainebleau pour le baptême de l'enfant qui fut Louis XIII; la coutume en a été observée jusqu'à nos jours, et dans le passé elle remontait historiquement à Charles V, fils du roi Jean. Si nous mettons en doute que saint Louis y ait reçu le baptême, c'est que l'église de Notre-Dame de Poissy s'est toujours fait honneur de posséder les fonts baptismaux dans lesquels le fils de Louis VIII et de Blanche de Castille avait été régénéré en Jésus-Christ. On en peut voir le dessin dans le livre de la *Monarchie française*, de Montfaucon, et le savant bénédictin rappelle le passage où l'historien Nangis raconte que le saint roi, taisant sa qualité dans les lettres qu'il écrivait à

---

[1] Nous ne pensons pas que ces dates aient jamais existé, autrement l'on n'eût pas hésité entre 897 et **1166**; c'eût été l'un ou l'autre.

ses plus familiers, signait Louis de Poissy (1). Le doute n'est, en aucune façon, fondé sur le plus ou moins d'antiquité du bassin oriental ; sous ce rapport, rien ne lui manque : les sujets qui y sont représentés et qui le recouvrent presqu'en entier, tant à l'intérieur qu'à l'extérieur, sont ceux que l'on retrouve sur les monuments orientaux de la plus haute antiquité, et que les familles d'artistes ont répétés traditionnellement : c'est la vie du prince sarrazin partagée entre les combats, la chasse et le festin ; ce sont les différents animaux attaqués et ceux qui sont dressés pour les poursuivre. Lorsque le bassin est destiné à contenir un liquide, des poissons sont le plus souvent figurés sur le fond, et nous les trouvons à profusion à l'intérieur de ce cratère.

Une inscription gravée sur le bord extérieur nous viendra-t-elle en aide pour en déterminer l'âge ? elle est en caractères arabes, mais elle ne nous fait connaître que le nom de l'artiste par qui a été travaillé le bronze :

عمل المعلم محمد ابن الزين غفر له

M. A. de Longpérier nous en a donné la traduction : « Fait par le maître Mohammed, fils de Je'in ed din, que Dieu lui pardonne ses péchés ! »

Il est un autre indice nous fournissant des preuves plus familières, c'est la forme de la fleur de lys des armoiries françaises, que l'on peut voir gravée et damasquinée d'or en plusieurs places disposées pour les recevoir dans les frises qui décorent le bassin ; nous ne pensons pas qu'elles aient été ajoutées en France, elles font corps avec l'œuvre primitive, et, nous attachant à l'opinion qu'elles ont été gravées par les ouvriers de Mohammed, nous ne pouvons méconnaître que c'est là le modèle oriental de la fleur de lys française du douzième siècle. Nous fixerons donc au règne de Louis

---

(1) Il était né à la Neufville-en-Hez, dans le Beauvoisis, l'an 1215.

le Jeune, et aux approches de 1150, l'introduction en France de ce bassin fait en Orient.

30. — Psautier de Blanche de Castille et, après elle, de son fils saint Louis.

Manuscrit sur vélin, in-quarto.

Hauteur 0,280. — Largeur 0,200.

Il est composé de cent quatre-vingt-douze feuillets dont l'écriture, de la première moitié du XIIIe siècle, est abondamment mêlée de riches initiales, de lettres ornées, de figures et de vignettes.

Le premier feuillet est une grande miniature représentant Sosigènes, astronome d'Alexandrie, qui fut chargé par Jules César de la réforme du calendrier et qui régla l'année sur le cours du soleil ; l'autre personnage est Denys, abbé, qui vécut au commencement du VIe siècle, et qui proposa la forme du calendrier encore en usage de nos jours ; le troisième est un scribe écrivant sous sa dictée.

Les six feuillets suivants (recto et verso), sont occupés par un calendrier. Le cadre qui renferme le détail de chacun des mois porte deux médaillons peints ; dans l'un sont figurés les signes du zodiaque, et dans l'autre des allégories ou des personnages dont l'action est appropriée aux diverses saisons.

Le huitième feuillet contient une table des fêtes mobiles.

Vingt-deux feuilles de miniatures sont placées à la suite ; elles représentent : La chute des anges. — La création de la femme. — Adam et Ève dans le paradis et la tentation par le serpent. — Adam et Ève chassés du paradis et condamnés au travail. — L'arche de Noé et le sacrifice d'Abraham. — Moïse recevant de Dieu les tables de la loi et l'adoration du veau d'or. — L'arbre de Jessé. — L'annonciation et la visitation. — La nativité et l'annonciation aux bergers. — L'adoration des mages et la présentation au temple. — La fuite en Égypte et le massacre des innocents. — Le baptême de Jésus-Christ et la tentation sur la montagne. — La résurrection de Lazare et l'entrée à Jérusalem. — Le lavement des pieds et la Cène. — La trahison de Judas et la flagellation. — Le crucifiement et la descente de croix. (Les deux figures allégoriques que l'on voit sur les côtés sont l'église et la synagogue.) — Les trois saintes femmes au tombeau et la délivrance des âmes par le rédempteur. — Jésus-Christ apparaissant à Marie-Madeleine et (en dessous) à saint Thomas. — L'Ascension et la Pentecôte. — Jésus-Christ assis et bénissant le monde ; les quatre évangélistes sont indiqués par les animaux symboliques. — Le couronnement et l'ensevelissement de la Vierge. — David dictant les psaumes et (au-dessous) inspirant de l'esprit prophétique ses quatre compagnons : Asaph, Eman, Ethan et Idithun.

Cette dernière miniature, qui est ornée des fleurs de lys de France, comprend dans son encadrement les premiers mots des psaumes de David : BEATVS VIR QUI NON ABIIT, dont le texte, commençant au feuillet 31, se continue jusqu'au verso du feuillet 167, et comprend dans les ornements des principales majuscules neuf compositions peintes, qui sont : Le baptême de David. — Saül tenté par le démon. — David et Goliath. — David tenté par les démons. — Jésus-Christ et Jonas. — Le roi prophète célébrant la gloire de Dieu. — Les chants de l'église. — La prière de l'église. — La Trinité.

A la suite des cent cinquante psaumes du roi David, sont intercalées quatre grandes miniatures, dont les sujets sont :

— Les anges de la résurrection et saint Michel pesant les âmes. — Jésus-Christ, rédempteur des hommes, et la séparation des bons et des méchants. — Dieu recevant les élus et (au-dessous) les tourments de l'enfer.

Le texte recommence au feuillet 172, et se compose : du cantique d'Isaïe, du cantique d'Ezéchias, des cantiques d'Anne la prophétesse, d'Abacuc, de Moïse, de saint Ambroise, de l'hymne des trois enfants dans la fournaise, des cantiques de Zacharie, de la bienheureuse Marie, de saint Siméon, des anges ; puis l'oraison dominicale, le symbole des apôtres et le symbole de Nicée, le symbole de saint Athanase. Les litanies des saints viennent à la suite, et le livre est terminé par des oraisons.

Le feuillet 191 porte cette inscription :

C'EST LE PSAVTIER MONSEIGNEVR SAINT LOYS — LEQVEL FU A SA MÈRE.

Et sur son verso, on lit six lignes d'une prière, au bas de laquelle est la signature du roi Charles V.

Ce manuscrit a conservé sa première reliure.

31. — Couverture du psautier de saint Louis.

Longueur 1,000. — Largeur 0,950.

Le tissu est de soie, de couleur bleue, et brodé de fleurs de lys d'or sans nombre, comme sont les armes anciennes de France. Cette étoffe du XIIIe siècle enveloppait le psautier du roi, et a été conservée avec le livre dans la bibliothèque de l'Arsenal.

Elle est fort usée, la trame manque en beaucoup de places ; elle est posée sur une toile blanche que double un tissu rouge en très-mauvais état.

32. — Psautier de saint Louis.

Manuscrit sur vélin, petit in-quarto.

Hauteur 0,206. — Largeur 0,150.

Composé de deux cent soixante feuillets, dont l'écriture, de la seconde moitié du XIIIe siècle, est enrichie d'initiales, de lettres ornées et de vignettes qui terminent les lignes et séparent les versets.

On lit sur le verso du feuillet de garde une inscription de cinq lignes, en beaux caractères manuscrits du xv⁰ siècle et à l'encre rouge ; elle est ainsi conçue :

CEST PSAVLTIER FU SAINT LOYS.ET LE DONNA LA ROYNE JEHANNE DEVREVX AV ROY CHARLES FILS DV ROY JEHAN. LAN DE (notre seigneur) MIL TROYS CENS SOISSANTE ET NEVF.ET LE ROY CHARLES PETIT-FILS DVDIT ROY CHARLES LE DONNA A MADAME MARIE DE FRANCE SA FILLE RELIGIEVSE A POISSI. LE JOVR SAINT MICHEL LAM MIL. [IIII.C]

Note précieuse qui constate, pendant toute la durée du xiv⁰ siècle, la possession par nos rois du psautier de saint Louis, et sa transmission des mains de Jeanne d'Évreux, femme de Charles le Bel, en celles des rois Charles V [1], Charles VI et Charles VII.

Les feuillets 1 à 78 forment une suite de grandes et délicates miniatures sur fond d'or, disposées dans des encadrements élégants, et dont les sujets, empruntés à l'Ancien Testament, sont clairement expliqués par quelques lignes écrites au revers des peintures. Nous ne saurions mieux faire que de les transcrire :

1. En ceste page est conment Caym et Abel offrent leur disme à Dieu.

2. En ceste page est conment Caym ocit Abel son frère et conment Dieu lui demande qu'il a fait de son frère Abel.

3. En ceste page est conment Noei est en Larche au duluge.

---

[1] L'inventaire des livres de Charles V, dressé en 1373 par Gilles Malet, son bibliothécaire, confirme la vérité de cette indication ; on y lit : « Il est un autre psaultier moindre qui fut aussy M. saint Loys tres bien ecrit et dignement enluminé et a grand quantité d'histoires au commencement dudit livre ; et se commence au second feuillet VAS FIGVLI. » (Ce qui est exact.)

Il était désigné comme étant à Vincennes, « dans la tourelle, auprès de la haute chambre du Roy, au grand coffre dont le Roy a les clefs. »

4. En ceste page est conment Noei fut yvres et s'endormi descouers et conment si enfant le covrirent.

5. En ceste page est conment Abraham se combati encontre ses enemis et comment il ocist les trois Rois et gaaingnai leur despuelles.

6. En ceste page est conment Abraham offre et présente ses présens et sa proie et son gaaing à Melchicedech le Roi et esuèq et conment Melchicedech li présente le pain et le vin.

7. En ceste page est conment li III angle vindrent à Abraham et conment il en aoura lun et conment il les sert au mangier et conment Saire rit darrier luis de labit.

8. En ceste page est conment li angle vindrent à Loth et comment Loth les resoit en son hostel et conment li Sodomeien lui voudrent brisier son hostel et conment li angle issurent et les aveuglerent.

9. En ceste page est conment les cités de Sodome et de Gommorhe fondirent de feu et de souffre, et conment Loth et sa feme et ses II filles sen vont, et conment la feme regardai darrier soi et fu muée en pierre salée.

10. En ceste page est conment Abraham volt sacrifier Ysaac son fil à Dieu, et conment langle li montre le mouton.

11. En ceste page est conment Abraham fet jurer à son servant quil querra à son fill Ysaac feme de son lignage et conment Rebecca la pucele donne à boiure de liague du puis au seriant Abraham et à ses betes.

12. En ceste page est conment li serians Abraham amainne Rebecca et conment il li monstre Ysaac as chans et conment ele dessent de son chamet et encline son seigneur honteuse.

13. En ceste page est conment Jacob voit 1 eschiele en dormant des le ciel à la terre et les angles qui montoient et dessendoient, et conment Jacob oint la pierre duile.

14. En ceste page est conment Jacob voit une grant multitude dangles et conment Jacob lutte a lange.

15. En ceste page est conment Joseph songe et conment Jacob son père lui espont son songe, et conment Joseph porte à maingier à ses frères.

16. En ceste page et conment Joseph vient à ces frères, et conment li uns des frères dit veez ci le songeeur ; or nos en venions. et conment il le gietent en une fosse.

17. En ceste page est conment li frère metent hors Joseph de la fosse, et conment il le vendirent as marcheans Degypte, et conment Ruben regiete Joseph for la fosse.

18. En ceste page est conment li frère aportent a leur père Jacob la cote Joseph et dient que une beste sauvage la devoret, et conment li marcheant le vendirent à Putiphar le prevôt.

19. En ceste page est conment la feme Putiphar requiert Joseph damer et conment Joseph li laiche son mantel et conment ele se plaint à son seigneur de Joseph, et conment, len met Joseph en la chartre.

20. En ceste page est conment le penetier et le boutallier le roi Pharaon sont en la chartre avec Joseph, et conment il songent, et conment Joseph leur espont leur songe.

21. En ceste page est conment li rois rent au boutallier son mestier et conment li penetier est pendus : et conment li rois Pharaons songe.

22. En ceste page est conment li rois requiert consoil de son songe et conment en li dit de Joseph, et conment Il le mande et conment Joseph li espont son songe et conment li rois le fait seigneur et baillif de toute sa terre.

23. En ceste page est conment Joseph achate et quiert les bleiz et conment il fait emplir les greniers.

24. En ceste page est conment la coupe d'or fu

trovée es sac as frères Joseph et conment Joseph retient Benjamin.

25. En ceste page est conment Joseph se fait quenoitre à ces onse frères et conment il la ourent tuit.

26. En ceste page est conment Joseph présente son père Jacob et ses frères et leurs mesniees au Roi Pharaon, et conment li rois leur donne terre d'une part en son règne.

27. En ceste page est conment Jacob donne sa béneicon as deus fils Joseph Effraym et Manasses.

28. En ceste page est conment li XII frère ensevelissent Ysrael leur père.

29. En ceste page est conment Moyses fu trouez en liauue et conment la fille le Roi le fit nourrir de sa mère meismes et conment Moyses vit le buisson qui ardoit et si ne degatoit mie.

30. En ceste page est conment Moyses et Aaron dient au roi Pharaon que Dieus li mande qu'il delivre le pueple Israhel de servage.

31. En ceste page est conment la terre d'Egipte fu tormentée de IX greveuses plaies.

33. En ceste page est conment Moyses et li pueples Israhel sacrifient le blanc engnel, et conment len fet du sanc de lengnel le Tes lintiers et conment il mainvient leur pasque et lengnel.

33. En ceste page est la disième plaie d'Egipte si come langle ocit en chascune meson une personne : et conment Moyses et son pueple senvont hors d'Egipte.

34. En ceste page est conment les gens Moyses se conbatent contre leur enemis et tant que Moyses tent ses mains en haut et ses gens vainquent et en li soustient ses bras haut.

35. En ceste page est conment Dieus donne à Moyse la loi on monlde Synay et conment Moyses revient et trueve le pueple Israhel qui aouroient i veel dor et conment Moyses brisa ses tables.

36. En ceste page est conment Dieus devise à Moyses le saint Tabernacle.

37. En ceste page est conment Moyses fiert de sa verge la dure pierre et la douce iauue en salli. Et conment Moyses montre le serpent d'arain sos la columbe au pueple qui estoit tormentes de menus serpentiaus.

38. En ceste page est comnent Dieus parole au prophète et conment le prophète dit au roi qu'il sacrifiee et face sacrifieer ses gens qui sont es paveillonz.

39. En ceste page est conment Balaam bat larnesse et conment langle tient léspée nue devant larnesse et conment larnesse parole à Balaam.

40. En ceste page est conment Dieus dit à Josue je te comant mon pueple soies mon seriant enci que Moyses fu. et conment Josue chevauche a armes contre los enemis en la terre de promision.

41. En ceste page est conment Josue et son pueple font porter entor la ville de Jherico la sainte arche nostre Seigneur.

42. En ceste page est conment li fill Israhel vont à VII boisines et portent la sainte arche entor les murs de Jherico et conment li mur de la citée cheirent et conment Josue et son pueple entrerent dedens et gaaignèrent la citée.

43. En ceste page est conment li fill Israhel se conbatirent a ceus dune citée et ceus de la citée les desconfirent.

44. En ceste page est conment 1 des fils Israhel embla une ruèle dor et deniers dor et 1 mantel et conment Josue le fist lapider de pierres.

45. En ceste page est conment li fill Israhel se conbatent contre leur enemis et conment il tornerent le dos et foirent.

46. En ceste page est conment li fill Israhel chacent leur enemis en la citée et conment il entrèrent en la citée et ardirent et prindrent et ocistrent

leur enemis et comment Josue leva ses mains et son escu et li soleul fu en estal.

47. En ceste page est comment li fill Israhel se conbatirent contre les rois de leur enemis, par lamonestement dune vaillant dame qui ot nom Delbora et comment il les vainquirent et ocistrent et gaaignarent leur curres et chassarent le roi.

48. En ceste page est comment li rois qui fuioit devant les fils Israhel chei ainmains dune bone dame qui ot a nom Iael qui le resut en son paveillon et li dona à boiure let a 1 henap et il sendormi et cele prit 1 grant maill et 1 grant clou et cloua le roi parmi la temple en terre et l'ocit.

49. En ceste page est comment langle vient à Jedeon en son presseoir et li dit ce que Dieus li mande. Et comment Jedeon sacrifie sor la pierre et espant la grasse desus son sacrifice et langle qui muet tout ensemble le sacrifice et se met en la flame du feu.

50. En ceste page est comment li fill Israhel coupent le bois et destruisent les fauces ydoles : et comment Jedeon sacrifie le toriau à Dieu.

51. En ceste page est comment Dieus parole à Jedeon et comment il tient la toison d'un mouton et le laveoir desoz et comment Dieus dit à Jédéon quil prengne de ces gens ceus qui beveront à la main et ceux qui beuront à ventillon doint congie et voit seur ses enemis et il auront victoire.

52. En ceste page est comment les gens Gedeon ont chacun 1 boisine a la bouche et en la main 1 cruche brisée par devers leur enemis endroit la mienuit et en chacune cruche 1 lampe ardant la clartée par devers leur enemis et avironerent lost de toutes pars et sonerent leur boisines et leverent leur cruches haut et leur enemi furent si espoente quil sentrocistrent tuit en leur pavellons et enci furent delivre li fill Israhel de leur enemis et gaaignerent leur despuelles.

53. En ceste page est comment li fill Israhel repairent de bataille et ont eu victoire et comment les pu-

celes leur vienent encontre demenant grant joie : et conment Jepte encontre sa fille et conment il despiece sa vesteure de duel pour ce quil devoit sacrifier a Dieu la premiere chose qu'il encontreroit après la victoire.

54. En ceste page est conment la fille Jepté et ces puceles plaingnent et pleurent son pucelage ainz montaignes. et conment Jepte sacrifie sa fille seur lautel.

55. En ceste page est conment langle anunce Sanson a sa mere et conment le pere et la mere Sanson sacrifient et langle qui se mella en la flame de leur sacrifice.

56. En ceste page est conment Sanson ocit le lyon et conment il prent la ree du miel en la gueule au lyon et la mainine.

57. En ceste page est conment Sanson parole as Philistiens et conment il dit a sa feme son consoil et conment la feme raconte a Philistiens son consoil sens le seu de son seigneur.

58. En ceste page est conment Sanson lie les brandons ardans as queues des goupis et les laissai aler parmi les bleis et tous les bleis furent ars.

59. En ceste page est conment li Philistien pour parlent qu'il prenderont Sanson et conment il prennent Sanson et le lient de fors liens et il soeffre tout.

60. En ceste page est conment Sanson rompi ses liens et conment il de la roe d'un aine ocit seus qui lavoient liée et conment il rent graces a Dieu de la victoire quil a eue.

61. En ceste page est conment Dalida la feme Sanson tondi son seigneur en dormant. et conment li Philistien le pristrent et lierent et creverent les ieus.

62. En ceste page est comnent Sanson torne le mollin et conment il abati le pales sor sa feme et seur ses enemis.

63. En ceste page est conment males gens tollirent 1 soir à 1 prodome sa feme a force et la raporterent au matin morte devant son huis et quant son seigneur la trouva morte si prist sespée et fist de sa feme XII pièces.

64. En ceste page est conment li fill Israhel prient Dieu devant le tabernacle et conment il furent desconfit et ocis le ramenant deus foi ains monteignes.

65. En ceste page est conment li fill Israhel qui estoient foi en monteignes repairent au tabernacle as prestes et as levites qui estoient en hares et cendre seur leur chief et fesoient penitance a Dieu qui les delivrast de leur enemis.

66. En ceste page est conment li fill Israhel se rapirent en vignes et quant les puceles qui fesoient une grant feste au tabernacle passent par iluec 1 chacuns deus prist la soie et fu acordé par les sages pour restorer lignée.

67. En ceste page est conment la mere Samuel prie au tabernacle à Dieu qu'il li doint enfant et ele donra lenfant au tabernacle et conment ele offre III sas plains de farine et plain pot duile et III toriaus.

68. En ceste page est conment Samuel lenfant se gist et conment Dieus parole a lui et conment il se liève et reconte au prevoire du tabernacle ce que Dieus li a dit.

69. En ceste page est conment li fill Israhel se conbatirent et conment leur enemi les desconfirent et ocistrent et tolirent la sainte Arche et quant Samuel sot ses noveles si chee pasmez devant luis du tabernacle.

70. En ceste page est conment la sainte Arche fu assise sur lautel de coste 1 ydole qui avoit nom Dagon et conment Dagon fu trouez le matin a terre le col et les bras trenchiez sur le lintier de la meson.

71. En ceste page est conment li fill Israhel sont a consoill et sieent leur piaux de moutons et plentée de souris entreus et conment les gens mueerent es chans et conment deux vasches traient la sainte Arche et muaillent pour leur veaux ensi reunit la sainte Arche au tabernacle.

72. En ceste page est conment li fill Israhel demandent a Samuel le prophete quil leur face Roi. Et conment Samuel en oint Saul et le baise.

73. En ceste page est conment Samuel le prophete parole a Saul et conment Saul regarde joenes gens qui saillent par devant une tumbe.

74. En ceste page est conment li pueples Israhel presentent a Saul en nom de Seigneur III pains de blanche farine et III chevriaux blancs et plain pot de vin et conment li pueples le resoit a grant joie et grant feste dinstrumens.

75. En ceste page est conment li rois des enemis israhel menasse le pueple Israhel a crever les ieuz cil ne le tienent à seigneur.

76. En ceste page est conment li pueples Israhel se plaint à Samuel le prophete du Roi qui les a menassiés a crever les ieus et mainent grant duel et conment Samuel les maine a Saul et conment Saul despiece 1 buef et le donne au messagier et li dit que ensi depiecerail ses enemis.

77. En ceste page est conment Samuel et li fill Israhel se conbatent contre leur enemis et conment Saul ocit le roi et vainquirent leur enemis.

78. En ceste page est conment li fill Israhel coronent Saul a roi et conment Samuel sacrifie lengnel a Dieu on tabernacle.

Un calendrier occupe le recto et le verso de six feuillets placés après les miniatures; fait évidemment pour le roi saint Louis, et à une époque avancée de sa vie, il renferme l'indication des événements qui l'ont le plus touché, comme fils, frère ou chrétien, inscrits, à titre de pieux souvenirs, aux dates correspondant à ces événements, et de la même écriture que le corps du calendrier. C'est ainsi qu'à la date du 14 juillet, on lit :

OBITUS PHILIPPI REGIS FRANCORUM.

[Mort de Philippe, roi des Français.]

C'est Philippe-Auguste, grand-père de saint Louis, qui mourut à Mantes le 14 juillet 1223.

A la date du 8 novembre :

OBITUS LUDOVICI REGIS FRANCORUM.

[Mort de Louis, roi des Français.]

C'est Louis VIII, père de saint Louis, qui mourut au château de Montpensier, en Auvergne, le 8 novembre 1226.

A la date du 9 février :

OBITUS ROBERTI COMITIS ATTRENBATENSIS.

[Mort de Robert, comte d'Artois.]

C'est Robert d'Artois, troisième fils de Louis VIII et frère de saint Louis, qui fut tué à Mansourah le 9 février 1250.

A la date du 27 novembre :

OBITUS BLACHIE REGINE FRANCORUM.

[Mort de Blanche, reine des Français.]

C'est Blanche de Castille, mère de saint Louis, qui mourut l'an 1252.

Puis à la date du 26 avril :

DEDICATIO SANCTE CAPELLE PAR[ISIENSIS] : ANNUUM FESTUM

[Dédicace de la Sainte-Chapelle de Paris : fête annuelle.]

C'est la dédicace de la Sainte-Chapelle du palais que saint Louis fit construire pour y déposer les reliques.

Aussi trouvons-nous à la date du 12 août :

SOLLEMPNITAS SANCTE CORONE. ANNUUM FESTUUM.

[Solennité de la sainte Couronne.]

A la date du 30 septembre :

TRANSLATIO SACROSANCTARUM RELIQUIARUM. ANNUUM FESTUM

[Translation des Très-Saintes-Reliques : fête annuelle.]

A la date du 4 décembre :

PARISIVS SVSCEPTIO RELIQUIARUM.

[Arrivée à Paris des reliques.] (1)

Le verso du feuillet 85, orné de peintures, contient la lettre B, initiale des premières paroles des psaumes de David : BEATUS VIR QUI NON ABIIT IN CONSILIO.

Le roi David y est représenté pécheur, regardant d'une des fenêtres de son palais Betsabé, femme d'Uri, et (au-dessous) pénitent, adressant à Dieu sa prière. Le fond de cette dernière peinture est lozangé et semé des fleurs de lys de France.

Le texte des psaumes vient ensuite, et renferme plusieurs peintures qui décorent des lettres initiales ; l'on trouve au verso du feuillet 110 la lettre D où sont deux compositions : David, pénitent, priant Dieu, et les ordres religieux adorant la sainte épine. Les fonds de ces peintures sont losangés, semés des fleurs de lys de France et des châteaux de Castille. Une peinture presque semblable au verso du feuillet 126 ; la pénitence de David étant également figurée dans les lettres initiales qui sont au verso des feuillets 141 et 156, et au recto des feuillets 175 et 192.

Le texte contient, en outre des psaumes de David, les cantiques d'Isaïe, d'Ezechias, d'Anne la Prophétesse, les deux cantiques de Moïse (l'un après le passage de la mer Rouge et l'autre avant sa mort), le cantique d'Abacuc, celui de saint Ambroise (c'est le *Te Deum*), le cantique des trois enfants dans la fournaise, les cantiques de Zacharie, de la bienheureuse Marie, de Siméon. Le symbole de saint Athanase termine le livre.

La reliure n'a conservé que quelques restes de son

---

(1) En outre de ces inscriptions commémoratives, qui font partie du calendrier même, l'on peut remarquer, à la date du 28 janvier, un nom ajouté, c'est celui de KAROLUS MAGNUS, différent de tous les autres par le caractère, la proportion et la couleur de l'or. Il a dû être inscrit lorsque le psautier de saint Louis était dans les mains de Charles V, qui reconnaissait en Charlemagne son patron et son modèle.

état ancien ; cette reliure aura été donnée au livre lorsqu'il était en la possession de la reine Jeanne d'Évreux, femme de Charles le Bel, puisqu'on lit dans l'inventaire de 1373 qu'il avait deux petits fermoirs d'or plats, l'un émaillé de France et l'autre d'Évreux. Des fermoirs, il ne reste plus que les arrachements indiquant qu'il y en a eu, et de la couverture des fragments d'étoffe de soie de couleur verte et brochée d'or, sur lesquels a été superposé un dos de velours rouge.

33. — Fermail du manteau royal de saint Louis.

Longueur 0,190. — Largeur 0,170.

Il est d'argent doré. La plaque de fond, semée de petites fleurs de lys, est gravée en taille d'épargne et émaillée. La plaque découpée, ayant la forme d'une grande fleur de lys, est, comme le cadre qui l'entoure, juxtaposée sur la plaque émaillée. Les pierres, serties ou montées sur griffes, sont ajustées séparément ; plusieurs manquent : l'on compte aujourd'hui sur la fleur de lys six améthystes, six émeraudes, onze grenats ; et sur le cadre, vingt-six grenats et deux saphirs.

L'usage de cette agrafe est antérieur au règne de saint Louis ; on en voyait une exactement semblable attachant le manteau royal de Philippe-Auguste, sur une statue de ce prince qui existait dans l'église de l'abbaye de la Victoire, près Senlis. Montfaucon nous en a conservé la preuve en faisant graver le dessin de cette statue.

L'usage n'en avait pas cessé avec le XIIIe siècle, et Charles V possédait vingt-cinq fermaux à fleurs de lys d'or.

La description qu'en contient l'inventaire de ses joyaux, fait en 1379, conviendrait parfaitement, à la différence près des pierres, au fermail du manteau de saint Louis. Voici quelle elle est : « Une fleur de lys « d'or en manière de fermail, garnie de pierreries ; « c'est à savoir de seize balais, treize émeraudes et « vingt-quatre perles, émaillée au dos d'émail de plate. »

C'est dans le trésor de l'abbaye de Saint-Denis qu'a été conservée jusqu'à la fin du siècle dernier le fermail du manteau royal de saint Louis (trésor de Saint-Denys, planche III, lettre G).

M. Jules Jacquemart l'a dessiné et gravé à l'eau forte pour notre publication des gemmes et joyaux de la couronne (1).

34. — Bague sigillaire de saint Louis.

Diamètre 0.023.

Le chaton est un saphir pâle, taillé en table, et sur lequel est gravée en creux la figure du saint roi, en pied, debout, couronné, portant un sceptre.

La monture est d'or, et les fleurs de lys que l'on voit sur l'anneau sont épargnées dans la taille que recouvre un émail noir. L'anneau de la bague a été fendu verticalement en une place pour faciliter l'entrée.

Cette bague était conservée dans le trésor de Saint-Denys, près de la couronne du saint roi (Félibien, trésor de Saint-Denys, planche III, lettre O), et, désignée comme anneau de saint Louis, était ainsi décrite :
« Il est d'or semé de fleurs de lys et garni d'un saphir
« sur lequel est gravée son image avec ces deux
« lettres S. L., c'est-à-dire Sigillum Ludovici, cachet
« de saint Louis. »

Quelques personnes ont observé que l'image du roi Louis IX, gravée sur le saphir, étant nimbée, cette pierre ne pouvait être celle que le roi avait portée au doigt et qui lui avait servi de cachet. Notre pensée est que cette pierre est bien celle que le roi a portée. Il y est représenté avec les insignes royaux, et nous pensons que le nimbe a été ajouté autour de la tête couronnée après la canonisation de saint Louis (1297), qui ne suivit que de vingt-sept ans sa mort. Nous pensons qu'alors aussi ont été gravées près de la tête

---

(1) Paris, 1865, *Chalcographie du Louvre.*

les lettres S. L., que nous lisons *Sanctus Ludovicus*; et que c'est à la même époque qu'aura été tracée sur l'intérieur de l'anneau l'inscription qu'on y voit :
C'EST LE SINET DU ROI SAINT LOUIS.

Alors régnait Philippe le Bel ; les souvenirs qui se rattachaient à saint Louis étaient encore vivants dans sa famille ; ils ont survécu à son petit-fils pendant toute la durée du XIVᵉ siècle, respectés et transmis de proche en proche. Nous en trouvons ici même la preuve dans la précieuse inscription manuscrite du psautier de saint Louis, constatant qu'ayant été donné par la pieuse reine Jeanne d'Évreux au roi Charles V, l'an 1369, le roi Charles VII le donnait à sa fille Marie l'an 1400.

Les caractères de l'inscription gravée dans la bague de saint Louis sont de la fin du XIIIᵉ siècle. Les lettres sont gravées en creux et niellées.

NOTA. Le signet du roi Charles V (c'est sous ce nom qu'est désigné son cachet dans l'inventaire de 1379) était un rubis fin d'Orient, sur lequel était gravée la tête d'un roi sans barbe. « C'était, dit l'inventaire, celuy de quoy le roy scelle ses lettres qu'il écrit de sa main. » L'usage en était donc établi et persistant.

La bague de saint Louis a été dessinée et gravée à l'eau forte par M. Jules Jacquemart, pour notre publication des gemmes et joyaux de la couronne (1).

35. — Cassette de saint Louis.

Longueur 0,365. — Largeur 0,190. — Hauteur 0,155.

Elle provient de l'abbaye du Lys fondée par Blanche de Castille, en laquelle était « une châsse de saint Louis donnée par Philippe le Bel, roi de France, son petit-fils, où il y avait quatre ossements de ce roi et son cilice donné par le même roi, avec sa cassette (2).

Elle est de bois de hêtre que recouvre une peau de

---

(1) Paris, 1865, *Chalcographie du Louvre*.
(2) Inventaire des titres de l'abbaye dressé le 24 septembre 1678.

parchemin, un enduit, une feuille de métal et des couches de peinture, superposés de telle façon que la couleur noire, qui, dans l'origine, a été celle du fond de la cassette, en recevait un éclat et une transparence verte toute particulière. L'on en peut juger par ce qu'on en voit sur le panneau postérieur, car les trois autres faces, de même que le couvercle, ont été repeintes. Le fond manque.

Elle a conservé toutes ses armatures. Les angles du couvercle sont encore protégés par « les encoignures de cuivre à dessins quadrillés, à émaux bleus enchâssant dans des sertissures denticulées les cabochons en cristal de roche qui devaient jouer le rubis ou le grenat, grâce à un paillon rouge dont on aperçoit quelque trace à travers de leur transparence [1]. »

Les charnières sont mordues par les gueules affrontées de deux couples d'animaux monstrueux; deux serpents, dont les anneaux se confondent, sont régulièrement repliés pour former la poignée, et le dragon, allongé sur toute la profondeur du couvercle, a dans sa gueule le moraillon de fer qui s'abat sur la serrure et ferme la cassette. Remarquons, en outre, sur les arêtes de la boîte les quatre agrafes repliées que forment deux écus de Castille, attachés l'un à l'autre.

La décoration de la cassette a une signification qui lui est propre, l'usage auquel elle était destinée ayant motivé le choix des sujets figurés sur les médaillons; le dragon, l'hydre, le griffon y personnifient les passions et les vices; les combats de l'homme contre ces animaux lui rappellent les luttes dont il doit sortir victorieux. Le lion, la panthère et l'aigle symbolisent les vertus chrétiennes; lorsque nous voyons les animaux semblables s'unir, c'est pour doubler leurs forces; l'antagonisme des uns contre les autres exprime la révolte du bien contre le mal, l'attaque, la résistance, la défaite, le triomphe.

---

[1] Théophile Gautier, *Moniteur* du 7 juillet 1858.

Si des ornements ciselés nous portons notre attention sur les émaux des écussons armoriés; après avoir remarqué combien leur variété et leur alternance avec les rondelles dorées est d'un heureux effet décoratif, si nous leur demandons le rang et le nom du premier possesseur de cette cassette, car l'âge n'est pas douteux, en aucun de ses détails, on ne saurait méconnaître l'art du XIIIe siècle, la réponse ne sera pas équivoque : Le possesseur fut un roi de France. L'écu que nous voyons sept fois sur les parois et sur le couvercle, de dimensions plus grandes, y occupant les places principales, c'est l'écu de France ancien, d'azur semé de fleurs de lys d'or sans nombre, c'est celui de saint Louis.

Un autre que nous avons déjà signalé, répété huit fois sur les agrafes angulaires, qui est de gueules au château d'or sommé de trois tours de même, est l'écu de Castille, c'est celui de la reine Blanche, mère du roi.

M. Edmond Ganneron, qui a fait de la cassette de saint Louis une étude complète et une publication [1] fort intéressante, a eu la patience de chercher et l'habileté de retrouver toutes les armoiries qui sont apposées sur les parois de la boîte, sur le couvercle et sur ses épaisseurs. Les six grandes pairies du royaume y sont représentées, duchés de Bourgogne, Normandie, Guyenne, comtés de Champagne, Flandre, Toulouse; puis les comtés de Dreux, de Bar, les sires de Roye et de Coucy; Philippe, comte de Dampmartin, oncle de saint Louis; Montmorency, connétable en 1230; Courtenay, grand bouteiller; Guillaume de Beaumont, maréchal de France; Jean de Beaumont, grand amiral et chambellan; d'Harcourt, Robert Malet. Si deux écussons étrangers s'y rencontrent, c'est à titre de souvenir pieux, celui de Jérusalem, ou à titre d'hommage, celui de Henri II, roi d'Angleterre, qui, par son mariage avec Éléonore d'Aquitaine qu'avait répudiée Louis le Jeune, avait pu placer dans ses armes le léopard de Guyenne, joint aux deux léopards de Normandie.

---

[1] Paris, 1855.

La cassette de saint Louis, achetée par l'Empereur à l'église de Dammarie, a été donnée par Sa Majesté au musée des Souverains.

36 et 37. — Fenêtre et fragment de la prison de saint Louis, à Mansourah (Basse-Égypte).

Bois de cèdre. — Hauteur du châssis 0,600. — Largeur 0,550. — Brique 0,170 sur 0,050.

Détachés par Ferdinand de Lesseps, 1859; donnés au Musée des Souverains par S. M. l'Impératrice.

38. — Reliquaire. Marie portant l'Enfant-Jésus.

Groupe d'argent doré.

Hauteur totale 0,690. — Hauteur de la Vierge 0,550.

En 1339, il fut donné par la reine Jeanne, fille de Louis, comte d'Évreux, veuve du roi Charles IV, à l'église de Saint-Denis.

Le bijou, ayant la forme d'une fleur de lys, qui se voit dans la main droite de la Vierge, est mobile et était le reliquaire; il a renfermé sous ses plaques de cristal de roche des cheveux de la mère de Dieu. L'on peut lire au revers de la fleur une inscription dont les lettres sont d'or, se détachant sur un fond d'émail vert, laquelle est ainsi conçue : DES CHEVEUS NOSTRE DAME; et une autre posée plus bas et transversalement qui, avec des abréviations, se lit : AVE GRATIA PLENA.

Cette jolie fleur de lys n'était pas le seul bijou qui ornât la statue.

Dans l'origine une couronne d'orfèvrerie et de pierres fines était posée sur la tête; la place qu'elle occupait est facile à deviner par l'aplatissement du voile et par les quatre trous que l'on y voit, dans lesquels entraient les tenons qui la tenaient fixée; un autre trou, qui se remarque sur la poitrine, indique également qu'une agrafe y était posée.

Le piédestal mérite toute l'attention des amateurs : les émaux sur argent qui le décorent et dont les compositions sont empruntées au Nouveau Testament, sont au premier rang des meilleurs types sur lesquels on peut étudier l'un des modes de l'art de l'émaillerie et l'une de ses transformations au XIVe siècle. Les figures sont gravées et travaillées comme des nielles, les émaux ne sont appliqués que sur quelques parties accessoires, le fond seul resplendissant d'un bel émail bleu dont l'éclat est augmenté par des entailles faites sur la plaque d'argent dans des directions qui, en se contrariant, les présentent en des sens divers au jeu de la lumière.

Les sujets de ces nielles émaillées sont, en commençant par le côté de droite du piédestal : l'Annonciation, la Visitation, la Nativité ; puis en continuant en arrière : l'Annonciation aux Bergers, l'Adoration des Rois, la Présentation au Temple, la Fuite en Egypte ; sur le côté de gauche : le Massacre des Innocents, la Résurrection de Lazare, le Baiser de Judas ; sur la face antérieure : le Portement de la Croix, le Calvaire, la Résurrection et Jésus retirant les Justes des Limbes.

Les petites figures ciselées qui, posées sous des niches décorent, au nombre de vingt-deux, les angles du piédestal et les contreforts séparant et encadrant les compositions émaillées, représentent les prophètes de la loi nouvelle et parmi eux les Rois prophètes.

Les plaques émaillées qui sont rapportées sur les quatre angles du piédestal réunissent les armoiries de France et d'Evreux (les fleurs de lis sans nombre et une bande componée d'argent et de gueules).

Ce sont les armes de la reine Jeanne, femme de Charles le Bel.

Ainsi que l'indique l'inscription en beaux caractères gothiques qui est gravée sur le tailloir du piédestal et dont les lettres sont remplies d'émail bleu :

CESTE YMAGE DONNA CEANS MA DAME LA ROYNE JEHE

DEVREUX ROYNE DE FRANCE ET DE NAVARRE COMPAIGNE DU
ROI CHALLES LE XXVIIIe JOUR DAVRIL. LAN. M. CCC.XXXIX.

En outre de cette image de Notre-Dame, d'argent doré, du poids de trente-six marcs six onces, la veuve du roi Charles en avait donné une de même grandeur, d'or, représentant saint Jean l'Évangéliste tenant dans sa main une dent. Le piédestal des deux images était semblable, et les deux reliquaires se faisaient pendant l'un à l'autre. Elle avait donné aussi une châsse d'argent doré pesant environ cinquante-trois marcs, et sa couronne d'or à huit fleurons garnis de perles et de pierreries, pour être suspendue devant l'autel avec les autres couronnes aux fêtes solennelles; mais elle avait mis cette condition qu'après sa mort deux religieux de la communauté porteraient cette couronne au lieu où elle serait décédée pour la mettre sur sa tête jusqu'après la cérémonie de ses funérailles.

La reine Jeanne d'Évreux mourut à Braye-Comte-Robert, le 4 mars 1370, et fut enterrée dans l'église de Saint-Denis, auprès du roi Charles le Bel son mari. Le roi Charles V assista à ses obsèques.

La couronne léguée à l'église par Jeanne d'Évreux servait au couronnement des reines, qui se faisait à Saint-Denys.

— **Psautier de saint Louis.**

Il a appartenu à la reine Jeanne d'Évreux.
Voir n° 32, page 41.

39. — Portrait du roi Jean II, père de Charles V.

Peint sur une toile appliquée sur bois; fond doré et gravé.

Hauteur 0,580. — Largeur 0,380.

Profil regardant à gauche; la chevelure de couleur

ardente est longue et la barbe est entière. La robe qui couvre la poitrine est verte, ayant un collet blanc formant revers. Au dessus de la tête on lit le nom du roi inscrit en caractères gothiques :

« Jehan roy de France. »

Ce portrait authentique d'un roi de France est le plus ancien que nous possédions; il a fait partie de la suite historique de M. de Gaignères. Dans le recueil dessiné de cet illustre collectionneur, l'on en trouve une copie avec l'indication qui constate que l'original lui a appartenu; s'il n'a pas été compris dans la liste des objets vendus après sa mort, c'est que M. le duc d'Orléans, régent pendant la minorité du roi Louis XV, avait ordonné qu'il fût mis à part et porté, en raison de son intérêt historique et national, à la bibliothèque du roi.

Il y a été conservé jusqu'à la création du Musée des Souverains.

40. — Second volume de la bible de Charles V.

Manuscrit sur vélin, en langue française.

Hauteur 0,215. — Largeur 0,145.

Des mains de Charles V, il passa en celles du duc de Berry, son frère, et par transmission parvint en celles du roi Louis XIV. Il contient des notes écrites et signées par les rois Charles V, Henri III, Louis XIII et Louis XIV.

Sur la première des deux feuilles de garde qui ont été ajoutées lorsque le livre a été relié, à la fin du seizième siècle, on lit cette note manuscrite : « Ce second tome de la Bible en français a appartenu au roi Charles V, dit le Sage; il a été écrit par son ordre en 1363, comme il paraît par le folio 368, où on lit une pièce de vers adressée à la sainte Vierge. En ce même folio l'on voit une miniature en laquelle est peint le roi Charles V, à genoux, devant l'image de la Vierge tenant le petit Jésus en ses bras. »

Deux feuilles de garde en vélin précèdent le texte et toutes deux portent des observations manuscrites, qui sont l'histoire du livre ; la première est telle que nous la transcrivons ici : « Il est fait mention de cette Bible en l'inventaire manuscrit des livres du roi Charles V, dressé en l'an 1373 par Gilles Mallet, valet de chambre de ce Prince, au folio III, verso ; cette Bible est ainsi énoncée : une partie de la Bible en français, commençant à Genesis et finissant au Psautier, bien historiée et bien écrite, à deux coulonnes en chaque page ; l'autre partie commençant aux Paraboles et finissant à l'Apocalypse. »

« A la marge de ces deux titres est écrit : Donné à Monseigneur de Bourbon en aout (1). »

« Cette seconde partie de la Bible faisait partie des manuscrits qui se sont trouvés dans le cabinet des livres du vieux Louvre, qui ont été apportés à la bibliothèque du Roi après la réunion de garde de ce cabinet à la charge de bibliothécaire, sous M. l'abbé Bignon, en 1720. »

La seconde feuille de vélin placée avant le texte porte, au recto, quatre lignes et une signature d'une belle écriture ornée, de la fin du quatorzième siècle ; nous la transcrivons en en conservant l'orthographe : « Le second volume de Bible fu au Roy Charles le quint de son nom. Et à present est à Mons, Le Duc de Berry son frère. (signé) Flamel. » De la même écriture sont ces mots : « C'est le second volume, » qui sont inscrits sur le verso du même feuillet de vélin.

Le texte commence au feuillet 2, et a pour titre les Paraboles Salemon (sic); les premières lignes sont : « Ci commencent les paraboles Salemon fils du roy

---

(1) Jean de France, duc de Berry, portait, du vivant du roi son frère, le nom de Jean de Bourbon. Charles V lui donna donc sa bible en août 1373.

David. » En tête du texte est une peinture divisée en quatre compartiments renfermant autant d'épisodes de la vie de Salomon, qui sont les différents jugements qu'il a rendus, ayant reçu de Dieu le don de sagesse et prudence.

Au folio 16 commence le livre de l'Ecclésiaste et la peinture qui le précède représentant le roi Salomon ayant près de lui deux jeunes femmes, est expliquée par la dernière parabole où est l'éloge de la femme forte. « Qui trouvera une femme forte? Elle est plus précieuse que ce qui s'apporte de l'extrémité du monde. »

Au bas du folio 20 est une peinture représentant la Vierge Marie et l'enfant Jésus, et au dessous commencent les Cantiques de Salomon, fils de David.

Au bas du folio 22, verso, une peinture termine le livre des cantiques et précède le livre de sapience. Salomon y est vu assis et recevant l'hommage d'un homme de guerre agenouillé et qui lui présente une épée.

Au folio 31, auquel finit le livre de la sapience et commence l'Ecclésiaste, est une figure peinte, de femme assise, couronnée, portant un calice et une crosse abbatiale, expliquée par ces mots : « Toute sapience est de Dieu. »

Au bas du folio 52, verso, finit le livre de l'Ecclésiaste et une peinture qui représente un martyre par le supplice de la scie, précède le commencement des livres des prophètes dont le premier est le livre d'Isaïe.

En tête de la 2ᵉ colonne du folio 80, verso, la peinture représente le prophète Jérémie et Dieu qui lui apparaît.

Le même prophète, près des portes de Jérusalem, se voit encore dans la 2ᵉ colonne du folio 108, verso, à l'endroit où commencent les Lamentations.

La miniature qui est en tête de la 1ʳᵉ colonne du folio 111, verso, représente le prophète Baruch, et celle qui orne le folio 115, la vision d'Ézéchiel.

Au bas du folio 138, à l'endroit où commence le livre du prophète Daniel, se trouve une autre peinture dont le sujet est Daniel expliquant au roi Nabuchodonosor la signification de son songe, qui lui a été révélée par une vision de Dieu.

La miniature qui se voit au bas de la 2e colonne du folio 148, verso, à l'endroit où finit le livre de Daniel et où commence le livre d'Osée, représente le prophète Osée qui, obéissant à la parole de Dieu, prend pour sa femme, Gomer, fille de Débélaïm.

Au folio 158, une peinture où l'on voit Jonas englouti par un grand poisson est en tête du livre de Jonas, et, au folio 172, le livre des Machabées est précédé d'une miniature dont le sujet est Éléazar, fils de Saura, se dévouant à une mort certaine, lorsqu'il attaque un « éléphant qu'il supposait porter le roi Antiochus. »

Le second livre des Machabées termine le verso du folio 203 et une grande peinture (hauteur 0,083, largeur 0,092) décore le folio 204 en tête des quatre évangiles; elle représente Jésus-Christ à qui les envoyés des Pharisiens demandent : « Maître, nous est-il libre de payer le tribut à César ou de ne pas le payer ? » répondant : « Rendez à César ce qui est à César et à Dieu ce qui est à Dieu. » puis une miniature dont le sujet est saint Marc écrivant son évangile se voit au verso du folio 226; une autre, dont le sujet est saint Luc, décore la 1re colonne du folio 242; saint Jean est représenté au verso du folio 267, où commence le quatrième évangile. Les miniatures qui suivent sont : au folio 286, saint Paul instruisant les Romains ; au folio 229, verso, où commencent les Actes des apôtres, une miniature représente la prédication des apôtres, et une autre, en tête du folio 258, la Vision de saint Jean.

Les dernières paroles de l'Apocalypse terminent la Bible au verso du folio 307, et le manuscrit ne contient plus qu'une miniature et une pièce de vers. Mais cette miniature est un portrait de Charles V lorsqu'il était dauphin, fils aîné du roi de France; on le voit agenouillé, ayant près de lui son livre de prières posé sur un tapis aux armes de France et dauphin de Viennois; le prince a les mains jointes et adresse sa prière à la Vierge, qui, assise près de lui, soutient l'enfant Jésus qui bénit.

La pièce de vers est la prière que le prince est supposé adresser à la mère de Dieu; il lui dit :

C ourtoise vierge fille et mère
H onorée du trez doulz père
A uquel nuls n'a comparaison,
R ecevez en gré m'oraison.
L e loier estes de bien fait
E n vous est tretout bien parfait
S i vueil mettre tou e m'entente
A vous servir com excellente
I mpossble de mortel vice,
N ommée mère de justice
S eur tous les cieu estes assise,
N onq es pour riens ne fustes mise
E nz ou siege de deité
F ors pour sauver humanité.
I oie des anges, si vous pri,
L oiaument, d'umble cuer, merci,
S i vraiment, com le salu
D e sauvement, qui tant valu
U monde, vous dist Gabriel,
R endant respons qui moult fu bel,
O uquel char et sanc deité
Y prist, avec l'umanité.
D ieu le très hault souverain père,
E n vous, com sa très douce mère,
F ialement se hebergea;
R aison fu quant il si loga
A près cil qui onc ne menti
N oblement de vous se parti
C onques mais tele departie
E n ce monde ne fu oye,
D e vierge naistre purement
U monde sans corrumpement
C il qui toutes choses puet faire
D ont après par diuin mistere
E n vie de mort surrexe
N ous le savons trestous de fi.
O r vous suppli, tres doulz ymage,
R oyne de lumain lignage
M ere Dieu, pour toutes loenges

A u quel nom s'enclinent les anges
N ourriciere des orphelins
D roit port à tous bons pelerins
I oie de tous desconfortez
E n qui soulas et grant bontez
E t tout bon conseil et age
T reuve cil qui de cuer vous prie.
D epriez le que, par sa grâce
A ions pour demourer esi a e
L a sus ou ciel, ou il monta
P our ce que de mal sessenta.
H onorablement à sa destre
I hesu le tres douls roy celestre
N ob le siége vous ordena
D esus toutes et vous donna
E l chief couronne de salut
U monde na qui ce valut
I ointes mains et dumble courage
E n votre tres digne servage
N oble d me me recevez
N o procureur estre devez
O u ciel ou pardurablement
Y puissons manoir sauvement
S ans faillir avecques les siens.

De tous ces vers enluminez
Par ordre les testes prenez.
Si vous sera moult bien descript
Pour qui cest livre fu escript
Et fu parait, que je ne mente
Lan mil ccc trois et lx.

Or si, nous conformant à cet avis, nous prenons la première lettre de chaque vers, et si nous plaçons ces lettres à la suite les unes des autres, afin de découvrir, (suivant les règles d'un acrostiche), pour qui le livre fut écrit, nous trouverons :

CHARLES AINSNÉ FILS DU ROY DE FRANCE DUC DE NORMANDIE ET DALPHIN DE VIENNOYS (1).

---

(1) Charles V est le premier des fils aînés des rois de France qui ait porté le titre de Dauphin. Il le portait en vertu d'une condition faite par Humbert, dauphin de Viennois, lorsqu'en 1345 il avait fait

C'est en regard de cette prière et de la miniature représentant Charles V (sur le verso du folio 307) que l'on peut lire les preuves de possession successivement écrites et signées par le roi Charles V, par Jean, duc de Berry, son frère, par Henri III, par Louis XIII et par Louis XIV.

Voici quels en sont les termes :

« Ceste bible est à nous, Charles le Ve de notre nom, roy de France | est en .II. volumes. et la fimes faire et parfaire. (Signé) CHARLES. »

» Ceste bible est au duc de Berry et fust au roy Charles son frère. (Signé) JEHAN. »

« Ceste bible est à nous Henry IIIe de ce nom roy de France et de Pologne. (Signé) HENRI. »

« Ceste bible est à nous Louis XIII. »

« Ceste bible est à nous Louis XIIII.

En outre, au verso du folio 308, qui est le dernier du manuscrit, l'on trouve deux lignes et une signature d'une écriture de la fin du quatorzième siècle. (C'est celle déjà citée de Jean, duc de Berry) ; « Ce livre est au duc de Berry et fut au roy Charles son frère. (Signé) JEHAN. »

Il ne reste plus qu'à relever sur le folio de garde en vélin, numéroté 309, huit lignes en langue latine, qui y ont été inscrites lorsque le second volume de la bible de Charles V, après avoir appartenu à Henri III et avant de retourner dans les mains de Louis XIII, a passé en celles de Charles II, cardinal de Bourbon :

CAROLO. II. S. R. E. CARDINALI A BORBONIO
HVIVS SACRÆ BIBLIÆ VOLAMINIS SECUNDI
VT ALIORVM QVAM PLVRIMORVM MA :
NVSCRITORVM RESTAVRATORI ANTI :
QVITATIS CONSERVATORI, AD SVAM PO
STERITATIS QVE CONSOLATIONEM RELI :

---

cession du Dauphiné à Philippe VI, dit de Valois, père de Jean II et grand-père de Charles V.

GIO ET PIETAS, VOTIS EIVS ANNVENTES
CONSOCIATÆ ASSISTVNT.

[A Charles II, sérénissime cardinal de Bourbon, qui a restauré ce second volume de la sainte bible et beaucoup d'autres manuscrits, conservateur de l'antiquité, pour sa consolation et celle de la postérité. La religion et la piété associées pour s'unir à ses vœux, l'assistent.]

Ce prélat, qui porta d'abord le titre de cardinal de Vendôme, ne prit celui de cardinal de Bourbon qu'après 1590, à la mort de son oncle (le même que le duc de Mayenne, chef de la Ligue, avait fait proclamer roi de France, sous le nom de Charles X.). L'inscription que nous venons de transcrire le proclame le restaurateur de ce second [1] volume de la Bible. Ajoutons que la reliure a été exécutée pour lui : ses armes, qui sont de France, au bâton de gueules peri en bande et surmontées du chapeau de cardinal sont posées sur le dos du livre, au dessous du titre (SECOND.VOLUME.DE. LA.BIBLE.M [2]) et plus bas on lit sa devise : « CANDORE SUPERAT ET ODORE » placée sur un rameau de lys.

Après avoir appartenu au cardinal de Bourbon, qui mourut en 1594, la bible de Charles V redevint la propriété du roi de France, et quoique Henri IV n'y ait point inscrit son nom comme possesseur, ainsi que l'avait fait Henri III et comme le fit Louis XIII, nous ne pouvons douter cependant que ce ne soit lui qui l'a transmis à son fils ; des fers dorés d'un style plus moderne de quelques années que ceux signalés par nous sur le dos du livre ont été ajoutés sur les plats de la reliure ; d'un côté, ce sont les armes partie de France et de Navarre, avec la couronne royale, les grands colliers de Saint-Michel et du Saint-Esprit, la lettre H surmontée d'une couronne ; de l'autre, une preuve

---

(1) Le premier volume était alors perdu.
(2) Manuscrite.

plus concluante, cette inscription : .H. IIII.PATRIS PATRIÆ.VIRTUTUM.RESTITUTORIS, c'est-à-dire : (Ce livre est la propriété de Henri IV, père de la patrie, rétablisseur des vertus.)

C'est un nom de plus à joindre à ceux des rois de France qui ont possédé tout ou partie de la bible de Charles V.

— Psautier de Blanche de Castille.

Il a appartenu au roi Charles V.

Voir n° 30, page 39.

— Psautier de saint Louis.

Il a appartenu au roi Charles V.

Voir n° 32, page 41.

41. — Sceptre royal à l'effigie de Charlemagne.

Exécuté par les orfèvres de Charles V, il servait au sacre et couronnement des rois de la troisième race, et a été en usage jusqu'à nos jours.

Il est composé de deux parties distinctes la partie supérieure, qui est le sceptre même, la seule à laquelle s'applique notre dissertation, et la hampe qui a été ajoutée pour l'agrandir.

La statuette en ronde bosse, de Charlemagne, qui est l'objet culminant, est posée sur un lys épanoui ; un renflement ayant la forme d'une boule irrégulière est le soubassement du lys. L'empereur est assis; sur sa tête est la couronne fermée, dans sa main gauche un globe, dans la droite un long sceptre; ce sont les insignes impériaux; l'orfèvre employé par Charles V ne s'est pas piqué d'exactitude archéologique; il a placé au sommet du sceptre de Charlemagne, la fleur de lys ; il en a fait également le motif du fermail qui attache sur l'épaule le manteau royal, comme s'il eût eu à représenter ou saint Louis ou Charles V, son maître ; toutefois le doute n'est pas possible puisqu'en découpant à jour la marche du trône sur lequel est assis l'empereur, il a mêlé aux ornements des lettres qui, facilement lues par Mabillon, et dom Germain Millet, au dix-septième siècle, aujourd'hui encore, malgré quelques restaurations inhabiles, composent, étant réunies, les mots :

SANCTUS KAROLUS MAGNUS. ITALIA. ROMA. GERMANIA.

Alors même que le nom de Charlemagne n'aurait pas été ciselé sur la marche de son fauteuil, les trois petits bas-reliefs, finement travaillés au repoussé, qui décorent le soubassement du lys, nous le feraient connaître sans hésitation. Les sujets sont empruntés à la chronique de l'archevêque Turpin ; tous trois rappellent la dévotion de Charlemagne à l'apôtre saint Jacques et la protection accordée par ce saint à l'Empereur, pendant sa vie, puis à l'heure de sa mort. La scène figurée sur le bas relief que nous décrirons le premier est exactement le début du poëme de Turpin : « L'apôtre saint Jacques ordonne à Charlemagne de délivrer l'Espagne et la Galice du pouvoir des Sarrasins..... Pendant la nuit, il lui apparut en songe, et lui dit..... » Pour comprendre le second bas-relief, il faut lire le chapitre 19 de la chronique, « Comment les lances et haches des chevaliers chrétiens qui devaient mourir en la bataille furent trouvées toutes fleuries et branchées en terre. » Ici encore saint Jacques apparaît à Charlemagne que l'on voit avec ses preux, agenouillé, et en adoration ; près du saint est un clerc touchant et examinant les petites branches fichées en terre qui sont les lances et haches des chevaliers chrétiens. Le sujet du troisième bas-relief, qui s'expliquerait seul, est contenu en substance dans le chapitre 32, de morte Caroli. Charlemagne y est représenté à l'instant de la mort, couché et revêtu des ornements impériaux. Son âme, que l'on voit s'échappant, serait peut-être la proie d'un démon qui déjà l'a saisie, si le bienheureux Jacques « à qui il a bâti beaucoup d'églises » n'était là pour le secourir, assisté d'un ange, et l'on sait bien à qui restera la victoire.

L'anachronisme que nous avons signalé à propos de la fleur de lys du sceptre et du fermail, lorsque nous avons décrit la statuette, se rencontre encore en ce bas-relief : l'orfèvre a placé près de l'empereur sur son lit de mort, un écu armorié, ainsi que l'usage en était établi au quatorzième siècle, et, en homme qui connaissait les règles du blason, ayant à faire rétrospectivement les armoiries de Charlemagne qui n'en avait pas, il les a composées mi-partie de France et d'Allemagne, moitié d'une fleur de lys et moitié d'un aigle, comme il convient à un empereur et roi.

Nous savons par le récit de Christine de Pisan que lorsque l'empereur d'Allemagne vint avec son fils, en France, pour y voir Charles V, ce prince examina avec beaucoup d'intérêt la belle couronne que le roi avait fait faire et qu'il lui envoya par Giles Mallet, son valet de chambre, et Hennequin son orfèvre.

Cette femme lettrée qui raconte les événements de son temps, dit en un autre passage que le même empereur étant entouré de ses gens, le duc de Berry, frère de Charles V, vint et dit que le roi « le saluait et lui envoyait de ses joyaux tels comme à Paris on les faisait ; lors lui présenta une moult noble coupe d'or....
.... et aussi deux grands flacons d'or où étaient figurés en images élevées, comment saint Jacques montrait à saint Charlemagne le chemin en Espagne par révélation, et étaient les dits flacons en façon de coquille. Si, lui dit le duc de Berry bien gracieusement que pour ce qu'il était pèlerin, lui envoyait le roy des coquilles. » Si nous rappelons ce récit, c'est qu'il nous semble à propos de faire remarquer combien ce sujet de la révélation de saint Jacques à Charlemagne était préconisé par les rois qui ont porté le nom de Charles, et familier aux artistes du quatorzième siècle. En étudiant le psautier de saint Louis, nous avons signalé que le roi Charles V, lequel l'a

possédé, l'ayant reçu de la reine Jeanne d'Évreux, y a inscrit de sa main, dans le calendrier, à la date du 28 janvier, le nom de Charlemagne qu'il reconnaissait pour son patron ; dans le choix des sujets décorant le sceptre qu'il a fait faire il a suivi la même préoccupation.

Le sceptre à l'effigie de Charlemagne était conservé dans le trésor de l'abbaye de Saint-Denis. Félibien l'a fait dessiner (planche IV, lettre P); don Germain Millet l'a décrit et l'appelle le sceptre d'or de Charlemagne ; après avoir détaillé toute la partie supérieure telle que nous la possèdons, «tout cela, » dit-il, « est posé sur une hampe d'or de six pieds de haut qui se démonte en trois pièces ; ce sceptre est fort riche et sert au couronnement des rois. » Cette hampe d'or de six pieds de haut, qui se démonte en trois pièces, a été, à partir du règne de Louis IV et jusqu'à Louis XVI, adaptée au sceptre pour l'allonger; antérieurement à Louis XIV, le sceptre du sacre et couronnement, n'avait pas plus de longueur que n'en avait la verge ou main de justice et se portait comme elle ; c'est de la sorte que nous pouvons voir le sceptre royal dont nous étudions les transformations, en la main du roi Louis XIII, dans un portrait de ce prince que possède le Louvre, et qui est placé dans la salle d'entrée de ce Musée [1]. Dans les dessins contemporains qui représentent les sacres depuis Louis XIV, le sceptre est allongé par cette hampe de six pieds de haut et les rois le portent posant à terre, comme les évêques portent une crosse. Jusqu'à Louis XVI, cette hampe qui était d'or, unie et sans ornements, a été celle que Félibien a fait dessiner ; mais à l'époque du sacre de Napoléon 1er, le sceptre des rois de France devait figurer dans la cérémonie au nombre des *honneurs de Charlemagne* ;

---

[1] Dans ce portrait (de l'école de Philippe de Champagne), le lys du sceptre, placé sous la statuette de Charlemagne, est blanc, et cette peinture est d'accord avec les descriptions anciennes, qui toutes disent que le lys était émaillé de blanc. L'émail a été enlevé.

l'ancienne hampe était ou détruite ou hors de service ; les orfèvres employés par le garde-meuble ont, parmi les objets provenant, comme le sceptre, de saint Denis, choisi pour remplacer la hampe un bâton d'argent doré qui est celui existant aujourd'hui.

Le temps où ce bâton doré a été exécuté est très-rapproché par sa date du règne de Charles V, et c'est cette analogie approximative qui, en 1804, aura déterminé le choix des orfèvres qui l'ont adapté au sceptre.

Ils n'ont pas tenu compte de l'usage antérieur de ce bâton dont ils étaient avertis par une inscription, laquelle alors, a été lue, et qui, transmise par des hommes de goût, nous a été révélée par un érudit : (1)

D'ARGENT FIST FAIRE CE BASTON
L'AN MCCC QUATRE VINS (*sic*)
QUATORZE (2) NE PLUS NE MOINS
CEUX QUI LE TIENDRONT EN LEURS MAINS
VEUILLENT PRIER APRÈS LA VIE
QUE S(ON) AME SOIT ES CIEUX RAVIE
. . . . QU'IL FUST GARDÉ
ET EN GRANS FESTES REGARDÉ
CAR POUR LOYAULTÉ MAINTENIR
LE DOIBT CHANTRE EN LA MAIN TENIR
. . . .

En effet si nous cherchons dans l'histoire de l'abbaye royale de Saint-Denis, par dom Michel Felibien, nous trouvons (page 537, lettre K), l'indication d'un « baston de vermeil doré dont le chantre se sert au chœur les jours solennels. Ce fut Guillaume de Roquemont, chantre de Saint-Denys, qui le fit faire en 1394, comme l'on voit par les vers gravés autour du baston. »

Et le dessin de la planche I, malgré la liberté dont abusaient les dessinateurs de ce siècle, laisse parfaite-

---

(1) *Annales archéologiques.*
(2) Charles V mourut le 13 septembre 1380.

ment reconnaître la hampe striée diagonalement et entrecoupée par les renflements que nous avons décrits.

Nous n'avons pu vérifier si l'inscription citée existe encore, cachée sous le velours violet brodé de fleurs de lys d'or, qui a été ajouté pour le sacre du roi Charles X.

42. — Ordonnance du roi Charles VII, signée de son nom, pour un payement de cent trente-sept livres tournois à faire au connétable de Richemont, l'an 1456.

Feuille de vélin manuscrite.

Longueur 0,426. — Hauteur 0,145.

Nous la transcrivons ci-dessous :

« Charles par la grace de dieu Roy de France, a nos amez et feaulx les trésoriers de France salut et dilection. Nous vous mandons que par notre ame et fcal maistre Guillaume Flippaut changeur de notre tresor vous des deniers de la recepte faites paier et bailler a notre tres chier et ame cousin le conte de Richemont connestable de France la somme de six vins dix sept livres dix sols tournois, pour cent escus d'or, que pour aucunes causes à ce nous mouvant lui avons donné et donnons, oultre les autres dons et bienffaiz qu'il a de nous, et icelle avoir et prendre pour cette fois des deniers dessus dits, et par l'apportant ces présentes signées de notre main, nous voulons la dite somme de six vins dix sept livres dix sols tournois etre alouée es comptes et rabatue de la recepte dudit maistre Guillaume Flippaut changeur dessus dit, par nos amez et feaulx gens de nos comptes auxquels nous mandons que aussi la facent sans aucune difficulté. Donné au Chastelar en Bourbonnois, le neuvième jour de juillet, l'an de grace mil quatre cens cinquante et six et de notre règne le trente quatrième.

« (Signé) CHARLES.
« (Contresigné) CH. PRALIGANT. »

43. — **Heures de la croix de Jésus-Christ, faites à Tours, en 1492, par Robert du Herlin.**

Manuscrit sur vélin en vers français de huit pieds.

Hauteur 0,240. — Largeur 0,150.

Elles ont appartenu aux rois Charles VIII et Louis XII.

Le manuscrit se compose de huit feuillets de texte et deux feuillets de garde. Quelques lettres initiales sont peintes avec de l'or sur des fonds bleus, rouges, bruns ; le recto du premier feuillet est le seul qu'orne un encadrement composé de fleurs et de rinceaux se détachant sur un fond d'or. C'est sur la marge inférieure de cette page que sont tracés, en lettres grandes et libres, la devise et la signature de Charles VIII : « PLUS QU'AUTRE. CHARLES. »

Après les mots : « CY COMMENCE LES HEURES DE LA CROIX EN FRANCOIS » on lit :

> « Jhesus qui es la sapience
> De Dieu le père glorieux
> Vérité en divine essence
> Dieu puissant homme gracieux
> A matines par fraulence
> Prins fut : . . . .

Ces vers sont les premiers des Heures, qui en comprennent deux cent quatre-vingt-douze, et se terminent au feuillet 8 par ces mots :

> « . . . . Ton sang l'abondance
> Me soit à la mort délivrance
> De la paine qui toujours dure.
> Amen. »

Et plus bas, on lit :

V. T. HUMBLE SERVITEUR ROBERT DUHERLIN. FAIT A TOURS, 1492.

Au verso de ce feuillet se trouvent ces derniers vers : « Rondeau.

> « O gl rieuse vierge benigne
> Mère de Jhesus fleur de noblesse
> G r e le Roy et la Royne
> Et monsei.neur e Dauphin
> E pa x en joy et en liesse
> Et n ta grace sans fin.
> Amen. Pater noster. Ave Maria.»

En l'année 1492, qui est celle où ont été faites ces heures, un dauphin, fils de Charles VIII et d'Anne, duchesse de Bretagne, était né au château de Montils-lez-Tours; il avait reçu au baptême les noms de Charles-Orland. Il mourut à Amboise n'ayant pas trois ans accomplis.

Les Heures de Charles VIII ont conservé leur première reliure; les ornements que l'on voit en relief, frappés sur la peau de nuance rouge, sont des dauphins, des pélicans, des aigles. On lit sur le parchemin qui recouvre l'intérieur de l'un des plats de la reliure : « CE LIVRE EST AU ROY LOYS XII. »

Il a fait partie de la bibliothèque royale, et deux timbres : BIBLIOTHECÆ REGIÆ, y sont imprimés en couleur rouge.

44. — Coffre à reliques ayant appartenu à Jeanne de France, fille du roi Louis XI et première femme de Louis XII.

Longueur 0,660. — Largeur 0,340. — Hauteur 0,200.

Louis, duc d'Orléans, lorsqu'il succéda à Charles VIII, mort sans enfants, fit annuler, sous prétexte qu'il avait été fait par contrainte, son mariage avec la fille de Louis XI. Il donna à Jeanne le duché de Berry. La duchesse se retira à Bourges, y vécut dans la piété et y mourut en odeur de sainteté le 4 février 1504. Elle avait, en l'année 1501, fondé le monastère des religieuses de l'Annonciade.

Le coffre à reliques de Jeanne de France est de bois ; les colonnettes qui assemblent les angles en dessinent bien la construction ; les images peintes et dorées qui le décorent sont celles qui conviennent à une fille de France retirée dans la vie religieuse; l'on voit sur les faces latérales les armes de France dans un écu losangé (1), surmontées d'une couronne de duchesse. Sur la face antérieure, le monogramme du nom de Jésus-Christ est renfermé dans une couronne d'épines que supportent deux anges agenouillés, et deux anges, dans une situation semblable, peints sur la face opposée, supportent une couronne de roses mystiques qui enveloppe le monogramme du nom de Marie. Le fond des panneaux était rouge, et la même couleur revêt l'intérieur du coffre. Le couvercle a été refait.

Ce coffre contenait les cinq objets qui suivent :

45. — Coffret ayant appartenu à Jeanne de France.

Bois de poirier. — Longueur 0,135. — Largeur 0,100. — Hauteur 0,087.

Le couvercle glisse sur une rainure; toutes les faces du coffret ont une même ornementation, produite par des bois découpés, qui sont appliqués sur des fonds préparés pour les recevoir, de telle façon que les petits détails de la décoration se détachent sur des colorations rouges, blanches, vertes.

La même ornementation se retrouve sur deux petites boîtes fermant à charnières, lesquelles sont déterminées dans l'intérieur du coffret par des cloisons fixes.

46 et 47. — Dessins peints de la main de Jeanne de France.

Ils sont sur vélin.

L'un représente la couronne d'épines entourant le monogramme du nom de Jésus-Christ. — Hauteur, 0,053; largeur, 0,050.

---

(1) Le losange est la forme héraldique réservée aux armoiries des femmes.

L'autre figure la croix sur le Calvaire. — Hauteur, 0,066; largeur, 0,034.

Ils sont réappliqués sur une peau de vélin, dont la hauteur est 0,174, et la largeur 0,070.

48. — Étoffe de Tours, ayant appartenu à Jeanne de France.

Soie rouge.

Longueur 0,615. — Largeur 0,580.

Le dessin, de la nature de ceux que l'on appelle de Damas, offre cette particularité que des petites couronnes de duchesse relient, en plusieurs places, les fleurs et les branches qui le composent.

49. — Testament de Jeanne de France, fait à Bourges le 10 janvier 1504. Il est signé de sa main.

Manuscrit sur papier. Deux feuillets écrits au recto et au verso.

Hauteur 0,305. — Largeur 0,210.

Au-dessous de la signature, sur le blanc qui existe au bas de la quatrième page, est une note inscrite dans le sens inverse de la teneur du testament. Cette note est conçue comme suit : « Ceste coppie du testament de madame saincte Jeanne de France fondatrice de l'ordre de la Vierge-Marie est escript de la main du bienheureux père Gabriel Maria à l'instance que cette saincte luy en fit, qu'il gardoit vers luy, et est signé de madame de sa propre main. »

Le testament contient les articles qui suivent :

« Au nom de Dieu et de la Vierge Marie, je Jehanne de France Duchesse de Berry, en ma santé de corps et d'entendement, fais mon testament et ordonnance de dernière volonté en la forme qui s'ensuyt. Pourtant qu'il est plus plaisant à Dieu, et salutaire à mon âme que de différer et atendre jusques à la mort ; et pour la dite cause de plaire à Dieu, et du salut de mon ame, ay intention moi même l'accomplir en ma vie en ce qui se pourra accomplir.

Premièrement je donne mon ame à Dieu et à la Vierge Marie et ma sepulture eslis en mon Eglise de ma Religion de la Vierge Marie que j'ai fondée en ma ville de Bourges, et veulx quelle soit dedans leur chœur, afin qu'elles prient plus souvent pour moy. Et veulx et ordonne que avant toutes choses en cas que ne l'aurais fait et accompli avant ma mort, que ma sœur, laquelle je institue et fais mon héritière, et après elle ma niepce sa fille, accomplissent ma dite religion : et veulx qu'elles soient rentées de cinq ou six cens livres. Et à ce je oblige tous mes biens quelconques ils soient; car c'est la chose de quoy plus je prie ma dite sœur, et ma niepce après ma sœur, que j'entens être la principalle, et aussi mes exécuteurs, lesquels je eslis Monsieur Dalby qui est à present, et Monsieur Daulmont; et prie mondit sieur Dalby qui veuille acomplir la devotion de feu Monsieur Dalby son oncle, qui m'avait promys et s'etoyt obligé de faire un couvent de la religion de la Vierge Marie.

Item je veulx et ordonne que tous mes serviteurs hommes et femmes qui ont gaiges en ma maison soient payés tant pour le quartier dans le quel je mourray, que aussi pour l'autre quartier qui escherra après ma mort : les quels quartiers je donne à mes dits serviteurs et servantes, pour prier Dieu pour mon ame, et pour satisfaire aux services qu'ils m'ont faits outre leurs gaiges.

Item je veulx que toutes mes debtes qu'on pourra raisonablement montrer estres dués, soient payées.

Item je veulx que mon corps soit porté le jour de ma sepulture à ma Sainte Chapelle, et que la soit fait tout mon service requis en tel cas, à la discretion de mes Exécuteurs; et que à la fin dudit service, je prie tous les Chanoines, et autres de ma dite Sainte Chapelle, qu'ilz accompagnent mondit corps pour estre ensevely au lieu de ma Religion, ainsy que dessus ay dit.

Item aussi quant au Colliege lequel notre Seigneur

de sa grâce m'a donné quistance de fonder en nôtre dite ville de Bourges, qui est le premier Colliege de fondation pour Estude et Science qui jamais fut fondé en icelle, je veulx et ordonne, et de premiere fondation y donne et fonde à l'honneur des dix vertus et plaisirs de la Vierge Marie, dix pauvres escoliers ; auquelz je donne cent livres de rente : et veulx et ordonne quant à leur vie et estude qu'elle soit en la forme de maniere qui s'ensuyt : premièrement quant à leur habit, vu que c'est ma dévotion et intention qu'ils soient toujours pauvres et qui autrement ne peuvent s'entretenir en l'étude, et afin qui eussent volonté d'être religieux en une des Religions approuvées de notre Mère Sainte Eglise, laquelle mieux ils aimeront, je veux et ordonne qu'ils portent l'habit tel comme les Frères Convers de ma Religion desusdite, que j'ai aussi fondée la première. Et veux qu'ils disent les heures telles qu'elles sont ordonnées pour les dits Frères Lays en leur règle, c'est à savoir : *Ave Maria* et *Pater noster* ; et que tous les jours ils oyent une Messe selon l'ordinaire des Frères Clercs de la dite Religion. Et que le Prêtre tenu à dire la dite Messe soit un des dix : auquel je donne et ordonne qu'il soit toujours le Principal de mondit Collège ; ayant en iceluy tout droit à la forme des Principals des Collèges de Navarre ou de Montaigu de Paris, et veux aussi que ces dits Ecoliers vivent et mangent toujours ensemble : et quand ils seront Licenciés en Théologie soient tenus, tant le dit Principal que tous aussi, en leur lieu en mettre d'autres pour semblablement étudier et profiter jusqu'à avoir le dit dégré et licence.

Item je donne aux Ladres qui sont ès terres ou sont mes Seigneuries, selon la discrétion de mes Exécuteurs, pour tous ensemble, la somme de vingt livres.

Item je donne aux pauvres femmes veuves et autres pauvres tant orphélins que autres, la somme de soixante dix livres. Et entendons des pauvres qui sont aux terres de nos Seigneuries.

Item aux Maisons Dieu qui sont en nos dites terres cent livres, lesquelles seront appliquées à la nécessité des dits pauvres, ou pour leurs maisons ou pour leurs lits, couvertures et autres choses, sans les bailler ès mains des Hospitaliers.

Item je donne aux pauvres des terres où sont mes Seigneuries et juridiction, à notre Duché de Berry, cent livres; et à Pontoise vingt cinq livres : et à ceux de Chastillon vingt cinq livres aussi : et ce pour particulière satisfaction des officiers et bénéfices qu'avons donné, et des extorsions qui auraient été faites à mes sujets par mes dits officiers. Et entendons par les pauvres en cet article, pauvres gens de labour ou mécanique, qui sont en nécessité ou pauvreté sans mendier leur vie.

Item je donne au Couvent des Frères Mineurs de Chateauroux vingt livres.

Item aux Frères Mineurs d'Argenton vingt livres.

Item au Couvent des Frères Mineurs de Luçay, quinze livres.

Item au Couvent des Frères Mineurs de Mun-sur-Loire, vingt livres.

Item aux Frères du Couvent dans Amboise de l'Observance, cinquante livres.

Item aux Sœurs de Sainte Claire de notre ville de Bourges, quinze livres.

Item aux Frères de Notre Dame des Carmes de notre dite ville de Bourges, dix livres.

Item aux Frères Prêcheurs de notre dite ville, dix livres.

Item aux Frères Mineurs de notre dite ville, dix livres.

Item aux Frères Augustins de notre dite ville, dix livres.

Item pour la conduite de mes filles d'honneur, à une chacune dix livres.

Item à Isabeau de Cullan sept cens livres. Et à ma filleule, fille de mon secrétaire Cristofe Chardon, cent livres : en cas que ne les aurais mariées avant ma mort.

Item à mes femmes qui sont à ma maison et ont gages, pour les conduire après ma mort en leurs maisons, je prie mes Exécuteurs avoir regard de leur aider et plus la ou il y aurait nécessité, et le tout je laisse à la discrétion de mes dits Exécuteurs.

Item je veux et ordonne au jour de ma sépulture ctre dites ès lieux par mes Exécuteurs avisés, en l'honneur des douze Apôtres et des soixante douze disciples, quatre vingt quatre Messes.

Item je veux et ordonne un Annuel de Messes en ma Sainte Chapelle de Bourges être dit. Au premier jour et au dernier la Messe sera à note et toutes les autres Messes seront sans note, et seront toutes les deux grandes Messes de la Vierge Marie : quant aux petites Messes seront dites à la dévotion du Célébrant, excepté qu'il y en ait une toutes les semaines du Saint Esprit, l'autre du Sacre et l'autre de la Vierge Marie de son Annonciade. Et pour le susdit Annuel leur donne cent écus.

Item pour un Annuel de salut qui sera dit des Coriaulx avec leur Mastre : un des jours ce dit, *O Gloriosa* : l'autre jour, *Ave Maris stella* : avec le verset, *Dignare* : l'autre jour *Inviolata* ; l'oraison *Famulorum*; en la fin de la dite Oraison sera dit, *De profundis*, avec l'oraison, *Annue nobis*. Et pour ce dit Annuel leur donne cinquante livres.

Item je veux et ordonne un Annuel de Vigiles à neuf leçons être dit à S. Sulpice sans note ; et pour ce leur donne cinquante livres.

Item je veux être dit un trentenier de Messes à Sainte Claire de cette ville ; dont la première et dernière seront de l'Annonciation, avec *De profundis*, et l'oraison *Annue nobis* : et pour ce leur donne quinze livres.

Item je veux et ordonne être dit cinq Messes de la Passion à S. Sulpice, et pour ce leur donne un écu.

Item je veux et ordonne être dites cinq Messes de Notre Dame de Pitié chez les Frères Carmes : la première et la dernière à note, avec un *Ne recorderis*. Pour les dites Messes à note, je leur donne un demi écu et trois sols pour les petites Messes.

Item je veux et ordonne etre dites chez les Frères

Mineurs trois grandes Messes de la Trinité ; pour chacune leur donne demi écu.

Item je veux et ordonne êtres dictes chez les Frères Prêcheurs neuf Messes en l'honneur des neuf ordres des Anges : la première et dernière sera à note : pour une chacune des grandes demi-écu et pour les autres Messes basses trois sols.

Item je veux et ordonne être dites chez les Frères Augustins trois grandes Messes de l'Annonciade pour chacune messe leur donne demi-écu.

Item je veux et ordonne être dites chez mes Religieuses dix Messes sans note, des dix plaisirs de la Vierge Marie : pour ce leur donne dix livres.

Item je veux et prie la mère Anselle et les Sœurs que j'ai fondées en cette ville, que pour mon âme après ma mort et aussi pour les âmes du feu Roy Loys mon père, et de la Royne Charlotte ma mère, et du Roy Charles mon frère, et généralement tous mes ancêtres, soient célébrées à jamais dix Obiz, et soient célébrés dans les octaves des dix fêtes de la Vierge Marie, qu'elles solemnisent par leur règle. Et seront lesdits Obiz célébrés tellement qu'elles diront une grant Messe de Requiem, avec vigiles de neuf leçons le jour précédent : et ce en signe et pour raison que suis leur fondateresse, et en reconnaissance de ladite fondation ; et aussi pour raison des biens que leur ai donnés et l'amour qu'ai eue à elles : et en lieu de avant ma mort, je prie mes dites sœurs que au jour que dessus elles dient une grant Messe du Saint Esprit, ou de la Trinité : et prie les susdits écoliers que j'ai fondé en notre dit collège qu'ils célèbrent semblablement un Annuel tous les ans à perpétuité, de ce le jour que aurai rendu l'esprit.

Cestuy mon testament ai de ma main tout écrit et signé, et aussi scellé de mon petit signet, et fait sceller du petit sceau duquel j'ai accoutumé d'user : aussi l'ai fait signer par mon secrétaire ordinaire nommé Crestofle Chardon, afin qu'il fût authentique et que chacun sût et connût que c'est ma volonté et dernière ordonnance en y ajoutant foi. Lequel ai aujourd'huy dixième de janvier mil cin cens et quatre achevé d'écrire. Et signé Mère de Dieu Marie, pour l'amour et honneur de laquelle mon intention est de tout faire pour plaire par elle à son Enfant, me veuille donner grace de l'accomplir avant ma mort en tout ce qui se peut par moi accomplir.

(*Signé*) JEHANNE DE FRANCE.

50. — Masque de plâtre moulé sur le visage de Jeanne de France.

RACE CAPÉTIENNE.

BRANCHE D'ORLÉANS-VALOIS.

LOUIS XII. — ANNE DE BRETAGNE.
FRANÇOIS Ier. — MARGUERITE D'ORLÉANS.
HENRI II. — CATHERINE DE MÉDICIS.
FRANÇOIS II. — MARIE STUART.
CHARLES IX. — HENRI III.
LOUISE DE LORRAINE.

— **Heures de la croix de Jésus-Christ, faites à Tours, en 1492, par Robert du Herlin.**

Elles ont appartenu au roi Louis XII.

Voir n° 43, page 75.

51. — Livre d'heures d'Anne de Bretagne, reine de France.

Fille du duc de Bretagne François II, elle fut successivement femme de Charles VIII et de Louis XII, et mourut à Blois au commencement de l'année 1514, âgée de trente-huit ans.

Manuscrit sur vélin petit in-folio.

Hauteur 0,300. — Largeur 0,190.

Il est composé de deux cent quarante feuillets, et le texte comprend :

I° Un calendrier. II° Le commencement de l'évangile de saint Jean ; l'évangile de l'Annonciation ;

l'évangile de la Nativité ; l'évangile de la mission des Apôtres. III° L'office complet de la sainte Vierge, c'est-à-dire matines et laudes, les petites heures, (prime, tierce, sexte, none,) les vêpres et les complies : des additions y sont jointes pour les heures de la Croix et pour l'office du Saint-Esprit. IV° Les sept psaumes de la pénitence. V° Les Litanies des Saints, offrant cette particularité que la Foi, l'Espérance, la Charité, y sont inscrites parmi les saintes, sous les noms de *sancta Fides, sancta Spes, sancta Caritas*. VI. L'office des Morts, comprenant les premières vêpres, matines, laudes.

Là finit, avec le feuillet 152, le livre d'heures proprement dit, et les quatre-vingt-six feuillets qui suivent contiennent la réunion de trente-cinq prières dont nous transcrivons ici les titres :

1. A la benoite Trinité. 2. A la divine sapience. 3. Oraisons de nostre Dame et trois cens grans pardons pour les dire. 4. De nostre Dame de Pitié (prière en langue française). 5. Oraisons des anges. 6. Oraison à son bon ange. 7. Oraison de monseigneur sainct Gabriel. 8. Des apostres. 9. De tous les martirs. 10. De sainct Cosme et de sainct Damian. 11. De monseigneur sainct Sébastien. 12. Des dix miles martirs. 13. De monseigneur sainct Pierre le martir. 14. De tous les confesseurs. 15. De monseigneur sainct Nicholas. 16. De monseigneur sainct Liphart. 17. De monseigneur sainct Anthoine de Padoue. 18. De monseigneur sainct Martin. 19. De monseigneur sainct Hubert. 20. De monseigneur sainct Anthoine. 21. De toutes les vierges. 22. De madame saincte Anne. 23. De madame saincte Ursule. 24. De la benoite Magdalene. 25. De sancta Katherina. 26. De madame saincte Margarite. 27. De madame saincte Hélène. 28. De tous les saincts. 29. De la saincte coronne de nostre Seigneur. 30. Oraison d'avant que recepvoir le sainct sacramant de l'autel. 31. Oraison à la glorieuse Mère de Dieu après la communion. 32. Oraison entre la consécration, et le communiant a deux mil ans de pardon. 33. Oraison

du bon larron. 34. [Prière à saincte Marie mère de Dieu, n'ayant pas de titre]. 35. Oratio de beata Maria. A la suite de ces oraisons et terminant le manuscrit, est le récit de la Passion, d'après saint Jean.

Les peintures du livre d'heures d'Anne de Bretagne sont célèbres et ont tous droits à l'être : à un nombre incalculable de lettres ornées, se joignent de délicates vignettes qui remplissent les intervalles entre les versets ou qui finissent les lignes; et elles ne sont que les moindres ornements du texte, le principal étant une peinture sur fond d'or qui se retrouve sur chaque page, large de cinq centimètres et l'accompagnant sur toute sa hauteur : des plantes y sont reproduites avec une naïveté charmante et un goût exquis; on n'en compte pas moins de trois cent trente-cinq variétés, toutes appartenant au sol de notre pays, herbes et fleurs des prés, des champs, des bois, quelques-unes de celles qui sont cultivées dans les jardins et la plupart des fruits de nos vergers. Leur nom, tel qu'il était en usage dans la langue française du quinzième siècle et tel qu'il s'est conservé dans quelques-unes de nos provinces, est écrit au dessous de la plante ; de plus, un nom latin, qui souvent n'est que la traduction de la dénomination vulgaire, ou d'autres fois est emprunté sans beaucoup de critique aux descriptions de Dioscorides ou de Pline, se lit au dessus. Ajoutons que le peintre, voulant relever par des nuances vives ou faire valoir par des oppositions le coloris toujours vrai de ses plantes, a distribué à leur entour des papillons, des chenilles, des mouches, avec une invention si agréable qu'on ne saurait imaginer mieux.

Nous avons dit que le livre commençait par un calendrier; revenons y pour expliquer que sur le recto de chacun des douze feuillets qui le composent sont peintes des scènes de la vie domestique ou des travaux de la campagne dont le sujet est approprié à chacun des douze mois de l'année, fournissant d'abondants et très-sûrs renseignements sur le costume, l'architecture et les usages de la France, à la fin du XVe siècle.

Les peintures que nous avons indiquées jusqu'ici

sont unies au texte du manuscrit ; celles qui en sont indépendantes, bien que s'y rattachant par la concordance des sujets qui y sont figurés avec les prières placées en regard, sont au nombre de cinquante et une. Ce sont de grandes miniatures d'une exécution savante. L'une d'elles représente la *Reine Anne* agenouillée devant une table sur laquelle est placé son livre de prières ; derrière elle sont debout sainte Ursule et sainte Marguerite, et, un peu en avant, sainte Anne qui, d'un geste de la main, présente la princesse au divin Sauveur, la miniature qui fait face étant une *Descente de croix*, où l'on voit Notre Dame, saint Jean et les saintes femmes pleurant sur le Christ. En regard de chacun des quatre évangiles se trouve une belle miniature des évangélistes, *saint Jean, saint Luc, saint Mathieu, saint Marc*. En tête de l'office de la Vierge est *l'Annonciation*, et successivement *la Visitation, Jésus sur la croix, la Pentecôte, la Nativité, l'Annonciation aux bergers, l'Adoration des mages, la Présentation au temple, la Fuite en Égypte*. La miniature placée avant les sept psaumes de la pénitence est *David*, comme roi pénitent ; en tête des premières vêpres des morts, c'est *la Résurrection de Lazare*, et avant vigiles, *Job sur un fumier*, qui est la dernière comprise dans les heures ; celles qui suivent correspondent aux prières que nous avons notées et sont : 1. *la sainte Trinité*. 2. (la miniature manque en regard de la prière adressée à la divine Sapience). 3. Une *sainte Famille*. 4. La miniature manque près de la prière adressée à Notre Dame de Pitié ; peut-être a-t-elle été placée en tête du livre et est-elle celle qui est en regard du portrait d'Anne de Bretagne. 5. *Saint Georges*. 6. *Saint Michel*. 7. *Saint Gabriel*. 8. *Les Apôtres*. 9. *Les saints martyrs*. 10. *Les saints Come et Damien*. 11. *Saint Sébastien*. 12. *Les dix mille martyrs*. 13. *Saint Pierre, martyr*. 14. *Les saints confesseurs*. 15. *Saint Nicolas*. 16. *Saint Liphart*. 17. *Saint Antoine de Padoue*. 18. *Saint Martin*. 19. *Saint Hubert*. 20. *Saint Antoine*. 21. *Les Vierges*. 22. *Sainte Anne*. 23. *Sainte Ursule*. 24. *Sainte Madeleine*.

25. *Sainte Catherine.* **26.** *Sainte Marguerite.* **27.** *Sainte Hélène.* **28.** *Tous les Saints.* **29.** *La Couronne d'épines.* **30.** *Sainte Famille.* **31.** *La Mère de Dieu.* **32.** *L'Éducation de Jésus.*

La dernière miniature précède le récit de la Passion de Jésus-Christ; elle représente le baiser de Judas.

Il ne nous reste plus qu'à indiquer qu'en tête du livre est une page sur laquelle sont peintes les armes réunies de France et de Bretagne, la couronne royale, la cordelière (1), deux fois la lettre L, deux fois la lettre A, initiales du nom de Louis et de celui d'Anne, ces lettres étant couronnées. Sur la dernière page les mêmes lettres se retrouvent entourant une devise dont deux mots espagnols *non mudera* [elle ne changera pas] sont l'âme et expliquent le sens de deux étoiles rayonnantes qui sont figurées en regard l'une de l'autre.

Il est presque superflu de faire remarquer que ces insignes désignent à n'en pouvoir douter une reine, reine de France, fille d'un duc de Bretagne, Anne, femme de Louis XII, et nous n'en parlons que pour observer que le livre d'heures de cette princesse n'a été terminé qu'après son second mariage qui eut lieu en janvier 1499.

Nous savons par les comptes dits de l'argenterie de la Reine, conservés aux archives impériales que, le 3 septembre 1497, *Jean Riveron*, écrivain, demeurant à Tours, donna quittance d'une somme de quatorze livres tournois (320 francs de notre monnaie), qui lui fut payée, pour avoir écrit à la main des petites heures que la Reine avait fait faire à l'usage de Rome et pour avoir fourni le vélin. Nous savons par les mêmes

---

(1) L'usage de cet ornement a été introduit par la reine Anne, à l'imitation de son père, François, duc de Bretagne, qui, pour la dévotion qu'il avait à saint François d'Assise, mit un semblable cordon autour de ses armoiries, et fit sa devise de deux cordelières à nœuds serrés, comme les cordons que l'on nomme de Saint-François. Ce collier se mettait principalement autour des armoiries des femmes.

comptes, et ceci a plus d'intérêt, que, le 29 août 1497, *Jean Poyet*, enlumineur et historien, demeurant à Tours, reçut des payeurs de la Reine la somme de cent cinquante-trois livres tournois (3,500 livres de notre monnaie), « pour avoir fait aux dites heures vingt trois histoires riches, deux cent soixante et onze vignettes et quinze cens versets ». Or, si l'on examine le livre d'Anne de Bretagne, comme nous l'avons fait, en distinguant les heures proprement dites qui finissent au feuillet 152, et les prières qui, placées à la suite, complètent le livre, nous trouvons dans la première partie (les heures) vingt-trois grandes miniatures, deux cent soixante et onze vignettes et quinze cens versets. Nous n'hésitons pas à nommer *Jean Poyet* comme le peintre de cette première partie du livre, qui était achevée en 1497. Or, malgré quelques légères différences, l'exécution des peintures de la seconde partie du manuscrit est trop semblable à celle de la première pour que nous leur cherchions un autre auteur, les preuves écrites manquant.

M. le comte De la Borde, en faisant connaître dans son livre de la Renaissance des arts à la cour de France le payement fait à Jean Poyet, de Tours, pour ses miniatures des heures d'Anne de Bretagne a restitué à la liste des peintres français un nom injustement oublié. Il a prouvé par des citations d'écrivains tout à fait contemporains (1), qu'en ce moment même où le livre fut achevé, Poyet était compté parmi les plus excellents peintres de son temps. Deux auteurs de genres tout à fait opposés le citent avec grand honneur et tous deux le nomment immédiatement après Fouquet. C'est qu'en effet, par son éducation faite à Tours et par la nature de son talent, il appartient à l'école de Jean Fouquet et le suit de très-près.

La reliure en chagrin noir des heures d'Anne de

---

(1) Jean Lemaire, *Légendes des Vénitiens*, 1509 ; Pelegrin, *De artificiali perspectiva*, 1501.

Bretagne date du dix-septième siècle ; les agrafes des deux fermoirs sont décorées d'un ornement découpé et ciselé dont le dessin est assurément du temps de Louis XIV ; nous pensons qu'elles ont été ajoutées lorsqu'une nouvelle reliure fut substituée à l'ancienne, mais que les quatre attaches qui, de même qu'elles, sont d'argent doré, sont un reste de la reliure primitive. Ces attaches, qui ont la forme d'un cartouche, sont ornées de feuillages ; l'écusson ovale porte en relief la lettre A, initiale du nom d'Anne, et au dessus de la lettre une couronne.

Le livre d'heures d'Anne de Bretagne a été reproduit en fac simile par M. L. Curmer. *Paris.* 1861, et M. Leroux de Lincy a écrit la vie de la reine, femme de Charles VIII et Louis XII, en y joignant tous les documents originaux, les recherches et les études, qui peuvent intéresser et instruire.

52. — Épée du roi François Ier.

Longueur 0,900.

La poignée est d'or : elle est l'œuvre d'artistes italiens des premières années du seizième siècle ; elle a été faite pour le roi. La salamandre couchée sur des flammes est l'emblème connu de François Ier ; le prince l'avait déjà pour devise quand il n'était que duc de Valois et comte d'Angoulême, Louis XII étant roi. On la voit ciselée à la partie culminante de l'ornement délicat dont est décoré l'axe de la fusée. L'inscription, FECIT POTENTIAM IN BRACHIO SUO, qui se lit en regardant tour à tour chacun des côtés de la garde, est une phrase du *Magnificat* ; elle est empruntée au cantique de la Vierge, dans l'évangile de saint Luc. Placée sur la poignée d'une arme, elle veut dire que l'épée donne la puissance à celui qui l'a dans sa main. François Ier fait prisonnier à Pavie, fut désarmé ; avant de se rendre, il avait brisé deux épées. La poignée de cette arme, qui fut prise en même temps que lui par les Espagnols, porte les traces de chocs violents, car l'or et les émaux de tout un côté du pommeau manquent en entier ; la lame, au contraire est intacte, comme est celle d'une épée qui n'a jamais servi dans les combats. Cette lame est de cent ans au moins plus vieille que la poignée italienne. Le nom de l'armurier, qui est gravé sur le canal, CHATALDO TE FECIT, est écrit en caractères du quatorzième siècle, et les ornements dorés qui décorent l'acier sont du même temps. Le double nœud qui se voit près des gardes est celui que portaient sur leur épée les chevaliers de l'ordre institué en 1352 par le roi de Jérusalem, de Naples et de Sicile. Nous pensons qu'une de ces épées existait à l'armeria de Madrid, et qu'elle aura été ajustée à la poignée prise avec le roi, pour compléter l'épée de François Ier. Rendue à la France en 1808, cette arme était un des objets que l'empereur Napoléon Ier possédait aux Tuileries, dans son cabinet. Avant l'institution du Musée des Souverains, elle a été conservée dans le Musée d'Artillerie.

Elle a été dessinée et gravée par M. Jules Jacquemart pour notre publication des gemmes et joyaux de la couronne (1).

53. — Armure de François Ier.

Hauteur 2,120.

Elle est complète, se composant de l'*armet*, du *colletin* formé par quatre lames mobiles, de la *cuirasse* ayant à la partie droite du plastron l'arrêt de la lance ou fautre, de la *braconnière* et du *garde-reins* formés par des lames à recouvrement, des *cuissards* articulés à trois lames, des *brassards* avec les épaulières, cubitières et gantelets, des *grêves* avec les genouillères, des *solerets*.

---

(1) Paris, 1865, *Chalcographie du Louvre.*

Elle est de fer battu et poli, gravé, ciselé et doré.

L'ornementation qui la caractérise consiste en de grandes fleurs de lys, les unes de France, les autres de Florence, p'acées à très grands intervalles ; ces fleurs de lys, qui sont en relief et dorées en plein, ont toute leur surface comme brodée de rinceaux qui se détachent en ton d'acier sur l'or dont elles sont colorées. Le même système se reproduisant sur les bordures, les frises et les vignettes qui contournent les différentes pièces de l'armure ou qui en dessinent les divisions, il en résulte un effet très-franc ; car l'ornementation, dont tous les motifs sont dorés, se découpe nettement sur les grandes surfaces de l'armure qui sont unies et brillent du vif éclat de l'acier poli.

L'armure de François Ier, avant d'être placée dans le Musée des Souverains, faisait partie des collections du Musée d'Artillerie.

54. — Livre de prières de Marguerite d'Orléans-Valois, sœur du roi François Ier.

Manuscrit sur vélin, en langue latine.

Hauteur 0,174. — Largeur 0,100.

Après trois feuillets de garde, l'on trouve le titre inscrit sur quatre lignes que renferme une cordelière. Ce titre est :

ORATIONES DEVOTISSIME AD ILLUSTRISSIMAM PIISSIMAM QUE DOMINAM CHRISTIANISSIMI FRANCORUM REGIS MATREM DEDICATE.

[Oraisons très-dévotes dédiées à très-illustre et très-pieuse dame mère du très-chrétien roi des Français.]

La lettre L, qui se voit sur un cartouche unissant les deux bouts de la cordelière, est l'initiale du nom de Louise de Savoie.

Si les prières dont le livre est composé sont dédiées

à la mère de François Ier, c'est à Marguerite, sœur de ce prince, que le livre fut offert : une peinture exécutée sur la dernière page du volume, immédiatement après la dernière ligne du texte, représente cette princesse (elle était alors duchesse d'Alençon), assise, ayant sur ses genoux un travail à l'aiguille, et près d'elle un petit panier qui contient ses pelotes de laine ; elle reçoit l'hommage du livre que lui offre un homme agenouillé. Cet homme est un juge reconnaissant, ainsi que l'indique la harangue adressée par lui à sa protectrice :

ILLUSTRISSIMA PIISSIMA QUE DOMINA, REX CHRISTIANISSIMUS GERMANUS TUUS DIVINO USUS EXEMPLO IN PSALMO NOTATO : HUMILIA RESPICIENS A TERRA ME INOPEM ET DE STERCORE, TUA CLEMENTIA INTERCEDENTE, EREXIT PAUPEREM, INTER QUE POPULI SUI JUDICES COLLOCAVT. PRO QUO SIT TIBI SPES ET RENUMERATIO IHESUS. DEUS LAUDETUR.

[Très illustre et très pieuse dame, le roi très chrétien, ton frère, usant de l'exemple divin dont nous instruit le psaume, envisageant ce qui est humble, et ta clémence intercédant, il m'a relevé de terre et de la boue, pauvre et malheureux que j'étais, et m'a placé entre les juges de son peuple. Que pour cela, Jésus, espoir et récompense te soit donné. Dieu soit loué.]

A quoi l'on peut croire que la princesse répond : SPES MEA IHESUS, puisque cette devise se lit sur l'encadrement de cette page et sur les encadrements de toutes les pages du livre.

Le manuscrit comprend quatre-vingt-cinq feuillets. Le commencement du texte manque, et les premiers mots du feuillet qui fait face au portrait de la duchesse d'Alençon sont : « *Quam bonus est querentibus.* » Ils font partie de l'office de Jésus-Christ. L'office de la conception de la bien-heureuse Marie est à la suite ; puis on trouve les sept oraisons du pape Grégoire, les sept psaumes de la Vierge, et des prières détachées. Le Psautier de saint Jérôme remplit seize feuillets, et l'office de saint Martin de Tours termine le livre.

Trois miniatures le commencent : la première est à la gloire de Jésus-Christ et est expliquée par les mots : SPES MEA IHESUS [Jésus, mon espérance], qui se retrouve toujours et partout, depuis le premier feuillet jusqu'au dernier du manuscrit; la devise qui se lit sur la banderole que portent deux anges placés près des armoiries de la France en exprime la pensée pieuse :

O NOBILE TERNARIUM REGIS MATRIS ET SORORIS, UNUM EST DESIDERIUM.

[O noble trinité du roi, de sa mère, de sa sœur, n'ayant qu'un même désir!]

Ce désir, c'est Jésus leur espérance; le roi, la mère, la sœur, sont François Ier, Louise de Savoie, duchesse d'Angoulême, Marguerite d'Orléans, duchesse d'Alençon, dont les portraits sont le sujet de la seconde miniature. Ils sont représentés à genoux et leurs armoiries sont placées près d'eux : pour François Ier, de France; pour sa mère, mi-partie de gueules à la croix d'argent, qui est Savoie, mi-partie de France au lambel d'Orléans, chaque pièce du lambel chargée d'un croissant d'azur, qui sont les armes des comtes d'Angoulême; celles de Marguerite sont mi-partie de France, mi-partie des ducs d'Alençon, qui sont de France à la bordure de gueules chargée de huit besans d'argent. Les mêmes armoiries sont suspendues derrière le portrait de la duchesse d'Alençon, Marguerite, sœur de François Ier, qui est peinte seule, agenouillée en tête du titre qui précède l'office de Jésus-Christ. On les retrouve encore isolées et accolées dans la miniature peinte sur le recto du feuillet dix-huitième, qui réunit les portraits de Charles, duc d'Alençon, et de sa femme : tous deux sont à genoux, priant, et leur prière est adressée à Jésus, leur espérance. Les paroles de leurs oraisons sont inscrites sur des banderoles qui, partant de leurs mains, se déroulent vers le ciel où l'on voit l'enfant Jésus qui bénit :

ADIUVA NOS CLEMENTISSIME IESU ET SALVI ERIMUS.

[Viens nous en aide, très clément Jésus, et nous serons sauvés.] dit le duc.

NON CONFONDAS NOS CLEMENTISSIME IHESU AB EXPECTATIONE NOSTRA.

[Très clément Jésus, ne nous trompe pas dans notre attente.] dit la duchesse.

Nous n'avons jusqu'ici désigné que des miniatures historiques ; le manuscrit en contient beaucoup d'autres dont les sujets empruntés à l'Écriture sainte ou à la vie des Saints sont appropriés aux différentes parties du texte qu'elles accompagnent ; toutes offrent cette particularité que la duchesse d'Alençon est représentée dans chaque tableau, assistant au grand acte qui y est figuré, agenouillée, les mains jointes, et ne restant pas silencieuse ; les réflexions que chaque scène lui suggère sont écrites sur des banderoles telles que celles dont nous avons déjà parlé.

Les sujets de ces miniatures sont · 1. L'Adoration des bergers. 2. La Vierge et l'enfant Jésus 3. Jésus au milieu des docteurs. 4. La Transfiguration. 5. Sainte Anne disant à Joachim : GAUDE ET LETARE, PROLEM HABERIS. 6. La naissance de la Vierge. 7. L'Annonciation. 8. La Visitation. 9. L'Annonciation aux bergers. 10. La mort de la Vierge. 11. La messe du pape Grégoire. 12. Saint Bernard, premier abbé de Clairvaux, priant devant la Vierge et Jésus. 13. Les macérations de saint Jérôme. Puis, pour l'office de saint Martin : 14. Saint Martin, près de la porte d'Amiens, donnant à un pauvre la moitié de son manteau. 16. Comment, pendant la nuit qui suivit cet acte de charité, saint Martin étant en prière, vit apparaître Jésus-Christ portant la moitié du manteau qu'il avait donnée au pauvre. 17. Comment saint Martin, évêque de Tours, guérit les infirmités des pauvres, en les bénissant. 18. La communion de saint Martin. 19. Sa mort ; la prière devant son tombeau. 20. Son apparition après sa mort.

Nous avons dit que la duchesse d'Alençon, placée par le miniaturiste dans chacune de ces peintures, exprime pour toutes les circonstances ses sentiments et sa pensée ; voici quels en sont les termes :

1º Fac me domine iesu inte confidere et non derelinquar in eternum.

[Seigneur Jésus, fais que je me fie en toi et je ne serai pas abandonnée dans l'éternité.]

2º Inclina domine iesu aurem tuam ad me et adiuva me.

[Seigneur Jésus, penche ton oreille vers moi et viens-moi en aide.]

3º Scintillam tue prudentie et doctrine infunde in me benissime iesu.

[Fais pénétrer en moi, très-doux Jésus, l'étincelle de ta prudence et de ta doctrine.]

4º Vide clementissime iesu si via iniquitatis in me est et deduc in viam equitatis.

[Vois, très-clément Jésus, si la voie d'iniquité est en moi et dirige-moi dans la voie d'équité.]

5º Fac me domine in te sperantem et via tua circumdabit me.

[Fais, seigneur Jésus, que j'espère en toi et ta voie m'entourera.]

6º Propicius sis mihi domine invocanti te.

[Seigneur, sois propice à mon invocation.]

7º Benedicta tu in mulieribus et benedictus fructus ventris tui.

[Tu es bénie entre toutes les femmes, et le fruit de ton ventre est béni.]

5

8° Visita nos domine et deduc in vitam eternam.

[Visite-nous, Seigneur, et conduis-nous à la vie éternelle.]

9° Fac me domine in corde mundam semper que humilem et salva ero.

[Fais, Seigneur, que je sois pure de cœur et toujours humble, et je serai sauvée.]

10° Fac cum ancilla tua secundum minam tuam.

[Agis envers ta servante suivant ton désir.]

11° Beatissime gregori passionis domini nostri iesu christi participem me fac.

[Bienheureux Grégoire, fais-moi participer à la Passion de Notre Seigneur Jésus-Christ.]

12° Beatissime bernarde implora apud dominum matrem que eius dulcissimam me decorari nomine materno.

[Bienheureux Bernard, implore le Seigneur et sa très-douce mère pour que je sois honorée du nom de mère.] (1)

13° Beatissime iheronime tuarum vigiliarum et austeritatum participem me fac.

[Bienheureux Jérôme, fais-moi participer à tes veilles et tes austérités.]

Puis, pour l'office de saint Martin :

14° Mira dei bonitas cathecuminum vocans.

[Merveilleuse bonté de Dieu, qui appelle un catéchumène.]

---

(1) Marguerite n'eut pas d'enfants de son premier mariage; le duc d'Alençon mourut, âgé de trente-six ans, le 11 avril 1525.

15° O MIRA DEI CLEMENTIA CATHECUMINUM VISITANS.

[O merveilleuse bonté de Dieu, qui visite un catéchumène!]

16° O MARTINE APUD DEUM PRO ME INTERCEDE.

[O, Martin, intercède pour moi près de Dieu!]

17° O MARTINE AMOREM DIVINUM ACCENDE IN ME.

[O, Martin, allume en moi l'amour divin!]

18° O MARTINE IN MORTE DEUM PRO ME DEPRECARE.

[O, Martin, dans la mort prie Dieu pour moi!]

19° O MARTINE PRO CHRISTIANISSIMO REGE APUD DEUM PRECES FUNDE.

[O, Martin, porte mes prières à Dieu pour le roi très-chrétien!]

20° O MARTINE EXEUNTI A CORPORE ANIME MEE SUCCURRE.

[O, Martin, secoure mon âme au sortir du corps!]

Les quatre miniatures historiques, les vingt représentant des sujets religieux, la duchesse assistant, ne sont pas les seules peintures qui enrichissent le livre; en outre des lettres ornées, des grandes initiales, des encadrements de pages formés par une cordelière, avec la devise que nous avons si souvent répétée : la lettre M, première du nom de Marguerite, la fleur qui porte ce nom, d'autres compositions peintes terminent les feuillets 17, 29, 78, 80, la peinture de la dédicace étant la dernière. Ces compositions sont : l'Enfant-Jésus entouré d'anges qui exécutent un concert d'instruments; l'Enfant-Jésus sauveur du monde, avec cette inscription :

SALVATOR MUNDI REGEM CHRISTIANISSIMUM EIUS QUE MATREM ET GERMANAM SALVOS FAC.

[Sauveur du monde, que par toi le roi très-chrétien, sa mère et sa sœur soient sauvés.]

Le sujet de la peinture qui termine le feuillet 78 est plus compliqué. On y voit saint Martin qui, se promenant avec ses disciples aux environs du monastère de Marmoutiers, rencontra dans la campagne un lièvre que des chiens poursuivaient et étaient prêts à atteindre. Le saint en eut pitié, et d'un signe de sa main il sauva le lièvre en arrêtant la poursuite des chiens; et la légende dit :

O MIRA SANCTI LEPUSCULO MISERANTIS CLEMENTIAM.

[Admire la clémence du saint qui a pitié du lièvre.]

Après la clémence du saint, nous admirerons, au bas du feuillet 80, sa complaisance envers son jeune domestique, alors qu'étant encore cavalier, mais déjà choisi par Dieu, il fut rentré dans sa maison. La peinture représente le domestique assis sur un coffre, et Martin, dont la tête est entourée d'un nimbe, tirant les chaussures du jeune garçon. La légende dit, avec raison :

O MIRA ELECTI SERVO SUO OBSEQUIUM PREBENTIS CLEMENTIAM.

[Admire la clémence de l'élu de Dieu rendant ce service à son domestique.]

La reliure du livre, de maroquin rouge avec des fers dorés, n'est pas antérieure au XVIIe siècle.

Ce manuscrit, qui a appartenu à Mme la duchesse de Berry, dont le nom est inscrit sur l'une des feuilles de garde, a été acquis par l'administration des Musées Impériaux, le 22 mars 1864.

55. — Armure du roi Henri II.

Chef-d'œuvre exécuté par des artistes français.

Elle est complète, comprenant l'armet, le colletin, la cuirasse, la braconnière, les brassards, épaulières, cubitières, gantelets, les cuissards, les grèves, les genouillères et les solerets.

Lorsque les pièces sont assemblées, elle mesure 1ᵐ 840.

Elle est de fer poli ; les compositions, figures et ornements, en bas-relief, qui la décorent de toutes parts, sont travaillés au repoussé. Les armuriers merveilleux qui les ont modelés ont interprété sur le métal les récits de Lucain, et, en s'inspirant du poëme de la Pharsale, ils ont gravé sur l'armure du roi de France l'apologie du grand Pompée. Nous suivrons, pour décrire leur œuvre, non pas l'ordre le plus naturel des pièces d'une armure, mais l'enchaînement des événements tels qu'ils se succèdent dans les livres de Lucain :

I° Sur la *dossière* de la cuirasse, une grande composition (la couvrant en entier) représente la bataille de Pharsale, et le guerrier mourant, que l'on voit renversé entre les groupes de combattants, est Domitius, à qui César, vainqueur, adressa ces paroles railleuses : « Domitius, mon successeur, tu désertes les armes de Pompée ! » Des figures fort belles de Victoires, de Génies, des trophées, un écusson sans emblème ni chiffre, complètent la décoration de la dossière, et c'est particulièrement dans le dessin de ces images allégoriques et décoratives qu'on peut observer le style français et l'élégance distinctive de l'école de Germain Pilon.

II° Sur l'*épaulière* droite, on voit Pompée, qui, après sa défaite, ayant fui les rivages de la Thessalie, a abordé ceux de Mitylène. Il se présente à la porte de la ville et les habitants lui offrent l'hospitalité, mais il la refuse, car il a résolu de la chercher près du roi d'Égypte. Sur le devant de la même épaulière, l'épouse de Pompée, Cornélie, abîmée dans sa douleur et tombée sur le rivage, est secourue par deux de ses femmes.

III° Sur le *brassard* droit, ce sont les assassins envoyés par Ptolémée qui vont à la rencontre de Pompée ; Pothin a conseillé le meurtre et Achillas s'est chargé de l'exécuter. Sur l'avant-bras est une figure allégorique, la Force ; sur la cubitière, une Victoire, qui, assise sur des armes, a dans sa main une couronne.

IV° Sur l'*épaulière* gauche, la mort de Pompée : près du rivage d'Égypte, deux barques sont sur la mer; l'une est celle des assassins. Achillas, qui le premier a frappé le héros, tient d'une main son épée et de l'autre la tête que Septimius, soldat romain à la solde du roi Ptolémée, a séparée du corps. Septimius retient sur le bord de la barque le cadavre qu'il s'apprête à jeter à la mer. Cornélie et Sextus, qui sont dans la seconde barque, sont les témoins de cet acte criminel. Sur le devant de cette même épaulière, l'homme agenouillé et pleurant près du corps mutilé que des flammes commencent à consumer, est Codrus, ami de Pompée; questeur en Chypre, il a suivi le vaincu fugitif; après le meurtre, il a recueilli le corps rejeté par la mer; il a rassemblé les débris d'un vaisseau; il a dérobé le feu d'un bûcher préparé pour un mort obscur; quand il ne restera plus que des cendres, ce sera lui qui gravera sur un bois à demi-brûlé : HIC SITUS EST MAGNUS. [Ici repose le grand homme.]

V° et VI° Le *plastron* de la cuirasse est orné de deux grandes compositions que sépare l'arête très-prononcée de la poitrine. L'un des moments représentés est celui où la tête de Pompée, apportée comme un présent, est offerte à César par les émissaires de Ptolémée; l'artiste a exprimé la pensée de Lucain : « César, voyant la tête de son gendre, aima mieux la pleurer que la devoir. . « Satellite, » dit-il, « emporte loin de moi les funestes « dons de ton roi... Votre crime vous a rendus plus « coupables envers César qu'envers Pompée. »

L'autre épisode est la démarche astucieuse de Cléopâtre, qui est à genoux devant le vainqueur; «... à sa prière s'est joint le charme du visage; son incestueux regard a persuadé pour elle... » César la réconcilie avec le jeune prince son frère.

Un masque de femme, deux figures de Victoires, des armes entassées sur lesquelles sont assis un roi captif et un guerrier, dont l'attitude exprime la tristesse, décorent magnifiquement le haut de la poitrine.

VII° Sur le *brassard* gauche, un groupe de deux hommes d'armes, dont l'un est étendu à terre, montrant une blessure, et l'autre, penché sur lui, le secourt, est l'une des aventures que subirent les compagnons de Pompée après la mort de leur général; sur l'avant-bras est une figure allégorique, la Justice.

VIII° et IX° Sur les *gantelets* (droit et gauche) sont représentés les honneurs rendus à la mémoire du grand Pompée. L'on sait que Cornélie, avec Sextus, ayant abordé le rivage de Lybie, près du camp de Caton, y a retrouvé l'aîné des enfants, Cneius. Dès qu'elle est parvenue sur une terre amie, elle a rassemblé les habillements, les insignes, les armes de l'illustre mort, les dépouilles tissues d'or dont il se parait, ses robes de pourpre; elle les a livrées aux flammes, et sur tout le rivage se sont dressés des bûchers consacrés aux mânes de ceux qui ont péri dans la Thessalie. Caton a prononcé l'éloge de Pompée.

X° Une scène de même nature, dans laquelle se retrouvent les mêmes personnes, décore la partie antérieure de *l'armet* sur lequel sont sculptés des combats, des trophées, des figures de Victoires, de Génies, des Fleuves, une Bellone, une Diane.

Sur les *tassettes*, les *grèves* et les *solerets*, l'artiste a disposé avec un goût exquis et une sobriété agréable, les motifs d'ornement les plus délicats et des figures décoratives, dont l'invention est aussi ingénieuse que l'exécution en est parfaite.

L'armure de Henri II fait partie de l'ancien fonds des collections du Louvre.

56. — Armure du roi Henri II.

Fer bruni, damasquiné d'argent, avec quelques damasquines d'or.

Hauteur de l'ensemble 1,00.

Elle se compose de l'armet; du colletin formé par trois lames mobiles; de la cuirasse dont la partie inférieure (la pansière) est articulée; des brassards, épaulières, cubitières, gantelets; de la braconnière, de deux pièces; des cuissards qui sont articulés et formés par douze lames; des genouillères; des grèves, (pas de solerets).

L'ornementation de l'armure entière est uniforme : sur toutes les pièces se déploient, dans le sens de la hauteur, des frises formées par des rinceaux de feuillages, des trophées d'armes, des chiffres, des emblèmes. Dans les frises les plus larges la damasquinure d'argent domine sur le fond; dans les plus étroites le fond bruni domine, le système de décoration consistant dans l'opposition de ces deux effets alternés. Les chiffres sont ceux de Henri II; la lettre H, initiale de son nom, dont les montants servant d'appuis à deux C engagés l'un dans l'autre et adossés, les transforment en deux D, de façon qu'on peut lire Catherine ou soupçonner Diane. Ce qui parle en faveur de Diane, ce sont les trois croissants enlacés, ce sont et l'arc et le carquois, emblèmes favoris du prince, qui sont répandus sur toute son armure. Deux dauphins placés au milieu du garde-reins, d'autres qui décorent la crête de l'armet, font supposer que cette armure a été faite pour Henri, dauphin de France, François Ier vivant.

La décoration, en outre de ce que nous en avons dit, offre quelques particularités élégantes : ainsi, une couronne de feuilles de laurier dorées entoure le timbre du casque; une chaînette plate dont les éléments sont assemblés à charnières étreint le gorgerin, répétant une chaîne du même genre qui marque la taille entre la cuirasse et la braconnière. Signalons encore un beau collier dessiné par une damasquinure d'or sur la cuirasse, près du colletin, et simulant la chaîne d'un ordre; regrettons que l'écusson qui s'y rattache ne laisse plus rien découvrir des signes qu'il contenait. Ils auront été enlevés volontairement, car ils manquent de même sur le casque, et c'est à grand'peine que l'on découvre l'empreinte d'une fleur de lys sur l'arrachement d'un médaillon dont deux dauphins sont les supports.

Cette armure de Henri II, avant l'institution du Musée des Souverains, était placée à la Bibliothèque Impériale.

57. — Bouclier du roi Henri II.

Hauteur 0,630. — Largeur 0,450.

Il est de fer repoussé, ciselé, damasquiné. Fait pour Henri II et décoré de ses emblèmes, il réunit les deux modes d'ornementation dont les armures décrites sous les numéros 55 et 56 nous ont offert isolément le type le plus tranché et les plus parfaits modèles. Les compositions, les figures allégoriques et les trophées sont sculptés comme des bas-reliefs; les enlacements qui décrivent autour du sujet principal et des divers groupes de l'ornementation, les cadres et les divisions d'un élégant cartouche, sont légèrement damasquinés d'or et d'argent; les seuls motifs que l'on y trouve sont le chiffre de Henri II, des croissants, des arcs, des flèches, des carquois.

Le combat représenté sur le bouclier est l'attaque et la défense de la ville de Bonifacio, dans l'île de Corse. Le maréchal de Thermes y commandait les troupes envoyées par la France. Dragut, qui y avait conduit la flotte ottomane, était entré par surprise dans la ville et s'y défendait contre les chrétiens. L'on voit le croissant sur le drapeau qui domine l'une des tours et la croix sur les boucliers et sur la bannière des Français.

Le bouclier de Henri II fait partie de l'ancien fonds des collections du Louvre.

58. — Épée du roi Henri II.

Longueur 1,200.

La lame est d'acier, très-étroite, triangulaire, avec des évidements profonds.

La poignée de fer poli, ciselé, noirci, doré et damasquiné d'or, est surmontée d'un fort pommeau d'un dessin très-ferme; la lettre H, initiale du nom de Henri, en forme la construction, et la même lettre, diminuée de proportion, se retrouve sur le milieu des gardes en pas d'âne et à l'extrémité des quillons qui sont fort longs et recourbés. Une tresse d'argent garnit la fusée.

L'épée de Henri II était conservée dans le Musée d'Artillerie.

59. — Masse d'armes du roi Henri II.
Longueur 0,610.

Elle est de fer, à sept ailes découpées, et son extrémité est munie d'une pointe. Bronzée et damasquinée d'or, elle est entièrement couverte d'ornements qui, pour la plupart, sont imités des modèles orientaux; elle a été faite pour Henri II; elle porte le chiffre du roi et sa devise bien connue, un croissant avec ces mots pour âme :

DONEC TOTUM IMPLEAT ORBEM.

[En attendant que ce quartier de l'astre ait accompli son orbe, ou bien, en attendant que sa renommée remplisse l'univers entier.] Cette devise de Henri II n'est pas seule inscrite sur le manche de sa masse; on y en lit deux autres :

DECUS ET TUTAMEN IN ARMIS.

[Honneur et sûreté dans les armes], et, pour ajouter à cette vérité générale une réflexion qui s'applique plus particulièrement à l'efficacité de cet instrument redoutable :

NON HINC LEVIA AUT LUDICRA PETUNTUR PREMIA.

[Ce qu'on gagne avec ceci n'est ni peu de chose ni matière à rire].

Chacune des ailes est décorée sur l'une de ses faces de paysages dont les arbres, les architectures et le costume des personnages qui les animent sont variés de manière à rappeler les différentes parties du monde. La France y est représentée par le port de Marseille, que l'on reconnaît au mot MARSILIA, inscrit sous son quai fortifié.

Les hommes de guerre portaient la masse d'armes à l'arçon de leur selle.

Avant l'institution du Musée des Souverains, la masse d'armes de Henri II était conservée dans le Musée d'Artillerie.

60. — Casque du roi Henri II.

Hauteur 0,400.

Il est de ceux qu'on désignait au seizième siècle sous le nom de Bourguignote, laissant le visage à découvert. Il porte une crête, un couvre-nuque, une avance sur le front et deux oreillettes.

Il est de fer repoussé, ciselé, noirci, doré, damasquiné d'or ; de travail italien. Une figure de l'Amour est placée sur la partie culminante, en avant de la crête ; deux petits génies de la Victoire sont groupés sur le devant du timbre, l'un d'eux porte le chiffre de Henri second et l'autre le croissant qui était son emblème ; une couronne se voit au-dessus, soutenue par Mars et Bellone. Deux belles figures de Victoires décorent les oreillettes, des armes sont disposées en riches trophées sur les côtés du timbre, deux esclaves en arrière, et la déesse Diane est représentée deux fois sur la crête du casque.

La bourguignote de Henri II était conservée dans le Musée d'Artillerie.

61. — Armet, colletin, brassards, d'une armure du roi Henri II.

Fer travaillé au repoussé et doré.

Hauteur de l'armet 0,310.
Largeur du colletin 0,210.
Longueur des brassards 0,400.

Les brassards comprennent l'arrière-bras, la cubitière et l'avant-bras.

Des cavaliers combattant sont distribués sur toutes

les surfaces de l'armure; le travail est italien, de la première moitié du seizième siècle.

62. — Coffret du roi Henri II.

Longueur 0,225. — Largeur 0,150.

Il a la forme d'un bahut, et son couvercle, aplati sur le faîte, se brise pour former deux pentes. Il est de bois, doublé d'un cuir rouge, et à l'extérieur est revêtu d'un cuir estampé et noirci dont les ornements ont conservé quelque chose des systèmes de décoration du moyen âge. L'année où il a été fait se voit gravée sur les extrémités de la boîte : ANNO 1556. Une autre inscription, qui se lit sur le couvercle, affirme que le roi y a travaillé de ses mains : REX ME FECIT [Le roi m'a fait], et le motif qui aurait fait déroger le monarque à ses occupations habituelles est indiqué dans une troisième inscription : AMOR VINCIT OMNIA [L'amour vient à bout de tout].

63. — Livre d'heures du roi Henri II.

Manuscrit sur vélin, en langue latine, avec des prières en français.

Hauteur 0,183. — Largeur 0,120.

Les peintures qui en font l'ornement sont l'œuvre d'artistes français et ont été exécutées vers 1550.

Trois pages peintes précèdent le texte : sur l'une sont les armoiries de France [1], posées sur le manteau royal, surmontées de la couronne, entourées du grand collier de Saint-Michel; sur la seconde est un écusson renfermé dans plusieurs cadres en cartouches et contenant ces mots :

---

[1] Cette miniature et celle qui suit ont été reproduites en fac-similé dans le grand ouvrage de M. le comte de Bastard.

Henrico II christianissimo Francorum regi foeliciss(imo).

[A Henri deux très-chrétien, très-heureux roi des Français.]

Les emblèmes et les chiffres qui sont semés sur le fond de la page sont ceux de Henri II, à savoir : trois croissants enlacés, deux arcs accouplés et la lettre H jointe à deux D ou deux C qui viennent s'y appuyer, de façon que l'on y peut lire le nom de Catherine ou celui de Diane. La troisième peinture, faisant face à l'évangile selon saint Jean, est un rapprochement du texte de la Genèse :

In principio creavit Deus celum et terram.

[Au commencement, Dieu créa le ciel et la terre]; et des premières paroles de cet évangile ; c'est pour cette raison que l'artiste y a placé l'aigle de saint Jean tenant dans son bec l'encrier et l'étui de l'évangéliste.

Le texte contient, après l'évangile selon saint Jean, ceux de l'Annonciation, selon saint Luc; de la Nativité de Jésus-Christ, selon saint Mathieu ; de la Mission des Apôtres, selon saint Marc. En tête de chacun de ces évangiles sont des petits tableaux représentant les évangélistes.

A la suite se trouvent : la Passion, selon saint Jean ; l'Office de la Vierge, suivant le rite romain ; les Heures de la sainte Croix ; les Heures du Saint-Esprit ; les Vêpres de la Vierge ; les Complies ; le *Salve Regina* et diverses oraisons ; les sept Psaumes de la Pénitence ; les Litanies des Saints ; l'Office des Morts. C'est là la première partie du livre, ce sont les Heures. En tête des principales divisions sont placées des peintures dont les sujets sont empruntés à l'Écriture sainte ; nous les expliquerons en rappelant les versets de la Bible :

1° Du livre de Jonas : « Ayant pris Jonas, ils le jetèrent dans la mer, et elle s'apaisa aussitôt.

« Dieu fit en même temps qu'il se trouva là un grand poisson qui engloutit Jonas : ..... le Seigneur commanda au poisson de rendre Jonas, et il le jeta sur le bord. » Cette peinture est une grisaille ou camaïeu de couleur bleue.

II° Du livre IV des Rois : « Élisée dit (à la veuve de l'un des prophètes) : Empruntez de vos voisins grand nombre de vaisseaux vides....., versez de cette huile que vous avez dans tous ces vases....., vendez cette huile, rendez à votre créancier ce qui lui est dû ; ensuite vous et vos fils vivez du reste. »

III° Du V⁰ livre de Josué : « Lorsque Josué était sur le territoire de la ville de Jéricho, ayant vu un homme qui était debout et qui tenait en sa main une épée nue.....Cet homme lui dit : Je suis le prince de l'armée du Seigneur et je viens ici maintenant de sa part..... Otez vos souliers de vos pieds, parce que le lieu où vous êtes est saint ; et Josué fit ce qu'il lui avait commandé. »

IV° Du livre des Nombres : « ... Le Seigneur envoya contre le peuple des serpents brûlants. Plusieurs en ayant été ou blessés ou tués... Moïse pria pour le peuple, et le Seigneur lui dit : Faites un serpent d'airain et mettez-le pour servir de signe ; quiconque étant blessé des serpents le regardera sera guéri. Moïse fit donc un serpent d'airain. » Cette peinture est faite en camaïeu d'or.

V° De la Genèse : « Le Seigneur apparut un jour à Abraham en la vallée de Mambré, lorsqu'il était assis à la porte de sa tente, dans la plus grande chaleur du jour : TRES VIDIT, UNUM ADORAVIT, et il dit : Seigneur, si j'ai trouvé grâce devant vos yeux, ne passez pas la maison de votre serviteur sans vous y arrêter. » Cette miniature est peinte en grisaille ; les personnages étant de couleur rouge et les fonds d'une teinte rosée.

VI° La Vision de saint Pierre.

VII° De l'Exode : « Le Seigneur dit à Moïse : « Prenez en votre main la verge dont vous avez frappé le fleuve et allez jusqu'à la pierre d'Horeb. Je me trouverai là moi-même présent devant vous ; vous frapperez la pierre et il en sortira de l'eau, afin que le peuple ait à boire. » Cette miniature est peinte en grisaille se découpant sur un fond bleu.

VIII° Du livre de Daniel : « Le roi Nabuchodonosor dit à Sidrach, Misach et Abdenago : Est-il vrai que vous n'adorez pas la statue d'or que j'ai dressée ? Maintenant donc, si vous êtes prêts à m'obéir, au moment que vous entendrez le son de la trompette, de la flûte, de la harpe..., prosternez-vous en terre et adorez la statue que j'ai faite. Si vous ne l'adorez pas, vous serez jetés au même moment au milieu des flammes de la fournaise. »..... « Comme la fournaise était extrêmement embrasée, les flammes du feu firent mourir les hommes qui y avaient jeté Sidrach, Misach et Abdenago. »..... « Le roi Nabuchodonosor fut frappé d'étonnement et dit aux grands de sa cour : N'avons-nous pas jeté trois hommes liés au milieu du feu ? Ils répondirent au roi : Oui, seigneur. Nabuchodonosor leur dit : J'en vois quatre néanmoins qui marchent sans être liés au milieu du feu, qui sont incorruptibles dans les flammes, et dont le quatrième est semblable à un fils de Dieu. » Cette miniature est peinte en camaïeu de couleur rouge sur un fond rosé.

IX° Du IV° livre des Rois : « Lorsque Élie et Élisée continuaient leur chemin et qu'ils marchaient en s'entretenant, un char de feu et des chevaux de feu les séparèrent tout à coup l'un de l'autre, et Élie monta au ciel au milieu d'un tourbillon. » Cette miniature est peinte en camaïeu de couleur rouge sur un fond rosé.

X° Du livre des Juges : « Samson dormit jusque sur le minuit. S'étant levé alors, il alla prendre les deux portes de la ville avec leurs poteaux et la serrure, les mit sur ses épaules et les porta sur le haut de la montagne qui regarde Hébron. »

XI° Du III° livre des Rois : « Élie se jeta par terre et s'endormit à l'ombre d'un genièvre. En même temps un ange du Seigneur le toucha et lui dit : Levez-vous et mangez. Élie regarda et vit auprès de sa tête un pain cuit sous la cendre et un vase d'eau. Il mangea donc et but, et s'endormit encore. »

XII° Du livre de Job : « Job s'étant assis sur un fumier ôtait, avec un morceau d'un pot de terre, la pourriture qui sortait de ses ulcères. Alors sa femme vint lui dire : Quoi, vous demeurez encore dans votre simplicité? maudissez Dieu et mourez. »

XIII° Du livre de Daniel : « Daniel fut emmené par le commandement de Darius et jeté dans la fosse des lions... Daniel dit au roi : Mon Dieu a envoyé son ange qui a fermé la gueule des lions, et il ne m'ont fait aucun mal. » Cette peinture est une grisaille ; elle est la dernière de celles qui reproduisent des scènes de la Bible.

La seule miniature qui nous reste à décrire appartient à une série beaucoup plus rare. Elle est historique et représente le roi Henri II dans l'église Saint-Marcoul(1). C'était la coutume des rois de France de se rendre dans ce prieuré, situé près de Reims, l'un des jours qui suivaient celui de leur sacre et couronnement, pour toucher les malades des écrouelles. Henri II est revêtu des habits royaux.

Les prières qui sont à la suite de cette peinture, et qui terminent le livre, commencent par « *les oraisons que ont accoutumé dire les Roys de France, quant ils veulent toucher les malades des escrouelles.* » Les dernières lignes du manuscrit sont : « *par sapience ont été saulvez tous ceulx Seigneur qui t'ont pleu dès le commencement.* »

La reliure est en veau, marbrée, ornée de quelques filets d'or ; elle a perdu les attaches qui fermaient les deux plats sur la tranche.

Les Heures de Henri II faisaient partie de la Bibliothèque royale, et y étaient inscrites sous le n° 1429. Ancien fonds.

64. — Arbalète de Catherine de Médicis, femme du dauphin de France qui fut le roi Henri II.

Longueur 0,800.

Elle est de bois d'ébène ; les fleurs de lys de France

---

(1) Cette miniature a été reproduite en fac-simile dans le grand ouvrage de M. le comte de Bastard.

et des dauphins composent presque toute l'ornementation sculptée ; un dauphin en ronde-bosse est posé sur l'arbrier pour déterminer le point de mire, et c'est une tête de dauphin qui termine le bois de l'arbalète. Toutes les garnitures sont en acier bruni, finement ciselé et damasquiné d'or ; sur l'une d'elles, l'on trouve en trois places la lettre C, initiale du nom de Catherine, et le chiffre formé par l'accouplement de deux de ces lettres, une couronne de dauphine les surmontant.

L'on peut lire dans Brantôme : « Elle aimait fort à tirer de l'arbalète Jalet, et en tirait fort bien ; et toujours, quand elle s'allait promener, faisait porter son arbalète, et quand elle voyait quelque beau coup elle tirait. »

L'arbalète de Catherine, dauphine de France, était conservée au Musée d'Artillerie.

65. — Livre d'Heures de Catherine de Médicis, veuve du roi Henri II, mère des rois François II, Charles IX, Henri III.

Manuscrit sur vélin.

Hauteur 0,090. — Largeur 0,060.

La plus grande partie du texte est le livre de prières fait en 1531 pour le roi François Ier.

Le manuscrit contient deux cent six feuillets encadrés dans des bordures dont trois côtés sont ornés de peintures délicates.

Il renferme cinquante-huit portraits peints sur vélin ; trente-sept de ces portraits, représentant les princes de la maison royale d'Orléans-Valois, avec leurs alliance et descendance, sont disposés sur vingt-deux feuillets qui font partie du texte, et se trouvent engagés dans la reliure exécutée pour Catherine de Médicis. Vingt-un portraits ont été ajoutés lorsque le livre d'Heures de la reine-mère a appartenu à la femme de son fils Henri III, et lorsqu'après la mort de la reine Louise, il a été transmis à Mlle de Mercœur, sa nièce et son héritière.

Le texte comprend deux parties distinctes : I° les Heures de la Vierge Marie, que précèdent l'évangile et la passion selon saint Jean, que suivent le cantique de Siméon et l'oraison de saint Augustin. II° Le livre de prières de François Ier. Cette portion du manuscrit est de beaucoup la plus considérable ; elle se distingue des Heures [1] par la disposition des titres, qui sont inscrits en lettres d'or sur des petits cartels enluminés de bleu. Le relevé de ces titres fera connaître la composition du livre de prières du roi :

« Que c'est q'oraison.

« Oraison du matin que doit faire un grand Roy gouvernant son pays.

« Oraison pour dire au soir.

« Quand vous aurez receu quelque nouveau bien de Dieu.

« Quand il advient quelque nouvelle tribulation.

« Avertissement pour la communion.

« L'oraison à Dieu quand vous communirez.

« Action de grâces après la communion.

« Quand quelque grand affaire se présente pour le gouvernement du royaume.

« Confession des péchez et oraison pour obtenir pardon d'iceux.

« Oraison pour la vraye intelligence de la parole de Dieu.

« Oraison à Dieu pour nous conduire en innocence de vie.

« Oraison pour dire au commencement de quelque maladie.

« Oraison pour dire quand la maladie est ja creue.

« Oraison pour dire en une longue maladie.

---

[1] Les heures que nous croyons avoir été intercalées, lorsque le livre a été rassemblé avec les miniatures qu'il contient, pour Catherine de Médicis, sont placées après la première oraison, avant la seconde. Elles s'étendent du feuillet 3 au feuillet 78.

« Oraison pour dire quand la mort est deja prochaine.

« Oraison pour impetrer longue et heureuse vie.

« Oraison pour dire quand nous sommes environnés de maux et embuches sont dressés contre nous de tous côtés.

« Quels sacrifices Dieu requiert de nous.

« Les sacrifices de actions de graces.

« Action de graces pour la rémission des péchés.

« Action de graces pour la delivrance de maladie.

Au folio 143 commencent les sept psaumes de la pénitence; à la suite sont les litanies, et en cet endroit du livre se trouvent des prières qui toutes ont pour en tête *obsecro te Domine*. Nous en transcrirons trois :

« Obsecro te Domine ut ipse qui regna Gallica tua moderor clementia ipsos qui a me reguntur virtute precedam. »

[Je te conjure, Seigneur, que moi qui par ta clémence gouverne le royaume de France, je surpasse en vertu ceux qui me sont soumis.]

« Obsecro te Domine ut malum ocium virtutibus invisum effugiam corporis honesto delecter exercitio et literarorum gaudeam societate virorum. »

[Je te conjure, Seigneur, que je fuye la méchante oisiveté, incompatible avec les vertus; que je me délecte en un honnête exercice du corps, que je me réjouisse dans la société des hommes lettrés.]

« Obsecro te Domine ut inclita parens mea cui sum mandato moriger et obediens diu vivat; uxorem meam in lateribus domus meoe videam foecundam nati que mei ad eam oetatem perveniant qua sint viribus et corporis et mentis reipublicoe auxilium et subsidium proebituri. Mea etiam soror amicissima Margarita mecum laeta vivat diu que in committate corporis perfruatur. »

[Je te conjure, Seigneur, que ma noble mère, à qui je suis soumis et obéissant, vive longtemps. Que je voie dans les murs de ma maison ma femme féconde. Que mes enfants parviennent à cet âge où les forces du corps et de l'esprit leur permettent de rendre aide et secours à la république. Qu'aussi ma sœur très-aimée Marguerite vive heureuse avec moi, et que longtemps elle jouisse de la santé du corps.]

Cette dernière prière n'a pu être faite que pour le roi François Ier, à la fin de l'année 1530 ou au commencement de l'année 1531, puisqu'il demande à Dieu la fécondité de la femme qu'il avait épousée au mois de juillet 1530, et une longue vie pour sa mère qu'il devait perdre le 22 septembre 1531.

En lettres d'or sont inscrits les titres des oraisons qui terminent le livre :

« Comment il se faut preparer pour bien et deuement se confesser.

« Comment le chretien se doit preparer pour dignement recevoir le corps de Notre Seigneur Jésus-Christ.

« Sequuntur orationes ante communionem dicende et post devotissime.

« Alia oratio ante sacram communionem.

« In sumtione corporis domini.

« Quando recepisti.

« Alia oratio post sacram communionem.

« Alia oratio post sacram communionem.

« Alia oratio post sacram communionem.

« Oraison quand on reçoit le sainct sacrement. »

Les derniers mots de cette oraison et du manuscrit sont : « ... le bien inestimable qu'avez dès la constitution du monde préparé à vos bienheureux. »

Nous avons dit que vingt-deux miniatures peintes sur vélin, comprenant trente-sept portraits, faisaient partie du livre même; ces miniatures sont :

1° Le portrait de *Louise de Savoie* (1), veuve de

---

(1) Les noms assignés aux portraits ont été inscrits sur les feuilles de garde qui protégent les peintures; ces inscriptions manuscrites sont d'une écriture du dix-septième siècle; les désignations, exactes pour l'époque qui a précédé de peu et celle qui a suivi le règne de Henri IV, sont quelquefois erronées pour les temps antérieurs. Notre étude a été de rectifier ces erreurs, lorsque nous avons pu trouver des preuves. Nous reproduirons en notes ces inscriptions. La première est : « Louise de Savoye, mère de François premier, qui fut régente en France. »

Charles d'Orléans, comte d'Angoulême, mère de François Ier et de Marguerite ; en 1531, elle était âgée de cinquante-cinq ans, et était dans la dernière année de sa vie.

La seconde miniature réunit les portraits des trois fils de François Ier : 1° *François de France*, dauphin, qui mourut avant son père, en 1536, âgé de dix-neuf ans ; c'est lui qui est représenté de profil, ayant une robe bleue, tenant dans sa main un livre de prières. II° *Henri*, qui, n'étant que duc d'Orléans, avait épousé Catherine de Médicis, qui fut dauphin de France par la mort de son frère, et roi, en 1547, sous le nom de Henri deux. III° *Charles de France*, lequel ne se maria pas et mourut, âgé de vingt-trois ans, deux années avant la mort de son père. Avec les trois fils de François Ier est peint un prince encore enfant, qui, comme eux, est représenté nimbé ; cet enfant est *Louis de Savoye*, prince de Piémont, à qui avait été accordée en mariage, par un traité du 7 avril 1526, Marguerite de France (1), la plus jeune des filles du roi (2).

La troisième miniature réunit les portraits des deux femmes de François Ier, *Claude de France* et *Éléonore d'Autriche*, et des trois filles issues du premier mariage, *Charlotte de France*, qui mourut la même année que sa mère, en 1524, âgée de huit ans ; *Madeleine*, qui fut mariée à Jacques Stuart, roi d'Écosse, et mourut, avant son père, en 1542 ; *Marguerite*, qui épousa Emmanuel-Philibert, duc de Savoye. Le portrait principal

---

(1) Lorsqu'elle fut accordée, elle n'avait pas trois ans. Elle n'épousa pas Louis de Savoie, mais en 1559, âgée de trente-six ans, elle fut mariée au frère de ce prince, Emmanuel Philibert, duc de Savoie.

(2) Sur la feuille de garde de cette miniature, on lit : « Les enfans masles de François premier, scavoir Henri second, le dauphin François, qui mourut à Tournon, et Charles, duc d'Orléans, qui mourut de peste à l'abbaye de Faremoustier pendant le siège de Boulongne par les Anglois, et le portrait de M. le duc de Savoye qui gaigna la bataille de Saint-Quentin. » *Nota*. Ici, il y a erreur : le prince qui gagna la bataille de Saint-Quentin est Emmanuel-Philibert ; celui qui est peint avec les fils du roi est Louis de Savoie, son frère aîné, qui était destiné à être leur beau-frère.

est celui de Claude de France; les deux reines sont représentées les mains jointes, comme pour la prière; les trois filles sont groupées autour de leur mère; nous ne connaissons pas la femme blonde, ayant une coiffe blanche, qui est peinte en arrière d'Éléonore d'Autriche (1).

La quatrième miniature est le portrait de la sœur de François Ier, *Marguerite d'Orléans*, qui, veuve du duc d'Alençon, épousa en secondes noces, l'an 1526, Henri II, roi de Navarre; elle avait, en 1547, cinquante-six ans, lorsque mourut son frère, et ne lui survécut que deux années. Elle est représentée à sa toilette, se regardant dans un miroir à main (2).

Est-il besoin de faire remarquer que les portraits de la première partie du livre ne comprennent que la famille de François Ier? Celui de sa mère est peint sur le verso du titre, et il a dû l'être lorsqu'a été écrit le livre de prières; les autres miniatures, qui sont disposées sur des feuillets du texte, à des intervalles très-inégaux, auront été, du vivant du roi, ajoutées successivement aux endroits où existaient des blancs; d'abord celle où sont réunies ses deux femmes et ses filles; puis celle où sont groupés ses fils; enfin le portrait de sa sœur. L'exécution de ces miniatures doit être comprise entre les années 1531 et 1547. Alors vivait Jean Clouet, peintre du roi, qui mourut presqu'en même temps que son maître, et c'est à lui que nous attribuons cette première série de portraits.

Ceux qui suivent, exécutés par François Clouet, fils de Jean, pour la reine Catherine de Médicis lorsqu'elle a composé son livre de prières, sont rassemblés dans

---

(1) Sur la feuille de garde, on lit : « La royne Claude de France fille de Louis 12 femme de François premier avec la royne Éléonor d'Autriche sa seconde femme et les trois filles du dit roy scavoir Marie qui mourut jeune, Madeleine, reyne   et Marguerite duchesse de Savoye. »

(2) Sur la feuille de garde, on lit : « Marguerite d'Orléans duchesse d'Alençon depuis reyne de Navarre. Sœur du roy François premier.

la seconde partie du manuscrit et sont très-rapprochés les uns des autres ; ils sont disposés symétriquement sur les blancs qui avaient été ménagés en tête ou à la fin des prières. Avant de les désigner, disons qu'entre les deux séries de miniatures a été intercalée une feuille de vélin qui réunit deux portraits de François Ier ; ces deux portraits sont adossés : l'un est peint sur le verso du feuillet, l'autre est appliqué sur le recto. Dans tous deux, le roi est représenté âgé, tel qu'il devait être à la fin de sa vie ; dans tous deux couronné, revêtu des habillements royaux, portant le sceptre et ayant à son côté une harpe, dernier souvenir de cet usage du moyen âge de faire tous les rois semblables au roi David.

Le portrait qui est en tête des psaumes de la pénitence est celui d'un homme âgé ayant sur la tête une couronne ducale, habillé d'une robe rouge avec une pèlerine d'hermine ; il tient à la main un livre de prières. Sur la feuille de garde qui protége la peinture, est inscrit le nom de *René, duc d'Alençon* (mort en 1492 ; il était père de Charles, duc d'Alençon, qui, en 1509, avait épousé Marguerite d'Orléans, sœur de François Ier).

Après ce portrait, nous trouvons successivement ceux de :

François II, premier fils de Henri II et de Catherine de Médicis, peint avec *Marie Stuart*, sa femme [1]; lorsqu'il se maria il n'avait que quinze ans, et mourut n'ayant pas accompli deux années de mariage.

Louis de France, duc d'Orléans [2], deuxième fils de Henri II et de Catherine de Médicis, qui mourut ayant moins de trois ans ; il est peint avec ses deux sœurs, *Victoire* et *Jeanne* de France, jumelles, qui, comme lui,

---

[1] Sur la feuille de garde, on lit : « François second et Marie-Stuart reyne d'Ecosse sa femme.

[2] Sur la feuille de garde, on lit, — mais la première partie de l'inscription est erronée : « Charles-Maximilien de France, second fils de Henry 2 roy de France, et ses deux filles bessonnes qui moururent peu de temps après leur naissance.

ne vécurent pas; la première mourut moins de deux mois, et la seconde aussitôt après sa naissance.

Charles IX, roi de France, troisième fils de Henri II et de Catherine de Médicis, peint avec sa femme *Élisabeth d'Autriche*, qu'il avait épousée en 1571 (1).

Henri, duc d'Anjou (2), qui fut le roi Henri III, quatrième fils d'Henri II et de Catherine de Médicis; comme ses frères, il est représenté vêtu des habillements royaux, et près de lui se voit la harpe des rois; mais sa couronne, qui est une couronne royale, n'est pas celle de France que surmonte une fleur de lys; elle est la couronne des rois de Pologne. Ce portrait, où Henri est peint seul, détermine en quelle année a été composé par la reine-mère son livre de prières. Cette année est 1573. C'est celle où son fils alla prendre possession du trône de Pologne, peu de mois avant la mort de son frère Charles IX, et deux ans avant que lui-même épousât Louise de Lorraine.

Le portrait qui suit est celui de *François de France, duc d'Alençon* (3), cinquième et dernier fils de Henri II et de Catherine de Médicis, qui ne se maria pas. Il fut duc d'Anjou lorsque son frère Henri fut roi de France.

Après les fils se trouvent les filles, d'abord :

Elisabeth de France, peinte avec le roi *Philippe II* (4). Puis :

Marguerite de France, duchesse de Valois, peinte avec *Henri de Bourbon*, roi de Navarre, qu'elle avait épousé le 18 août 1572. Les deux époux étaient de

---

(1) Sur la feuille de garde, on lit : « Le roy Charles 9e et Elisabeth d'Autriche sa femme. »

(2) Sur la feuille de garde, on lit, et cette désignation est erronée : « Charles 9e, roy de France. »

(3) Sur la feuille de garde, on lit, et cette désignation est erronée : « Charles duc d'Alençon premier prince du sang beau-frère du roy François premier qui avait espouzé Marguerite d'Orléans sa sœur. »

(4) Sur la feuille de garde, on lit : « Philippe second roy d'Espagne et Elisabeht de France sa femme qu'on apela en Espagne Elisabeht de la paix. »

même âge, et cette miniature les représente ayant vingt ans (1).

Plus loin :

Claude de France, fille, comme les deux précédentes, de Henri II et de Catherine de Médicis, peinte avec son mari *Charles II* du nom, duc de Lorraine (2). Elle mourut le 20 février 1575.

Après les fils et filles de la reine-mère, nous trouvons ceux de ses petits-enfants qui, en 1573, étaient nés. Il y en a quatre :

Isabelle-Claire-Eugénie (3), née en 1566.

Catherine (4), née en 1567.

L'une et l'autre sont filles d'Élisabeth de France et de Philippe II, roi d'Espagne.

Christine (5), née en 1565, fille de Claude de France et de Charles II° du nom, duc de Lorraine.

Henri (6), né en 1563, frère de Christine.

Nous ne saurions reconnaître le dernier portrait, que l'inscription manuscrite, sur sa feuille de garde, dit être *François, fils de France*, duc d'Anjou et d'Alençon, frère unique du roi Henri III.

A ces miniatures, qui comprennent tous les princes de la famille royale, depuis la mère de François Ier jusqu'aux petits-enfants de Henri II, la reine-mère a

---

(1) Sur la feuille de garde, on lit : « Henri 4° estant roi de Navarre avec la reyne Marguerite de France sa femme fille de Henri second et sœur des roys François second, Charles neuf et Henri 3°. »

(2) Sur la feuille de garde, on lit, et cette inscription est erronée : « Antoine de Bourbon roy de Navarre et Jeanne d'Albret sa femme pere et mere de Henry 4° roy de France et de Navarre. »

(3) Sur la feuille de garde, il n'y a rien d'écrit.

(4) Sur la feuille de garde, on lit : « La fille du roy Charles 9 qui mourut fort jeune au chasteau d'Amboise. »

(5) Sur la feuille de garde, on lit, mais la désignation est erronée : « La duchesse de Lorayne qui estait de la maison de Dannemarck nièce de l'empereur Charles cinquiesme. »

(6) Sur la feuille de garde, on lit : « M. le duc d'Alençon estant jeune frère du roi Henry 3° », mais la même désignation est en regard du dernier portrait, qui ne ressemble en aucune façon à celui-là.

Nous devons à un document, qui nous a été communiqué par M. Paul Meyer, d'avoir pu reconnaître, dans les derniers portraits de ce livre, les petits-enfants de la reine-mère. Ce document est une note manuscrite relative à la commande, faite par la reine, d'un livre à envoyer

ajouté le portrait de son mari et le sien, mais ils occupent deux places distinctes, étant appliqués sur le plat intérieur de la reliure : celui de *Henri II* au commencement du livre, celui de *Catherine de Médicis* à la fin ; l'un et l'autre protégés par un petit volet de maroquin rouge, qui peut s'agrafer à l'aide de crochets ; ces volets sont décorés sur les deux faces des chiffres, six fois répétés, de la reine Catherine et du roi Henri.

Les mêmes chiffres se retrouvent sur l'enveloppe extérieure, répétés trois fois sur le dos du livre, frappés en or sur le maroquin rouge ; puis ils sont reproduits en orfévrerie aux quatre angles de chacun des plats de la couverture, ciselés, découpés à jour, émaillés de noir et de blanc, encadrés dans des coins élégants dont les détails sont un mélange d'or, d'émail vert et d'émail bleu saphir. Deux petits anneaux rattachés à des agrafes et se faisant face indiquent que le livre était porté à la ceinture, pendant à une chaîne ; deux autres agrafes, placées sur l'un des bords, sont les arrachements des fermoirs qui retenaient le livre ; ces fermoirs manquent. Ce qui reste intact, ce sont, sur les plats de la couverture et en occupant le milieu, deux riches motifs d'orfévrerie qui, comme les coins et les agrafes, sont d'or, ciselés, découpés, émaillés par places : ce sont deux mains unies, retenant la lettre S, initiale du mot latin *semper* [toujours], et l'âme de la devise : FIRMUS AMOR IUNCTÆ ADSTRINGUNT QUEM VINCULA DEXTRÆ [Le solide amour est celui que tient serré l'union des mains], est gravée sur les enroulements du ruban qui en encadre le corps.

Le livre de prières du roi François Ier, transformé en livre d'heures, à l'usage de la reine-mère, vers 1573, ainsi que nous l'avons déterminé, devint, en 1589, lorsque Catherine de Médicis cessa de vivre, la propriété de la reine, femme de Henri III, Louise de Lorraine.

à Madame de Savoie ; les portraits que ce livre devait renfermer sont exactement ceux que contenait, dans le principe, le livre de Catherine de Médicis ; or, les derniers noms indiqués sur la liste sont : « Les infantes d'Espagne. — Les fils et filles de Lorayne. — Le prince de Piémont (celui-là étant ajouté à l'intention de sa mère). »

Le portrait de la *reine Louise* (1), que nous trouvons découpé et collé sans aucun raccordement sur l'un des derniers feuillets du manuscrit, y a été placé, nous le pensons, du vivant de la reine-mère, peu de temps après le mariage de Henri III (1575) ; mais nous croyons que les portraits dont suit le détail, tous représentant des ascendants, parents ou alliés de Louise de Lorraine, ont été ajoutés dans le livre lorsqu'il a été en sa possession.

Ces portraits, que nous désignerons (2) par les inscriptions manuscrites placées en regard de chacun d'eux, sont :

« *Madame de Martigues, mère de madame la duchesse de Mercœur.* » Miniature sur vélin, fond bleu, ovale, hauteur 0,047, largeur 0,037.

« *Marie Stuart, reyne d'Escosse et doüairière de France, estant vefve du roy François second.* » Miniature sur vélin, fond bleu, ovale ; hauteur 0,044, largeur 0,033.

Le roi Henri II. Miniature sur vélin, fond bleu, circulaire ; diamètre 0,042. Ce portrait est la reproduction de celui qui est sous le volet placé en tête du livre.

« *La reine Catherine de Médicis, âgée de soixante-huit ans.* » Miniature sur vélin, fond bleu, ovale ; hauteur 0,050, largeur 0,038. (Ce portrait aurait été fait deux ans avant la mort de la reine-mère.)

Puis, sur une même page, trois portraits :

« *Le roi Henry 3e.* » Miniature sur vélin, fond blanc, ovale ; hauteur 0,020, largeur 0,016.

« *Catherine de Médicis* (3) lorsqu'elle était Dauphine

---

(1) Ce portrait, sur fond bleu, est de forme ovale. Hauteur 0,058 ; largeur 0,046. — Sur la feuille de garde, on lit : « La reyne Louise lorsqu'elle fut mariée à Henry 3e roy de France. »

(2) Nous les indiquerons dans l'ordre où ils se rencontrent, en feuilletant le livre de la fin au commencement.

(3) L'inscription manuscrite, qui est au regard de cette miniature, est erronée : elle désigne ce portrait comme étant celui de Louise de Lorraine, femme de Henri III.

de France. » Miniature sur vélin, fond bleu, ovale; hauteur 0,024, largeur 0,028.

« *Claude de France, duchesse de Lorraine, fille de Henry second.* » Miniature sur vélin, fond bleu, ovale; hauteur 0,038, largeur 0,018.

« *Le roy Henry troisième.* » Miniature sur vélin, fond bleu, ovale; hauteur 0,068, largeur 0,043.

« *Philippe-Emmanuel de Lorraine, duc de Mercœur, frère de la reyne Louise.* » Miniature sur vélin, fond bleu, ovale; hauteur 0,038, largeur 0,030.

« *M. le duc de Joyeuse, pair et admiral de France, beau-frère du roy Henry 3e.* » Miniature sur vélin, fond bleu, ovale; hauteur 0,050, largeur 0,040.

« *La mère d'Emmanuel de Lorraine, duc de Mercœur, qui estoit de la maison de Savoye.* » Miniature sur vélin, fond bleu, circulaire; diamètre 0,050. Elle s'appelait Jeanne et était fille de Philippe, duc de Nemours, et de Charlotte d'Orléans-Longueville. Nicolas de Lorraine, père de la reine Louise, l'avait épousée en secondes noces, l'an 1555.

« *La reyne Catherine de Medicis qui avait esté régente de France, habillée en sainte Claire.* » Grande miniature sur vélin, rectangulaire; hauteur 0,083, largeur 0,053. Elle a dans la main droite un reliquaire.

En parcourant le manuscrit, comme nous venons de le faire, de la fin au commencement, lorsqu'on est revenu à la tête du livre, l'on y trouve appliqué sur le recto du titre et adossé au portrait de Louise de Savoie, mère de François Ier, une grande miniature sur vélin, fond bleu, rectangulaire; hauteur 0,070, largeur 0,050. La femme qui y est peinte, richement habillée, est nommée sur la feuille de garde : « *Marie de Luxembourg, bisayeule de Henry 4e, qui avait fait bastir le chasteau de la Fere et celuy de Vendosme.* »

Ce portrait de la grand'mère de Henri IV aura été placé à la tête du livre d'Heures lorsqu'il était en la possession de mademoiselle de Mercœur, Françoise de

Lorraine, qui épousa, en 1609, le fils naturel de Henri IV, César, duc de Vendôme. Mademoiselle de Mercœur était la nièce de la reine Louise et fut son héritière ; sa mère, dont nous avons vu le portrait désigné sous le nom de Madame de Martigues, était, comme la bisaïeule de son mari, de la maison de Luxembourg, et, comme elle, se nommait Marie.

Nous pensons également que Mademoiselle de Mercœur aura placé sur le feuillet de parchemin, qui est en regard de la peinture représentant Marie de Luxembourg, la petite miniature sur vélin, fond bleu, ovale; hauteur 0,036, largeur 0,027, portrait de femme qui n'est désignée par aucune inscription. Nous y reconnaissons la reine *Louise de Lorraine*, veuve de Henri III, à l'âge assez rapproché de sa mort, où elle habitait le château de Chenonceau, qui fit partie de son héritage.

Nous n'avons plus à indiquer dans le livre qu'un seul portrait de femme placé à la fin du manuscrit, de la même manière que celui de la reine Louise l'est au commencement. Sur une feuille de garde qui y est jointe, on lit : « *La reyne Catherine de Médicis estant jeune alors quelle fust mariée à Henry duc d'Orléans qui fut depuis roy de France*; mais ce portrait n'a aucune ressemblance avec la reine Catherine, et le costume est celui qui était de mode à la fin du règne de Henri III.

La possession du livre dans la maison de Mercœur est constatée par l'existence de cinq miniatures, de petites dimensions, de forme ovale, très-finement peintes sur vélin, qui ont été appliquées sur des feuilles de même grandeur que celles dont est composé le manuscrit, mais en sont entièrement détachées. Les noms des personnes dont chacune d'elles est le portrait sont écrits au-dessous du buste, à l'encre rouge et d'une belle écriture. Il suffira de les transcrire :

« *César, Duc de Vandosme Pair et Admiral de France, premier né d'Henry le Grand.* »

« *Françoise de Lorraine, fille unique de Philippe*

Emmanuel, duc de Mercœur, femme de César, duc de Vandosme. »

Puis leur fils :

« *François de Vandosme, duc de Beaufort pair et admiral de France.* »

Et leurs deux petites filles, issues du mariage de leur fille Élisabeth de Vendôme avec Charles-Amédée de Savoie, duc de Nemours, qui fut tué en duel par son beau-frère le duc de Beaufort.

« *Marie-Jeanne-Baptiste de Savoye, duchesse de Savoye,*

Et : « *Marie-Françoise-Élisabeth, reine de Portugal.* »

Ce livre a appartenu à Mme la duchesse de Berry, aujourd'hui vivante, et ayant été mis en vente à Paris, le 22 mars 1864, il a été acquis par M. le Surintendant des Beaux-Arts pour le Musée des Souverains.

66. — Armure du roi François II.

Composée de l'armet, du colletin, de la cuirasse, de la braconnière, des tassettes et des garde-reins, des cuissards, des brassards avec épaulières, cubitières et gantelets.

Ces parties de l'armure réunies mesurent 1^m 40.

Elle est de fer battu, ciselé, entièrement dorée. Toutes les pièces de l'armure sont contournées par des bordures dont l'ornementation est formée d'enlacements ou de rinceaux ; tous les fonds sont quadrillés.

Les seuls motifs caractéristiques de cette ornementation se trouvent sur le haut de la cuirasse : d'abord, le portrait en buste d'un jeune homme coiffé d'une toque, qui n'est pas sans ressemblance avec François II ; puis, au-dessous, la fleur de lys de France, le croissant, qui est l'un des emblèmes de Henri II, la salamandre couronnée, qui est celui de François Ier, grand-père et parrain du jeune prince pour qui l'armure a été faite.

Elle était conservée dans le Garde-Meuble de la couronne, et, avant d'être placée dans le Musée des Souverains, elle a fait partie du Musée d'Artillerie.

67. — Livre de prières de Marie Stuart, reine de France et d'Écosse, femme de François II.

Manuscrit sur vélin, en langue latine, très-orné de peintures exécutées à la fin du XVe siècle.

Hauteur 0,125. — Largeur 0,095.

Sur l'une des feuilles de garde qui sont placées en tête du livre, l'on trouve cette note manuscrite :

« Nous soussigné supérieur vic. général de l'étroite observance de l'ordre de Cluny, certifions que ce présent livre nous a été remis par l'ordre du défunt Dom. Michel Nardin, prêtre religieux profès de notre observance, décédé dans notre collège de Saint-Martial d'Avignon, le 28 mars 1723, âgé d'environ 80 ans, dont il en a passé environ 30 parmi nous et y ayant vécu très-religieusement. Il était Allemand de nation et avait servi longtems avec distinction dans les troupes en qualité d'officier. Il entra à Cluny et y fit profession, très détaché de tous les biens et honneurs de la terre, il ne s'était réservé, avec la permission des supérieurs, que ce livre qu'il savait avoir été à l'usage de *Marie Stuart*, reine d'Angleterre et d'Écosse. Avant de mourir, et se trouvant séparé de ses frères, il a demandé que pour nous être sûrement remis, il nous fût envoyé par la poste, cacheté. Tel que nous l'avons reçu nous avons prié Monseigneur l'abbé Bignon, conseiller d'État et Bibliothécaire du Roy, d'agréer ce précieux monument de la piété d'une Reine d'Angleterre, de la fidélité d'un officier allemand, et de sa religion aussy bien que de la nôtre.

« Frère Gerard Poncet,
« Supérieur, vic. général susdit. »

Et plus bas :

« Nous, Jean-Paul Bignon, bibliothécaire du Roy, sommes bien aises de trouver l'occasion de marquer notre zèle en remettant ledit manuscrit à la bibliothèque de S. M.

« Fait à Paris, le 8 juillet 1724.

« (Signé) J.-P. Bignon. »

Le manuscrit comprend soixante-trois feuillets de texte, dont le recto et le verso sont encadrés dans de larges bordures très-richement enluminées; aux ornements qui les composent sont entremêlées des figures saintes, d'autres profanes, quelques-unes grotesques, des sujets de piété et des scènes de fabliaux, des animaux peints au naturel, d'autres fantastiques, des fleurs, qui sont plus particulièrement des pensées, des aimez-moi, des ancolies et des pervenches, souvent des tiges de fraisier chargées de fruits.

Les miniatures sont placées en tête ou en regard de chacune des prières. Nous les indiquerons simultanément en parcourant de page en page le texte et les peintures.

Folio 1. « Prière à Jésus-Christ. »
Miniature. « La mise au tombeau. »
Folio 14. « Les sept versets de saint Bernard. »
Miniature. « Saint Bernard. »
Folio 17. « L'évangile de la passion. »
Miniature. La flagellation de Jésus-Christ. »
Folio 20. « Prière à la Vierge Marie. »
Miniature. « La Vierge couronnée tenant Jésus. »
Folio 26. « Prière à la Vierge Marie. »
Miniature. « L'apôtre saint Jean. — La Vierge. »
Folio 34. « Oraison à Jésus-Christ ressuscité. »
Miniature. « La résurrection de Jésus-Christ. »
Folio 41. « Oraison à saint Étienne, protomartyr. »
Miniature. « La lapidation de saint Étienne. »

Folio 42. « Oraison à saint Laurent. »
Miniature. « Le martyre de saint Laurent. »

Folio 43. « Oraison à sainte Marie. »
Miniature. « La Mère de Dieu dans sa gloire. »

Folio 45. Oraison à la Vierge Marie. »
Miniature. « La Vierge Marie et Joseph. »

Folio 47. « Oraison à la Mère de Jésus. »
Miniature. « La Vierge, assise dans un jardin, tendant les bras à son enfant, qui fait ses premiers pas, soutenu par deux anges. »

Folio. 49. « Oraison à N. S. Jésus-Christ. »
Miniature. « Le Christ ressuscité. »

Folio 51. « Oraison au seigneur Jésus-Christ. »
Miniature. « Jésus-Christ, assis sur un trône, et bénissant. »

Folio 53. « Prière pour conjurer la colère de Dieu. »
Miniature. « L'ange exterminateur planant au-dessus d'une ville. »

Folio 57. « Prière pour les malades. »
Miniature. « Un moribond dans son lit, Dieu le voyant du haut des cieux ; le Diable s'approche du lit, mais un ange intercède pour le malade. »

Folio. 59. « Oraison à la Reine des Cieux. »
Miniature. « La Vierge. *Mulier amicta sole et luna sub pedibus ejus. (Apoc.)* »

Folio 61. « Oraison à N. S. Jésus-Christ. »
Miniature. « La prière au jardin des Oliviers. »

Le livre a conservé sa première reliure. Une étoffe de soie, de couleur noire, recouvre les deux plats ; elle manque sur le dos ; sur la soie sont posées, comme une croix de saint André, des cordes d'argent doré, qui, à leur intersection, se rattachent à un médaillon circulaire au centre duquel est une pensée émaillée de rouge et de blanc ; les extrémités des cordes portent des glands ayant la forme du chardon d'Écosse et se confondent avec les coins qui protégent les angles de la couverture.

68. — Armure du roi Charles IX.

Composée de l'armet, du colletin, de la cuirasse portant l'arrêt de la lance (les tassettes et les garde-reins font corps avec la cuirasse), de la braconnière, des cuissards, des brassards avec épaulières, cubitières et gantelets.

Ces parties de l'armure réunies mesurent 1^m 150.

Elle est, comme celle du roi François II, de fer battu, ciselée, entièrement dorée. Son ornementation est la répétition de bandes juxta-posées qui, alternativement, sont décorées de fleurs de lys sans nombre et de rinceaux dont le motif uniforme est une tige feuillée et fleurie. Une grande fleur de lys se voit au milieu de la crête qui surmonte le timbre du casque.

L'armure de Charles IX était conservée dans le Garde-Meuble de la couronne, et, avant d'être placée dans le Musée des Souverains, elle a fait partie du Musée d'Artillerie.

69. — Bouclier du roi Charles IX.

Hauteur 0,680. — Largeur 0,490.

Travaillé au repoussé, ciselé, gravé, il est d'or et décoré de trois sortes d'émaux (opaques, translucides, cloisonnés).

Il a été fait pour le roi, et la lettre K, initiale du mot Karolus [Charles], surmontée de la couronne royale de France, est répétée seize fois dans des médaillons de forme ovale, qui, alternant avec un même nombre d'émaux translucides et cloisonnés d'une exécution merveilleuse, et reliés par des branches d'olivier, composent la bordure du bouclier.

La grande composition centrale représente tout un ensemble d'opérations militaires : un combat de cavaliers nus ou armés à la romaine occupe le premier plan ; une rivière sépare la prairie sur laquelle se débat leur lutte acharnée, du camp dont on voit les tentes, et du gros de l'armée, rangée en bataille pour les protéger ; les bouches à feu sont enflammées, les étendards sont déployés, mais ils ne portent aucun signe distinctif ; tout le côté gauche, au second plan, est animé par les épisodes d'un assaut dirigé contre la porte d'une citadelle dont les défenseurs sont groupés sous le drapeau de l'islamisme.

Après avoir remarqué combien cette grande composition a de ressemblance avec celle qui décore le bouclier du roi Henri II, décrit sous le numéro 57, constatons que toute l'ornementation comprise entre le sujet central et la bordure du bouclier est identiquement la même sur l'un et l'autre : la tête de méduse, le masque de vieillard, les captifs assis sur des armes entassées, les groupes de fruits, les armes suspendues, se retrouvent sur l'un et sur l'autre, aux mêmes places et encadrés dans les enlacements compliqués qui sont les mêmes pour tous deux. Il n'est pas douteux que le bouclier d'or de Charles IX sorte du même atelier dans lequel a été fait le bouclier de fer de Henri II, mais les artistes habiles qui ont exécuté cette arme de parade, en se servant des admirables modèles qu'ils possédaient, ont retranché dans les détails de l'ornementation les chiffres de Henri II, les arcs, les croissants qui étaient ses emblèmes, et les ont remplacés par un élégant mélange de ciselures et d'émaux imitant des pierreries.

Sur le revers du magnifique bouclier de Charles IX, se voit une riche étoffe brodée, or sur velours rouge, dont la disposition est un parfait modèle des élégants dessins du seizième siècle.

70. — Casque du roi Charles IX.

Hauteur 0,350. — Largeur 0,370.

Il est, comme le bouclier décrit sous le numéro 69,

travaillé au repoussé, ciselé, gravé et décoré d'émaux, comme lui il est une arme de parade.

Exécuté dans le même atelier, il est orné dans le même système ; l'on trouve sur le casque, comme sur le bouclier, une tête de méduse et un masque de vieillard, des trophées d'armes et des groupes de fruits, un combat de cavalerie et une ville assiégée ; près des tentes d'un camp l'on voit, au premier plan, des chevaux qui se battent et des guerriers qui veulent les séparer.

Les oreillettes du casque sont décorées en parfaite harmonie avec l'ensemble : sur l'une est une figure de Mars assis sur des armes entassées ; sur l'autre une Victoire assise et ayant une palme dans la main.

Le casque et les oreillettes sont garnis d'une étoffe de soie rouge, piquée et brodée.

Le bouclier et le casque de parade de Charles IX, provenant du Trésor de la couronne, font partie de l'ancien fonds des collections du Louvre.

71. — Poignée d'épée ayant appartenu au roi Charles IX.

Longueur 0,190. — Longueur de l'arme entière 1,240.

Le pommeau, les croisillons, la sous-garde et la coquille, sont de fer ciselé, bruni et doré par places ; la fusée, qui est cannelée et ondulée, est composée de l'alternance de zones transversales, en écaille brune et écaille blonde, qui forment comme des rubans cerclés dans des filets d'or. Les mascarons, les têtes d'hommes, de femmes, d'animaux, qui sont ciselés dans le fer sont, comme les ornements qui les relient, conformes au style qui fut en usage après le règne de Henri II. Le chiffre du roi Charles IX est gravé et doré sur les côtés de la sous-garde : ce sont deux C adossés et enlacés, couronnés, et au-dessous un neuf.

La lame, très-effilée et taillée en carrelet, a été fabriquée à Tolède. En réunissant les deux moitiés de l'inscription réparties sur chacun des côtés, on lit : DE PEDRO DE TORO. TOLEDO ; et sur le talon sont frappés deux poinçons, dans l'un est la lettre P, initiale du prénom PEDRO, dans l'autre un T et un O, lettres initiale et finale du mot TORO, qui est le nom de l'armurier tolédain. Cette lame est celle d'une rapière, arme de duel, ne pouvant servir que pour l'estoc, aussi la coquille, qui est mobile, est-elle percée de trous dont la destination est d'arrêter la pointe de l'épée adverse.

Le duc de Brissac, a possédé la poignée de l'épée de Charles IX, et a fait graver sur le pommeau son nom dont les lettres sont dorées.

Cette arme, avant d'être placée dans le Musée des Souverains, était conservée à la Bibliothèque impériale.

72. — Armure du roi Henri III.

Composée de l'armet ; de la cuirasse, dont la partie inférieure, repliée, remplace les tassettes et les gardereins ; de la braconnière ; des cuissards ; des brassards avec épaulières, cubitières et gantelets.

Ces parties de l'armure réunies mesurent 1^m 100.

Elle est, comme celles des rois François II et Charles IX, de fer battu, ciselée, entièrement dorée. Son ornementation est un quadrillé uniforme et serré, recouvrant toutes les surfaces, les différentes pièces de l'armure étant entourées d'une bordure dont le dessin simule une broderie de feuillages.

L'armure de Henri III était conservée dans le Garde-meuble de la Couronne et, avant d'être placée dans le Musée des Souverains ; elle a fait partie du Musée d'Artillerie.

73. — Statuts de l'ordre du Saint-Esprit au droit désir ou du Nœud, institué à Naples, en 1352, par Louis de Tarente,

roi de Jérusalem, de Naples et de Sicile.

Louis de Tarente était arrière petit-fils du roi de France Louis VIII, et c'est pour cette raison que la république de Venise, qui, en 1573, était en possession de ce livre curieux, l'offrit en présent au roi Henri III, revenant de Pologne.

Manuscrit sur vélin in-folio.

Hauteur 0,360. — Largeur 0,260.

Ce manuscrit est de neuf feuillets. Le verso du premier feuillet est entièrement couvert d'une grande peinture. Les huit autres sont sur leur recto et leur verso décorés d'encadrements peints et de très-nombreuses miniatures qui sont engagées dans le texte, chacune d'elles étant l'explication par images du statut qu'elle accompagne. Ces statuts sont en langue française.

La grande peinture qui est comme le frontispice du livre a pour sujet principal la Trinité, dont le Saint-Esprit est l'une des trois personnes. Louis de Tarente est agenouillé et en prière; l'habit blanc brodé d'or dont il est vêtu est celui de l'ordre dont on voit sur son côté les insignes, qui sont un Saint-Esprit accompagné de rayons. La couronne qu'il a sur la tête est celle de prince du sang de France, à quatre fleurs de lys. La bannière que porte le chevalier agenouillé derrière le roi réunit les armes de Tarente (de gueules à la croix d'or, accompagné de quatre besans d'argent, chargés chacun d'une croix de sinople); ces armes sont placées sur le heaume, et le nœud qu'on voit sur l'écharpe blanche est la marque de l'ordre; sur le vol ou ailes adossées, les fleurs de lys sans nombre, sur champ d'azur, avec lambel de gueules à quatre pendants, sont les armes d'Anjou-Sicile, et la croix potencée d'or, cantonnée de quatre croisettes de même, sont celles de Jérusalem. La princesse habillée de rouge, qui est à genoux en regard du roi, est Jeanne, sa femme. ous deux sont désignés par l'inscription placée et en haut et en bas : « Ludoueus dei gratia rex Ierum [Jerusalem] et Sicilie, » et « Ludouicus Rex — doa [domina] Iohanna Regina. » Des anges en adoration sont figurés planant dans les airs, et les mots écrits sur des bandelettes portées par deux anges qui sont posés plus bas, sont : se dieu plea [s'il plaît à Dieu].

Recto du feuillet 2. — ludouicus est le mot qu'on lit au dessous de l'image du Saint-Esprit. C'est le nom du roi de Jérusalem et de Sicile, fondateur et prince de l'ordre, que l'on voit assis sur son trône; la couleur rouge de sa robe était une prérogative de la royauté ; s'il porte une couronne et un sceptre fleurdelysés, c'est comme prince français, et comme souverain d'un royaume chrétien, un globe surmonté d'une croix. Il fait savoir au secrétaire écrivant ses paroles, que, *si Dieu plet*, la première fête de l'Ordre sera faite au château de l'Œuf enchanté du merveilleux péril, le jour de la Pentecôte prochaine. Les armoiries qui sont alternées dans les losanges de la tapisserie sont d'Anjou-Sicile et de Jérusalem.

Verso du feuillet 2. — Louis de Tarente reçoit le serment des chevaliers qu'il a créés; l'un d'eux porte son sceptre, un autre le globe, et le connétable tient des deux mains l'épée royale, comme dans la miniature qui précède. Le portrait en buste de Jeanne de Naples est peint dans un des médaillons de la bordure. On le retrouve au feuillet suivant.

Recto du feuillet 3. — Le roi Louis de Tarente et les chevaliers du Nœud y sont représentés deux fois, pour indiquer les différents costumes qu'ils étaient tenus d'avoir : le camail noir avec un nœud de soie blanche; sans or, ni argent, ni perles, devant être porté chaque vendredi de l'année, en mémoire de la Passion du Christ.

Verso du feuillet 3. — Louis de Tarente, vêtu de l'habit blanc, comme dans la grande miniature qui commence le livre, est ici représenté plus particulièrement, à cause de son épée, le statut que l'on lit près de la peinture expliquant que cette épée doit, de même que celle des autres chevaliers, avoir écrit près du pommeau le nom et le surnom de celui à qui elle est, et, au milieu du pommeau, d'un côté le nœud et la devise SI DIEU PLAIT, de l'autre le timbre de celui à qui est ladite épée.

La peinture placée au dessous serait impossible à comprendre, n'était le texte du statut qui y est joint, prescrivant que les chevaliers de l'ordre doivent jeûner chaque jeudi de l'année ou, s'ils s'en dispensent, doivent donner à manger à trois pauvres, en l'honneur du Père, du Fils et du Saint-Esprit, ou leur donner assez pour qu'ils puissent avoir leur subsistance pour le jour. Or c'est là ce qu'on les voit faire, le roi le leur ordonnant.

Recto du feuillet 4. — Chacun des chevaliers étant tenu de venir tous les ans, le jour de la Pentecôte, au château de l'Œuf, le peintre a représenté des petites troupes séparées venant de différents lieux et par des voies diverses, car on y voit le roi qui voyage sur mer, se dirigeant vers le château dont on distingue la chapelle. Les chevaliers sont introduits dans cette chapelle par un huissier qui en garde la porte. Tous devaient être vêtus de blanc. Arrivés en présence du roi qui tient sa cour plénière, ils se prosternent à ses pieds. L'on remarque debout et près du trône l'aumônier de l'ordre.

Verso du feuillet 4. — Un chevalier armé de toutes pièces est prosterné aux pieds du roi Louis et les tient embrassés ; il a remis à l'aumônier de l'ordre qui le présente au roi le récit de ses aventures guerrières, et le livre sur lequel le roi étend la main est celui dit des événements, dans lequel seront écrites les aventures du guerrier.

Recto du feuillet 5. — Si l'Église de Rome ou si un prince chrétien entreprenait le voyage de Terre Sainte, chacun des chevaliers était tenu d'y être en personne. C'est le départ pour une expédition semblable que l'on voit représenté, au moment du chargement du navire.

Les bannières sont aux armes de l'Église, de l'Empire, de France, d'Angleterre, de Tarente, d'Anjou-Sicile, de Jérusalem, de l'ordre du Saint-Esprit et du Nœud. Plus haut les chevaliers sont vus touchant la terre sur leurs chevaux qui sortent du navire, et au dessus, les mêmes chevaliers du Nœud, à cheval et armés de pied en cap, se dirigent vers les lieux saints, conduits par leur chef, qui tient à la main une masse d'armes et près duquel est portée la bannière d'Anjou-Sicile.

Verso du feuillet 5. — La troupe des chevaliers en campagne est représentée particulièrement à cause des bannières, pour expliquer le passage des statuts où il est dit que, quand ils auront à lever une bannière, elle devra être d'argent ou toute blanche, avec un grand rayon ardent et un Saint-Esprit.

Si un chevalier commettait une action que le Saint-Esprit ne pût souffrir, il était tenu, le jour où, à l'occasion de la Pentecôte, les membres de l'ordre se réunissaient au château de l'OEuf pour dîner, vêtus de blanc, de porter une robe entièrement noire et une inscription en lettres blanches et très-apparentes, dont les termes étaient : « *J'ai espérance au Saint-Esprit de ma grande honte amender.* » C'est un acte de pénitence semblable qui est représenté au bas de ce feuillet, où l'on voit tous les détails du repas et le roi Louis de Tarente, la couronne sur la tête, assis seul à une table et prenant une coupe d'or des mains de son échanson.

Recto du feuillet 6. — Les cinq chevaliers que l'on voit agenouillés, et l'un d'eux embrassant le pied du roi, chef de l'ordre, lui demandent la permission d'entreprendre un voyage, et ce sont les mêmes qui sont représentés dans la même miniature, se retirant après avoir obtenu cette permission.

Si des chevaliers, en voulant achever le droit désir et chercher les aventures, tombaient en pauvreté, ils devaient, le jour de la fête, le faire savoir au prince et à son conseil. C'est ce que font trois chevaliers qui se présentent devant Louis de Tarente ; l'on remarquera que l'un d'eux a un bras en écharpe et qu'un autre ayant une jambe malade est soutenu par son valet. Les trois lits que l'on voit alignés dans des cellules égales, ayant sur leurs couvertures le signe du Nœud, ont pour objet d'indiquer que les trois chevaliers tombés en pauvreté devront demeurer quelque temps au château « *en révérence du Saint-Esprit et honneur de la compagnie.* »

Verso du feuillet 6. — Les deux chevaliers que l'on voit assis et mangeant sous un dais occupent, au repas de la Pentecôte, une place d'honneur à la table appelée la *table désirée*. Elle était ainsi nommée, parce que ceux-là seuls devaient s'y asseoir qui, dans l'année, avaient acquis le droit de dénouer le nœud par des actions d'éclat. (Elles seront indiquées plus loin.) C'est pour cette raison qu'on remarque le nœud délié sur la poitrine de l'un des chevaliers. L'autre est assis à la place la plus honorable et a sur la tête une couronne de laurier, parce qu'étant allé à Jérusalem et ayant offert son nœud au Saint-Sépulcre, il porte depuis ce temps le nœud relié comme les autres chevaliers, mais surmonté par un Saint-Esprit rayonnant.

Recto du feuillet 7. — Le roi Louis de Tarente préside une assemblée de l'ordre à laquelle les statuts donnent le nom de Parlement. Plus bas, il écoute et accueille la supplique d'un chevalier qui demande la permission de porter un autre ordre.

Verso du feuillet 7. — Les trois hommes que l'on voit armés de pied en cap sont des écuyers à qui Louis de Tarente confère avec le cérémonial en usage le grade de chevalier.

Celui qui était en danger de mort devait, avant de mourir, ordonner que son épée fût portée au prince, en quelque endroit qu'il fût. C'est ce que fait le chevalier vêtu de noir représenté dans la miniature inférieure, remettant l'épée du mort et son nœud au chapelain de l'ordre, qui les reçoit sous les yeux du prince.

Recto du feuillet 8. — Le parent du mort, vêtu de

deuil, comme dans la miniature précédente, dépose sur l'autel l'épée et le nœud du chevalier trépassé. La cérémonie a lieu dans la chapelle de l'ordre, en présence du roi et des chevaliers, qui étaient tenus d'y assister lorsqu'ils n'étaient qu'à une journée de distance. Cette cérémonie devait avoir lieu huit jours après la remise de l'épée.

La partie inférieure de la miniature représente ce qu'expliquent les statuts : qu'après le service l'épée du mort sera déposée en la chapelle en un lieu apparent et permanent, et que, dans le délai de trois mois, une tombe sera élevée dans le château (derrière le lieu de l'enchantement du merveilleux péril), avec une inscription désignant l'année de la mort.

Verso du feuillet 8. — La miniature représente une sépulture de très-riche ordonnance; c'est celle d'un chevalier qui a été assez heureux pour renouer le nœud sous un rayon du Saint-Esprit. Or, c'est pour cette cause qu'un Saint-Esprit est placé au-dessus du tombeau, et qu'auprès on lit ces mots : *Il acheva sa partie du droit désir.*

Recto du feuillet 9. — La messe célébrée en présence du roi Louis de Tarente et de quelques chevaliers est l'une des sept messes que chacun des chevaliers était tenu de faire chanter, afin de demander pardon au Saint-Esprit des sept péchés mortels pour l'âme du trépassé.

Le combat qui est peint au bas de la page est l'explication du dernier chapitre des statuts, qui fut ajouté lors de la première fête de la Pentecôte, l'an 1353. Ce chapitre indique et la miniature dépeint par quelles actions un chevalier de l'ordre peut parvenir à délier le nœud : c'est de se trouver en un fait d'armes où le nombre des ennemis serait de cinquante ou plus, attaquer le premier l'ennemi, abattre sa bannière, prendre le capitaine.

Verso du feuillet 9. — Le combat qui termine le manuscrit dépeint une autre action pour laquelle un chevalier de l'ordre peut obtenir de délier le nœud.

C'est de se trouver en un fait d'armes où le nombre des ennemis serait de trois cents ou plus, d'attaquer et de vaincre.

Ce manuscrit était au seizième siècle en la possession de la seigneurie de Venise. Elle en fit présent à Henri III, quand il passa dans cette ville à son retour de Pologne. Il le trouva d'autant plus beau qu'il lui convenait parfaitement, pour avoir été couronné roi de Pologne le jour de la Pentecôte et le même jour en France, aussi bien que le roi Louis, qui reçut ce même jour les deux couronnes de Sicile et de Jérusalem.

Nous empruntons ces détails à l'historien Le Laboureur, qui prétend que Henri III, après l'avoir copié et en avoir commenté les statuts, donna ordre au sieur de Chiverny de le brûler, mais que celui-ci fit conscience de faire périr un si rare monument. Ce livre échut depuis à Philippe Hurault, évêque de Chartres, fils du sieur de Chiverny, et, en 1730, appartenait à René de Longueil, sieur de Maisons. Ce fut alors que Bernard de Montfaucon en obtint une copie du sieur de Sainte-Marthe, conseiller en la Cour des Aides, et c'est sur cette copie qu'il a reproduit dans le tome II des *Monuments de la monarchie française* les miniatures et les statuts de l'ordre du Saint-Esprit au droit désir ou du nœud.

Ce fut dans le temps qu'il appartenait au duc de Lavallière que le manuscrit de l'ordre du Saint-Esprit au droit désir a reçu sa reliure de maroquin rouge avec fers dorés, dont les titres sont : *Statuts de l'ordre du Saint-Esprit*, manuscrit original sur vélin, avec miniatures.

Ce fut alors aussi que fut placé à la suite des neuf feuilles du manuscrit un *Mémoire* (imprimé) *pour servir à l'histoire de France du quatorzième siècle*, contenant les statuts, une notice sur le manuscrit et des remarques historiques sur l'ordre, par M. Lefèvre, prêtre de la doctrine chrétienne. Paris, 1764.

M. le comte de Vieil-Castel a fait exécuter par la chromolithographie, chez M. Engelmann, Paris, 1854, une reproduction en fac-simile du manuscrit conservé dans le Musée des Souverains.

74. — Profession des chevaliers, commandeurs et officiers de l'ordre du Saint-Esprit, signée par le roi Henri III, fondateur et souverain grand-maître.

Manuscrit sur vélin.

Hauteur 0,186. — Largeur 0,150.

Il est composé de quarante-deux feuillets, qui, étant numérotés au recto et au verso, sont compris de 1 à 83 ; la profession de foi, qu'il ne faut pas confondre avec la formule du serment, est écrite en tête du livre ; elle commence par : « Je crois en Dieu, le père tout puissant....., et est terminée par cette déclaration : « C'est la saincte foy catholique dont ie fay profession et que ie croy en vérité et syncérité de coeur et confesse de bouche devant Dieu, ses Anges et toute la cour céleste et devant vous, Monsieur, laquelle ie prometz et jure tenir, faire et observer, moyennant la grâce de Dieu, de point en point, sans iamais y contrevenir directement ny obliquement en aucun article iusques au dernier souspir de ma vie. Ainsi me soit Dieu en ayde et ses sainctes Evangiles. *Amen.* » Immédiatement après ces mots, l'on trouve écrits, de la main du roi Henri III, ceux-ci : « Faict le vinct et huitiesme jour de decembre mil cinq cants soissante et dishuict. (Signé) Henry. »

Sur les feuilles qui suivent, du n° 8 au n° 82, sont apposées, à la date de leur promotion, les signatures des chevaliers, commandeurs et officiers. La première promotion est « du dernier decembre 1578, aux Augustins à Paris, » et le premier nom inscrit est celui de Ludovic de Gonzague (il a signé Lodovico Gonzaga), qui fut le premier reçu chevalier du Saint-Esprit, après que le roi eût été reçu et qu'il eût fait prêter serment aux officiers de l'ordre ; ceux-ci commencèrent leurs fonctions par la réception du duc de Gonzague. Le nom qui vient ensuite est Honorat de Savoye ; puis Artus de Cossé.......; à la page 19, on trouve ces mots : « Faict le dix huictiesme d'octobre mil six cens dix. (Signé) Louis. (1) (Louis XIII.) »

Au haut de la page 24, à la date du 14 mai 1633, « Armand, card. de Richelieu. »

A la page 26, on lit ces mots : « Faict le huictieme de juin mil six cent cinquante quatre. (Signé) Louis. » (Louis XIV.)

La page 49 commence par ces mots : « Faict à Rheims le vint septieme octobre mil sept cent vingt-deux. (Signé) Louis. (Louis XV.)

La page 72 est terminée par la signature de Louis-Stanislas-Xavier (le comte de Provence), qui a été le roi Louis XVIII.

L'on trouve à la page 74 la signature de Charles-Philippe (M. le comte d'Artois), qui a été le roi Charles X. La date de sa réception est le 1er janvier 1771.

La signature du roi Louis XVI n'a pas été apposée sur le livre ; la première promotion de ce prince est seulement indiquée, à la page 75, à la date du 1er janvier 1776.

Puis les promotions se succèdent à Versailles. La page 81 du manuscrit en comprend cinq : 1787, 1788, trois en 1789. La dernière est du 31 mai. Sept signatures y sont inscrites, et au nombre des six sont celles de « Louis-Antoine d'Artois, duc d'Angoulême. L.-P. d'Orléans (qui a été le roi Louis-Philippe), » et « Charles-Ferdinand d'Artois, duc de Berry. » Le dernier nom est le comte de Thiard.

Le feuillet numéroté 82 porte en tête ces mots : « A Versailles, le 31 mai 1789. » La page est blanche.

Le livre des chevaliers du Saint-Esprit était, avant l'institution du Musée des Souverains, conservé à la Bibliothèque du Louvre. La reliure, refaite par Capé,

---

(1). Ce prince ayant été sacré et couronné à Reims le dimanche 17 octobre 1610, reçut le lendemain 18 le collier de l'ordre du Saint-Esprit de la main de François, cardinal et duc de Joyeuse, après avoir prêté le serment de chef et souverain grand-maître de l'ordre.

a été scrupuleusement copiée sur celle qui, existant depuis l'origine du livre, avait été détériorée par un fréquent usage ; elle est ornée sur ses plats des armes de Henri III, qui fut roi de Pologne avant d'être roi de France; des chiffres et emblèmes créés à l'occasion de l'ordre du Saint-Esprit.

Ces chiffres et ornements sont également frappés sur le maroquin rouge qui garnit l'intérieur du livre.

75. — Grand sceau de l'ordre du Saint-Esprit.

Diamètre 0,135.

Il est de cuivre. Sa date est 1579, qui est la première année de l'existence de l'ordre. Le sujet qui y est représenté est la réception d'un chevalier. Le roi, souverain chef et grand-maître, est assis ; devant lui est agenouillé le gentilhomme élu, lequel fait son vœu et serment, la main posée sur l'Évangile que tient et lui présente le chancelier ; le parchemin sur lequel sont écrits les vœux et serments que l'élu doit lire à haute voix, est placé dans les mains du greffier. Le Saint-Esprit plane au-dessus de la tête du roi, l'inondant de ses rayons et de ses flammes. Sur l'exergue sont gravés ces mots :

« HENRI III DE CE NOM ROY DE FRANCE ET DE POL[OGNE] AVTHEUR ET SOVVERAIN DE L'ORD[RE] DES CHEVALIERS [DU S[AINT ESPRIT] †

Le statut XLIV de l'ordre prescrit que le chancelier aura en garde le scel qui sera fait et ordonné pour ledit ordre, duquel il scellera toutes expéditions, provisions et mandements qui seront commandés par le grand-maître.

Et l'article LXVII ordonne que : « chacun des cardinaux, prélats, commandeurs et officiers sera tenu prendre lettres de provision, scellées du grand sceau du dit ordre et signées par le greffier d'icelui, pour lui servir de tesmoignage du jour qu'il aura été associé audit ordre. »

Le grand sceau se scellait de cire verte, pendant à lacs de soie verte et rouge.

76 et 77. — Anges portant des reliques, exécutés au XIV⁰ siècle. Ils ont appartenu au roi Henri III, qui les a donnés à l'autel du Saint-Esprit.

Hauteur 0,390.

Ils sont d'argent doré et travaillés au repoussé; les carnations sont peintes en tons de chairs; ils ne diffèrent entre eux par rien d'essentiel; les reliquaires de cristal de roche qu'ils tiennent dans leurs mains sont semblables pour tous deux; l'un porte un os du bras de saint Luc; l'autre un fragment de la côte de saint Sébastien. Les hermines émaillées sur les extrémités des reliquaires donnent à penser qu'ils ont appartenu aux ducs de Bretagne dont les hermines sont les armes, et à supposer que la duchesse Anne, en épousant Charles VIII, les a transportés du palais de son père dans le trésor des rois de France.

Henri III, en en faisant don à l'autel de l'ordre du Saint-Esprit, a fait appliquer sur la base un écusson, de forme ovale, sur lequel sont gravées ses armes, qui sont : deux écus accolés, le premier, de *France*, le deuxième, de gueules à l'aigle d'argent, couronné, membré et becqué d'or, qui est *Pologne :* parti de gueules à un cavalier armé d'argent, tenant une épée nue en sa main dextre, et en l'autre un écu d'azur à une double croix d'or qu'on nomme patriarcale, le cheval bardé d'argent, houssé d'azur et cloué d'or, qui est *Lithuanie*.

78. — Reliquaire exécuté au XV⁰ siècle, ayant appartenu au roi Henri III, qui

l'a consacré à l'autel de l'ordre du Saint-Esprit.

Hauteur 0,450. — Largeur 0,140.

Il est d'argent doré ; les figures en ronde bosse qui y sont groupées par étages, sont émaillées ; les niches dans lesquelles sept d'entre elles sont assises, simulent l'azur du ciel et des nuages blancs qui s'en détachent. Dieu le Père, occupe le centre ; ses deux mains, que l'on voit relevées à la hauteur de sa poitrine, supportaient les reliques qui étaient renfermées dans un tube de cristal ; d'autres reliques, disposées de même, étaient placées dans les mains et sur les genoux de la Vierge ; Jésus-Christ portant un étendard crucifère et dans la main gauche une perle qui représente le monde, occupe le faîte du petit monument.

Les deux saintes que l'on voit debout, aux côtés et un peu au-dessous de la Vierge Marie, sont : sainte Catherine d'Alexandrie et sainte Marguerite, reine d'Écosse.

Les quatre saints, disposés sur deux étages, à la droite et à la gauche de Dieu le Père, sont désignés par les emblèmes qu'ils portent ; un couteau, une lance, une clef, une épée : saint Barnabé, saint Jude, saint Pierre, saint Paul. Une seule figure reste à nommer ; elle occupe, dans le reliquaire, la position que réservaient les donateurs au patron, sous la protection duquel ils se plaçaient ; la sainte que l'on voit assise ici, au-dessous des pieds de Dieu le Père, ayant un livre dans une main et dans l'autre une petite tour, est sainte Barbe.

Les perles qui décorent le petit monument sont orientales ; les pierres fines montées sur des griffes qui l'enrichissent, sont des rubis et des saphirs.

Henri III, en faisant don de ce reliquaire à l'autel de l'ordre du Saint-Esprit, a fait appliquer sur la base un écusson, de forme ovale, sur lequel sont gravées ses armes, qui sont deux écus accolés : le premier de *France*, le deuxième de *Pologne*, *Lithuanie*.

Ce reliquaire a été dessiné et gravé par Jules Jacquemart pour notre *Recueil des Gemmes et Joyaux de la Couronne* (1).

79. — Paix exécutée au XVIe siècle, et ayant appartenu au roi Henri III, qui l'a donnée à l'autel de l'ordre du Saint-Esprit.

Argent doré et émaillé.

> Hauteur, avec le Christ, 0,370.
> Hauteur du Christ, 0,070.
> Longueur de l'entablement, 0,160.

Ce petit monument, encadrant une peinture religieuse dont le sujet est le Calvaire et orné, dans toutes ses parties, d'images saintes, est l'une des formes acceptées par la liturgie pour l'objet destiné à recevoir le baiser symbolique des chrétiens ; sa disposition générale est celle d'un tabernacle, et l'assimilation n'a pas été sans intention, car le corps du Christ expirant sur la croix occupe, dans le tableau qui est présenté aux baisers des fidèles, la même position que dans le tabernacle l'hostie consacrée, lorsqu'elle y est placée étant renfermée dans le ciboire.

Cette paix est d'argent doré, de travail italien, exécutée au XVIe siècle ; les ornements ciselés, les figures de ronde-bosse qui la décorent, particulièrement la statuette du Christ, qui surmonte le fronton, et les deux petits anges musiciens, qui sont assis sur des voûtes et posés au droit des pilastres, sont empreints du caractère particulier à la sculpture vénitienne.

Elle fut destinée, par le roi Henri III, à l'usage de la chapelle du Saint-Esprit, et les armes du prince, entourées du collier de l'ordre, ont été rapportées sur

---

(1) Paris, 1865. A la Chalcographie des Musées impériaux, au palais du Louvre.

le bouton qui, placé derrière la Paix et en sa partie centrale, sert à la tenir avec la main pour être présentée en avant. Ce sont des grenats qui, taillés à facettes et réunis en petits groupes, sont posés, en alternance avec des peintures sous cristal, sur l'entablement et sur le cadre semi-circulaire qui entoure le tableau du Calvaire ; ils simulent des fleurettes à cinq pétales.

Les peintures émaillées, répandues sur les deux faces du petit monument, sont de natures diverses : la destination du tableau principal, qui doit recevoir le contact des lèvres, a inspiré à l'artiste qui l'a exécuté l'idée parfaitement juste et raisonnée, ayant pris une plaque de cristal de roche, de n'appliquer sa peinture qu'en dessous ; ce qui l'a conduit à employer quelques-uns des procédés constituant ce que depuis on a nommé des fixés. Il a d'abord tracé les traits qui forment les contours, posé les teintes qui modèlent et les rehauts d'or ou d'argent qui dessinent les plis et accusent les lumières ; ce n'est qu'après ce premier travail qu'il a étendu les couleurs qui massent les chairs et les étoffes, celles aussi qui enluminent les terrains et le ciel, en les ménageant de façon à laisser jouer la coloration et l'éclat des paillons, lesquels reposent, comme toute la peinture, sur un fond d'argent.

Ce tableau du Calvaire, dont l'exécution procède à la fois du fixé, de la peinture et de l'émail, est donc un type rare et une exception comme émaillerie sous cristal. Les autres peintures, prodiguées sur toutes les parties du petit monument (le fronton excepté), et qui ont à peu près la même apparence que le tableau du Calvaire, ne sont pas absolument exécutées de même : ce sont des peintures sur argent et paillons, rehaussées d'or, recouvertes d'une plaque de cristal. Tels sont : la *picta*, les têtes de prophètes, de docteurs, les figures d'évangélistes, d'apôtres, représentés à mi-corps ou en leur entier, qui sont distribués sur la base, sur l'entablement, autour du tableau principal ou superposés sur les pilastres.

Véritables émaux, et émaux italiens, sur argent, sont ceux que l'on voit au fronton, dont les sujets sont

Dieu le Père et l'Esprit-Saint, la Vierge Marie, l'ange Gabriel.

De même nature sont ceux qui décorent le très-élégant revers de la Paix : disposés avec goût dans un système d'encadrement qui les détachent d'un fond doré, sur lequel courent des rinceaux gravés en creux et émaillés. Sur la base sont représentés la Nativité et l'Adoration des Mages. Les deux figures placées debout, qui occupent les cadres allongés de l'un et de l'autre côté du bouton, sont l'Espérance et la Charité. Les quatre têtes d'anges représentent les puissances et les dominations. Au centre du fronton est peint saint Georges, patron des cavaliers, combattant le dragon, et c'est le même saint que l'on voit au-dessous subissant le supplice du feu, et plus bas soumis aux tortures de la roue.

Cette Paix, avant d'être consacrée à l'autel du Saint-Esprit, a donc dû être destinée à une chapelle de Saint-George, qui fut le patron de plusieurs ordres militaires, en Autriche, à Gênes, en Aragon.

80. — Calice ayant appartenu au roi Henri III, qui l'a donné à l'autel de l'ordre du Saint-Esprit.

Hauteur 0,330.

La coupe est de cristal de roche ; la monture, comprenant le pied et le couvercle, est d'argent doré ciselé.

La petite figure debout, portant une croix, que l'on voit au faîte du couvercle, représente la Religion ; les six camées, gravés sur agate onyx, qui plus bas sont disposés alternant avec des grenats taillés en cabochons, sont des têtes d'anges. Les quatre camées sur coquilles, placés dans le soubassement du calice, n'ont pas de signification religieuse ; l'un est une tête de femme imitant une antique ; les trois autres sont des bustes d'hommes vêtus à la romaine, et deux d'entre eux ont sur la tête des lauriers.

Ce sont, comme les têtes d'anges, des camées de la seconde moitié du XVIe siècle, et du même temps est le travail d'orfèvrerie, de ciselure et d'émail, qui constitue la monture du calice.

Lorsqu'on lève le couvercle, on trouve sur sa plaque intérieure une cornaline, de forme ovale, gravée en intaille, représentant la Vierge Marie qui porte l'Enfant Jésus. Le travail est du même temps que celui des camées.

81 et 82. — Deux flambeaux ayant appartenu au roi Henri III, qui les a donnés à l'autel de l'ordre du Saint-Esprit.

Hauteur 0,320. — Largeur du pied 0,120.

Ils sont de cristal de roche et les montures sont d'argent doré; ils ont été faits pour accompagner sur l'autel le calice décrit sous le n° 80. Le travail est du même temps, et les pendeloques de perles fines et de grenats qui ornent les deux flambeaux, comme le calice, sont assez caractéristiques pour les rattacher l'un à l'autre.

Henri III, en les donnant à l'autel du Saint-Esprit, a fait appliquer sur le pied la petite plaque portant ses armes, qui sont mi-partie de *France* et de *Pologne-Lithuanie*.

83. — Croix de chapelle ayant appartenu au roi Henri III, qui l'a donnée à l'autel de l'ordre du Saint-Esprit.

Hauteur 0,255. — Largeur du pied 0,160.

Les branches sont de cristal de roche; les montures et le pied sont d'argent ciselé et doré. Le Christ, en ronde-bosse, attaché sur la croix de cristal de roche, est également d'argent doré. Le pied est porté par six lions ciselés en ronde-bosse; sur la partie antérieure, les armes mi-partie de *France* et de *Pologne-Lithuanie*, surmontées de la couronne royale, sont gravées dans un médaillon ovale, et à la place correspondante par derrière, l'on voit un petit émail translucide, sur fond doré, représentant la Vierge agenouillée qui prie sur le corps de son divin fils.

84 et 85. — Deux burettes, données par le roi Henri III à l'autel de l'ordre du Saint-Esprit.

Hauteur 0,170. — Diamètre 0.060.

Elles sont de cristal de roche; les montures sont d'argent doré, ciselées, ornées sur le couvercle, sur le col et sur le pied, d'un émail bleu translucide. L'anse a pour attache une tête de dauphin.

86. — Bénitier portatif, donné par le roi Henri III à l'autel de l'ordre du Saint-Esprit.

Hauteur 0,110. — Diamètre 0,112.

Le corps du bénitier est taillé dans une agate d'Allemagne. Les montures et l'anse sont d'argent doré et très-ornées de ciselures. L'aspersoir, de forme hexagone, surchargé d'arabesques, est terminé par un manche d'agate.

87. — Vase pour porter les hosties, donné par le roi Henri III à la chapelle de l'ordre du Saint-Esprit.

Hauteur 0,230. — Diamètre 0,120.

Il est de cristal de roche, dodécagone; le couvercle,

d'argent doré, est terminé par une boule de cristal de roche. La monture qui encadre la base est d'argent doré.

Ce vase, placé dans les mains d'un évêque qui distribue aux chevaliers du Saint-Esprit la sainte communion, se voit sur l'un des quatre bas-reliefs décorant la masse de l'ordre et représentant la chapelle des Augustins.

88 et 89. — Coupes pour porter les hosties, données par le roi Henri III à la chapelle de l'ordre du Saint-Esprit.

Hauteur, avec le couvercle, 0,245. — Diamètre 0,155.

Elles sont d'argent doré ; les armes du roi, mi-partie de *France* et de *Pologne-Lithuanie*, surmontées de la couronne royale et entourées du grand collier de l'ordre, sont gravées sur la coupe et sur le couvercle que terminent deux anneaux autour desquels s'enroule un serpent.

Ces coupes se voyent dans les mains des officiants qui distribuent la communion aux chevaliers du Saint-Esprit, représentées sur le bas-relief d'argent doré et ciselé décorant l'un des quatre pans de la masse de l'ordre.

90 et 91. — Deux flacons ou burettes, pour le vin et l'eau consacrés, donnés par le roi Henri III à la chapelle de l'ordre du Saint-Esprit.

Hauteur 0,240. — Largeur 0,220.

Ils sont d'argent doré. Sur le couvercle sont gravées les armes du roi, mi-partie de *France* et de *Pologne-Lithuanie*, surmontées de la couronne royale et entourées du grand collier de l'ordre.

Un flacon semblable, placé dans les mains d'un évêque assistant le prêtre qui donne la communion au roi, grand chef de l'ordre, le jour de la fête de la Pentecôte, se voit sur le bas-relief d'argent doré et ciselé décorant l'un des quatre pans de la masse.

92. — Bouteille pour le vin consacré, donnée par le roi Henri III à la chapelle de l'ordre du Saint-Esprit.

Hauteur 0,305. — Largeur 0,190.

Elle est d'argent doré; le bouchon se ferme à vis. La forme est celle qui avait, par tradition, été conservée dans les armoiries du grand bouteiller de France. Les armes du roi, mi-partie de *France* et de *Pologne-Lithuanie*, surmontées de la couronne royale et entourées du grand collier de l'ordre, sont gravées sur les deux côtés de la bouteille.

Elle se voit dans les mains d'un jeune clerc marchant à la suite du prêtre qui distribue la sainte communion aux chevaliers du Saint-Esprit, représentée sur le bas-relief d'argent doré et ciselé décorant l'un des quatre pans de la masse de l'ordre.

93 et 94. — Plats pour les offrandes, donnés par le roi Henri III à la chapelle de l'ordre du Saint-Esprit.

Diamètre 0,458.

Ils sont d'argent doré. Au centre sont gravées les armes du roi, mi-partie de *France* et de *Pologne-Lithuanie*, surmontées de la couronne royale et entourées du grand collier de l'ordre.

Un plat semblable porté, en même temps que la bouteille du vin consacré, par le jeune clerc marchant à la suite du prêtre qui distribue la communion aux chevaliers du Saint-Esprit, se voit sur le bas-relief d'argent doré et ciselé qui décore l'un des quatre pans de la masse de l'ordre.

95. — Encensoir donné par le roi Henri III à la chapelle de l'ordre du Saint-Esprit.

Hauteur 0,250. — Diamètre 0,110.

Il est d'argent doré. La forme est celle d'un petit monument circulaire surmonté d'une coupole, et dont l'entablement repose sur six colonnes d'ordre ionique composé.

Les armes du roi, mi-partie de *France* et de *Pologne-Lithuanie*, avec la couronne royale et le grand collier du Saint-Esprit, sont gravées dans un écusson qui est appliqué sur l'un des compartiments à jour décorant les entrecolonnements. L'encensoir est garni de ses chaînes.

96. — Navette pour l'encens.

Hauteur 0,075. — Longueur 0,170.

Elle est d'argent doré.
Les armes de France sont gravées sur le couvercle.
La spatule pour prendre l'encens est attachée intérieurement à la navette par une chaînette.

RACE CAPÉTIENNE.

BRANCHE DE BOURBON.

HENRI IV. — LOUIS XIII. — LOUIS XIV. — LOUIS XV. — LOUIS XVI. — LOUIS XVIII. — CHARLES X. — LOUIS-PHILIPPE Ier.

---

97. — Livre d'heures ayant appartenu au roi Henri IV.

Manuscrit sur vélin, doré, avec de grandes miniatures.

Hauteur 0,230. — Largeur 0,150.

Il contient quatre-vingt-dix feuillets, comprenant soixante miniatures. Les feuillets sont entièrement dorés, et le texte, écrit avec de l'encre noire, est souligné de rouge. Les encadrements des pages sont ornés avec de l'encre noire, quelquefois des grisailles; les ornements qui les composent sont répétés plusieurs fois; ce sont : un semé de lettres M. simples, doubles, entrecroisées; un chapelet auquel est suspendue une médaille de saint François; les lettres de l'alphabet alignées autour des pages; un semé de cordons; des tourteaux; des M brisées; des gerbes de pensées; des colonnes rompues, autour desquelles s'enroulent des rubans sur lesquels sont plusieurs fois répétés les mots CAR. NON, qui peuvent être l'abréviation de CAROLUS NONUS [Charles neuf], à qui le livre eût appartenu avant d'être en la possession de Henri IV.

Le texte commence par un calendrier. A la suite sont

quatre évangiles, des oraisons à la Vierge Marie, la Passion de Jésus-Christ, les offices et de nombreuses prières adressées aux Saints.

Les miniatures n'ont que de très-petites marges, qui sont noires et marbrées d'or; elles sont toutes peintes en grisaille, comme sont beaucoup d'émaux de Limoges, et sont rehaussées d'or. Elles représentent :

Saint Jean, évangéliste ;
La Vierge Marie et saint Joseph ;
Saint Luc, évangéliste ;
Saint Mathieu, évangéliste ;
Saint Marc, évangéliste ;
Une Pitié, tableau en deux parties ;
L'Adoration des Anges, tableau en deux parties ;
La Prière du Christ au Jardin des Oliviers ;
Le Baiser de Judas ;
Adam et Ève ;
L'Annonciation de l'ange Gabriel ;
La Visitation ;
La Vierge, sainte Élisabeth et saint Joseph ;
L'Adoration des Bergers, tableau en deux parties ;
L'Annonciation aux Bergers, tableau en deux parties ;
L'Adoration des Mages, tableau en deux parties ;
La Présentation au Temple, tableau en deux parties ;
Le Massacre des Innocents ;
La Fuite en Égypte ;
Sainte Cécile, patronne des musiciens ;
Le Couronnement de la Vierge ;
Le Portement de la Croix ;
Le Calvaire ;
Le Saint-Esprit descendant sur les Apôtres, tableau en deux parties ;
David et Bethsabée ;
Urie, époux de Bethsabée, chargé d'une entreprise périlleuse ;
L'Homme riche pendant la vie ;
L'Homme riche après la mort ;
Les Épreuves de Job, tableau en deux parties ;
Le Christ, maître du monde ;

La Trinité;
Sainte Véronique;
Saint Michel archange;
Saint Barthélemy;
Saint Jean, évangéliste;
Saint Simon et saint Jude;
Saint André;
Saint Christophe;
Saint Sébastien, martyr;
Saint Maurice et ses compagnons;
Saint Laurent, martyr;
Saint Nicolas;
Saint Côme et saint Damien;
Saint Claude, confesseur;
Sainte Avie, vierge et martyre;
Sainte Marie-Magdeleine;
Sainte Opportune;
Sainte Barbe;
Sainte Marguerite;
Sainte Marie égyptienne;
Sainte Appoline;
Sainte Geneviève. La patronne de Paris est peinte lisant et se promenant dans la campagne; un cierge qu'elle porte à la main est le sujet d'un conflit qui s'agite près de sa tête, sans que son attention soit détournée de sa lecture : l'on voit en l'air un diablotin qui, armé d'un soufflet, éteint le cierge, et un ange qui, muni d'un allumette, ravive la flamme.

Le manuscrit, si l'on en juge par ses peintures, a été exécuté au XVIe siècle.

La reliure est celle qui nous est déjà connue par le second volume de la Bible de Charles V.

Ces Heures, comme la Bible, ayant appartenu au cardinal Charles de Bourbon, amateur de manuscrits, possesseur de la bibliothèque de Gaillon, dont les livres sont passés dans celle du roi Henri IV.

C'est pour cette raison qu'au-dessous du titre : HEURES. ENLUMIN.[ÉES]. M.[ANUSCRIT], sont posées sur le dos du livre les armes du cardinal, plus bas sa devise déjà indiquée; et que sur les plats de la couverture ont été ajoutées, d'un côté, les armes de France et Navarre, la lettre H, initiale du nom de Henri, couronnée ; de l'autre côté, cette inscription : H. IIII. PATRIS PATRIÆ VIRTVTVM RESTITVTORIS. [Livre de Henri IV, père de la patrie, qui a rétabli les vertus].

98. — Épée du roi Henri IV.

Longueur 1,140.

La lame est de Tolède. On lit sur l'une de ses faces le nom de l'armurier : « BASIL BASTRANIATO », et sur l'autre : « EN TOLEDO ANNO 1514. »

La poignée, de fer bruni, est damasquinée d'or ; elle est ornée de têtes gravées sur coquilles ; ces camées sont incrustés de places en places sur les différents membres de la poignée ; ils représentent quelques-uns des derniers princes de la race carlovingienne, et, presque sans lacunes, la suite des rois de la troisième race, depuis Robert le Fort jusqu'à Henri le Grand.

Sur le devant du pommeau se trouvent :

EUDES I.		CHARLES III, dit le Simple.
	RAOUL I.	
LOUIS IV, dit d'Outremer.		LOTHAIRE I,

Sur l'arrière du pommeau :

LOUIS V, appelé le Fainéant.		HUGUE CAPET.
	ROBERT I.	
HENRI I.		PHILIPPE I.

Sur la partie antérieure de la fusée :

LOUIS VI.		LOUIS VII.
	PHILIPPE II.	
LOUIS VIII.		LOUIS IX, ou saint Louis.

Sur la partie d'arrière de la fusée :

PHILIPPE III.   PHILIPPE IV.
LOUIS X.
PHILIPPE V.   CHARLES IV.

Près du talon de la lame :

JEAN.

Et, à la place correspondante, de l'autre côté :

LOUIS XI.

Aux extrémités des quillons :

CHARLES V.   CHARLES VI.

Et sur les divisions des gardes :

CHARLES VII.   PHILIPPE VI.   CHARLES VIII.

Deux vides où manquent les camées de Louis XII et de François Ier. Puis on trouve :

HENRI II, FRANÇOIS II, CHARLES IX, HENRI III, HENRI IV.

99. — Épée de mariage du roi Henri IV.

Longueur 1,140.

Elle est d'acier bruni et damasquinée d'or ; ornée sur le pommeau, sur la garde et sur la face antérieure de la lame, de médaillons de nacre. Les signes du zodiaque sont gravés dans les douze médaillons, de forme ovale, qui sont incrustés sur la lame : le plus rapproché de la garde est le Bélier, et le nom du mois, MARS, se lit au-dessus. Les autres mois suivent en leur ordre. La lettre initiale du nom de Henri, les fleurs de lys de France, la couronne royale, le collier du Saint-Esprit, les armes réunies de France et de Médicis, le sceptre, un caducée, un flambeau d'hyménée, entremêlés à des trophées, sont damasquinés sur le pommeau, sur la fusée et sur le talon de la lame. Dans les intervalles que laissent entre eux ces ornements, des inscriptions sont tracées, se détachant en or sur acier bruni. On lit sur le pommeau :

> A CET HENRY VAINQUEUR
> LES ASTRES PLUS FIDÈLES
> DEPARTENT LE BONHEUR
> ORDINAIRE AUX MERVEILLES

Sur les gardes :

> LE FER FLAMBOYANT.
> [A CET HENRY VAINQUEUR
> LES ASTRES PLUS FIDÈLES]
> VA L'AER ESTONNANT
> DE CEUX QU'IL ATTERRE
> PAR MER ET PAR TERRE

Et au revers :

PROTECTOR PIORUM. TERROR IMPIORUM. CREDENTIUM CUSTOS. IMPIORUM TERROR [Protecteur des pieux, terreur des impies, gardien des croyants, terreur des impies.]

Sur le talon de la lame, côté d'arrière :

LE ROY HENRI DE BOURBON IIII DE CE NOM PAR LA GRACE DE DIEU ROY DE FRANCE ET DE NAVARRE ET DE MONTMELIAIANT (1) ET MAITRE DE SALUCE LE 13 DE DESEMBRE EPOUSA MARIE DE MEDICI.

Sur le côté antérieur de la lame, dans des cartouches dorés, dont les ornements alternent avec les médaillons de nacre sur lesquels sont gravés les douze signes du zodiaque :

BATAILLE D'IVRY LE MESME JOUR DEFAITE ET MORT DE RENDAN 1590. REDUCTION DE PARIS. 1594.

---

(1) En l'année 1600, et peu avant son mariage, Henri IV, qui était en guerre avec le duc de Savoie, pour la reddition du marquisat de Saluces, avait assiégé et pris la ville de Montmeliant.

RÉCONCILIATION DE SA MAJESTÉ AVEC HENRI III. 1589.
ROUEN LE HAVRE ET AUTRES VILLES RÉDUITES. 1594.

PAIX CONCLUE A VERVINS ENTRE SA MAJESTÉ ET LE ROY D'ESPAIGNE. 1598.

DIJON ET VILLES DE BOURGOGNE RÉDUITES. 1595

PRISE DE SAINCT DENIS EN FRANCE AU GRAND PRÉJUDICE DE LA LIGUE. 1590.

L'AVENEMENT DE SA MAJESTÉ A LA COURONNE. 1589.

JOURNÉE SIGNALÉE D'ARQUES. 1589. AMIENS REPRIS SUR L'ESPAIGNE. 1597.

BATAILLE DE COUTRAS MORT DU SIEUR DE JOIEUSE ET DE SON FRERE. 1587.

PRISE DES FAUXBOURS DE PARIS LE IOUR DE TOUSSAINCTS 1589.

LE ROI RECOIT EN GRACE LE DUC DE MAIENNE 1595

ALENCON. FALAISE. 1594. ORLEANS. BOURGES ET AUTRES VILLES RÉDUITES. 1594.

LE SACRE DU ROY A CHARTRES. LION REDUIT. 1594. TOULOUSE ET LAFERE. 1596.

100. — Armure du roi Henri IV (partie supérieure de l').

Hauteur du casque 0,260. — Hauteur de la cuirasse 0,640.

Elle se compose du casque, du colletin, de la cuirasse, de la braconnière, des épaulières, du brassard gauche. (Les autres pièces de l'armure manquent.)

Elle est de fer battu ; le casque est orné d'une sorte de couronne de fleur de lys dorées. Sur la cuirasse, on voit la trace laissée par une balle.

101. — Jeu de trictrac et damier du roi Henri IV.

Longueur 0,630. — Hauteur 0,520.

Il est de bois de noyer incrusté d'ivoire, le plus souvent gravé et quelquefois teint en vert. Lorsque le jeu de trictrac est ouvert, l'on voit au milieu de chaque compartiment la lettre H, qui est l'initiale du nom de Henri. D'un côté, elle est accompagnée de l'épée et du sceptre royal ; de l'autre, de la massue et de deux caducées, emblèmes d'Hercule et de Mercure, symboles de la Force et signes de la Paix.

N° 73 de la collection Révoil.

102. — Miroir de la reine Marie de Médicis.

Hauteur 0,410. — Largeur 0,285.

Il est de cristal de roche, et ce sont des agates qui, taillées en cabochons et enchâssées dans un réseau d'or émaillé, forment autour de la glace un cadre qui en dessine la forme rectangulaire.

Ce premier cadre est renfermé dans un petit monument dont tous les détails sont composés de matières précieuses : le fronton est de sardoine onyx, les deux colonnes qui le supportent sont de jaspe oriental; la base très-décorée d'émaux découpés en relief, et les piédestaux des colonnes, qui sont en saillie sur cette base dont ils continuent les profils, sont revêtus de plaques de sardoine. Des pierres fines de la plus belle eau brillent aux places les plus apparentes du petit monument : particulièrement trois grandes émeraudes; l'une d'elles, posée au milieu du fronton, est encadrée dans les détails délicats d'une monture d'orfèvrerie que décorent des émaux, qu'enrichissent des diamants et des rubis; les deux autres, placées sur les arrières piédestaux du soubassement, supportent des têtes ou petits bustes, casquées, représentant un guerrier et une amazone : le visage et le col sont taillés dans la gemme ressemblant au grenat, que les joailliers nomment hyacinthe; les casques et la draperie qui entoure la poitrine sont d'or, émaillés, enrichis de diamants. Des émeraudes, de plus petites proportions, serrées l'une contre l'autre, sertissent en les encadrant deux pierres gravées : l'une d'elles, qui s'élève au sommet du petit monument, est une magnifique sardoine onyx, à trois couches, de gravure antique, tête de Victoire : elle est ailée, et une couronne de laurier se voit dans les ondulations de la chevelure; l'autre pierre est une agate onyx, à trois couches, gravée à la fin du XVIe siècle; c'est une tête de femme, vue de profil, drapée, ayant un voile qui descend de la tête sur l'épaule, et portant sur le front le croissant de Diane. Ce sont encore des émeraudes qui, réunies trois à trois, décorent la frise de l'entablement, alternant avec douze petites têtes finement gravées sur pierre dure, au XVIe siècle, et qui sont les portraits des Césars.

Le Miroir de Marie de Médicis est décrit dans l'inventaire des bijoux de la couronne, fait en 1791, et il y est désigné comme ayant été donné à la reine par les États de Venise.

103. — Bougeoir de la reine Marie de Médicis.

Hauteur 0,450. — Largeur 0,240.

Il est entièrement composé et revêtu de sardoines et d'agates, taillées en miroir, en cabochon, en forme de coquille; plusieurs pierres, gravées en relief, sont groupées au centre de la plaque; d'autres sont distribuées de place en place : au-dessus de la coquille est une tête de l'empereur Claude, profil regardant à droite. La pierre gravée la plus grande fait le milieu de l'applique : c'est une sardoine onyx à trois couches, dont le champ est blanc, sur lequel se détachent deux têtes accolées, l'une, de femme, dont les chairs sont de couleur fauve; l'autre, d'un Éthiopien, taillée dans une couche brune et matte. Aux côtés de cette pierre sont placées, deux par deux, les têtes d'Agrippine, de Domitien, d'un jeune romain, d'une Omphale; au-dessus, une Nymphe et l'Amour, agate onyx, à deux couches, et deux femmes, dont l'une joue de la flûte, gravées sur sardoines. Au-dessous de la grande pierre est une tête et demi-buste de femme, presque de face, taillée en relief très-saillant dans une hyacinthe ; et aux côtés de cette hyacinthe sont deux sardoines : sur l'une d'elles sont accolées les têtes d'Omphale et d'Hercule, sur l'autre ont été gravées, pour faire pendant, les têtes de Marie de Médicis et de Henri IV. Plus bas, se voyent deux petits bustes de femmes, une Julie et une Minerve ; près de la bobêche, deux agates onyx : l'une représentant Bacchus et Silène, l'autre Jupiter et Léda. A la pointe inférieure de l'applique est une tête de Méduse. Les seize pierres gravées que nous avons désignées, les sardoines et les agates taillées, dont nous avons parlé, sont entremêlées et juxta posées, formant comme un travail d'assemblage posé sur une plaque dorée, tous les intervalles étant remplis par des tiges, des feuillages et des cosses, en or repoussé et émaillé.

Le Bougeoir de Marie de Médicis est décrit dans l'inventaire des bijoux de la couronne, fait en 1791, et y est désigné comme ayant été donné à la reine, à l'occasion de son mariage, par les états de Venise.

104. — Armure du roi Louis XIII.

Lorsque les pièces sont réunies, elle mesure 1,300.

Elle se compose du casque, du colletin, de la cuirasse, des cuissards (les grèves manquent), des genouillères, des brassards, des épaulières, des cubitières, des gantelets.

Elle est de fer bruni, faite au repoussé, ciselée, gravée, ornée de petites appliques dorées, qui sont placées en lignes ou disposées en rosaces : le plus souvent ce sont de petites fleurs de lys, ailleurs des clous, quelquefois des feuillages et des graines de lierre.

Philippe de Champagne a peint le roi Louis XIII revêtu de cette armure sur une toile que possède le Musée du Louvre.

105. — Hausse-col du roi Louis XIII.

Hauteur de la partie antérieure 0,180.

Il est d'argent bruni et se compose de deux parties.

L'artiste, qui l'a travaillé au repoussé et ciselé, a représenté Louis XIII assis sur le trône. Les quatre parties du monde lui offrent des présents; deux lui donnent de l'or, une autre de l'encens, l'Europe met à ses pieds un globe, symbole de puissance, un cœur en témoignage d'amour. Sur la marche du trône sont inscrits ces mots :

LUDOVICUS XIII SOLUS REGNO IMPERIOQUE TOTIUS ORBIS DIGNUS.

[Louis XIII, seul digne de la royauté et de l'empire du monde entier.]

Sur les côtés sont des renommées qui portent les écussons de France.

Hauteur de la partie d'arrière 0,170.

Louis XIII y est représenté debout, tenant dans la main droite une massue qu'il appuye sur l'épaule d'un homme qui est renversé et qu'il foule aux pieds. Deux génies approchent de la tête du roi des couronnes de laurier, et des Victoires, sous la forme de femmes ailées et couronnées, lui présentent les drapeaux conquis sur la Discorde dont il est victorieux.

Les garnitures des deux parties du hausse-col sont de velours et brodées d'or.

106. — Mousquet du roi Louis XIII.

Longueur 1,280.

Il est à rouet et porte la date de l'année 1613. La marque F. P se voit près de la roue et se retrouve sur la culasse; on lit également sur une banderole, qui fait partie d'ornements damasquinés en or, l'inscription : FAIT AU MONTEL. Des lièvres qui courent sont gravés sur la roue et s'entremêlent à des feuillages. La crosse est ornée d'incrustations d'or, d'argent et d'acier. Les armes de France et Navarre sont gravées sur la plaque de couche.

107. — Mousquet du roi Louis XIII.

Longueur 1,350.

Il est à rouet et a été fait à Dijon : le nom de cette ville est inscrit trois fois sur le canon de l'arme. Trois fleurs de lys et la lettre L, initiale du nom de Louis, répétée trois fois, la même lettre couronnée surmontée des armes de France et Navarre, se trouvent et sur le canon et sur la plaque de couche. La sous-garde est terminée par une tête d'aigle et le chien par une tête de dauphin.

108. — Carabine du roi Louis XIII.

Longueur 1,250.

Elle est à rouet. Le canon est de fer bruni; de son orifice à la culasse se prolonge une cordelette dorée, qui sert de point de mire. Sur la culasse sont gravées les armes de France et Navarre, et une fleur de lys se voit parmi les ornements de la sous-garde.

109. — Mousquet du roi Louis XIII.

Longuenr 1,520.

Il a été fait en l'année 1636, est à un seul canon et à deux coups. Les garnitures sont d'acier et finement gravées ; la culasse est ornée de damasquinures d'or : on y distingue les armes de France que surmonte la couronne royale et qu'entoure le collier du Saint-Esprit, dans lequel la lettre initiale du nom de Louis a remplacé celle de Henri. Cette même lettre se retrouve sur la crosse; une figure de la Justice y est appuyée, et on lit près d'elle cette inscription :

HÆC LODOVICE OCULOS TIBI COECA RELIQUIT.

[Aveugle, elle t'a laissé les yeux].

C'est à la suite qu'est la date 1636.

Des incrustations d'argent et de nacre décorent la crosse, sur laquelle se voit une tête de Bellone, de cuivre doré, en ronde-bosse.

110. — Coffret à bijoux de la reine Anne d'Autriche, femme de Louis XIII.

Longueur 0,450. — Largeur 0,340. — Hauteur 0,220.

Les ornements, travaillés au repoussé et ciselés, sont posés sur une étoffe de soie bleue. Ils sont d'or et exécutés avec une rare finesse.

Ce coffre précieux est décrit, sous le n° 298, dans l'inventaire des bijoux de la couronne fait en 1791.

En 1830, il était placé dans une des chambres de l'appartement du roi, dans le palais des Tuileries, et les membres de la commission chargés de recueillir les œuvres d'art qui avaient un intérêt historique, l'ayant ouvert, ont trouvé à l'intérieur une note d'une ancienne écriture : il y était dit que ce coffret avait appartenu à Anne d'Autriche, ayant été donné à la reine par le cardinal Mazarin.

111. — Livre d'heures du roi Louis XIV.

Manuscrit sur vélin.

Hauteur 0,300. — Largeur 0,210.

Le texte se compose d'un titre, d'une table, d'un calendrier, des prières dont nous transcrirons ici l'entête :

« Exercice pour les prières du matin ;

Méthode courte et facile pour entendre avec fruict la saincte messe ;

Oraison avant la confession ;

Oraison après la confession ;

Oraison avant la communion ;

Oraison après la communion ;

La prière que Salomon fit à Dieu pour lui demander les grâces nécessaires pour bien régner ;

La table des messes des festes principales de l'année. »

Et ces messes à la suite, jusqu'au dernier feuillet numéroté 152.

Toutes les pages contenant les prières, depuis le feuil. t n° 1, sont encadrées dans des ornements peints, le plus souvent sur fond d'or ; des médaillons sont ménagés dans la composition des encadrements ; des sujets saints, peints en couleurs ou en grisaille, occupent presque toujours le médaillon qui est au haut de la page ; des paysages ou des perspectives de monuments décorent ceux qui sont réservés dans le bas. Des fleurs de lys, des emblèmes royaux, sont répartis en plusieurs endroits, et le chiffre de Louis le Grand, surmonté de la couronne de France, termine l'ornementation de la dernière page.

En tête du livre sont placées deux grandes miniatures qui se font face : au milieu de la première est un portrait du roi Louis XIV, peint de toute grandeur, agenouillé, habillé des vêtements royaux, représenté devant un autel. Au centre de la peinture qui est en regard, on lit le titre qui nous a transmis la provenance et la date du livre :

« HEURES DE LOUIS LE GRAND FAITES DANS L'HOSTEL ROYAL DES INVALIDES M. DC. LXXXVIII. »

112. — Armure du roi Louis XIV.

Hauteur 1,670.

Elle se compose d'un pot en tête, casque de siége, garni d'une visière, d'une couvre-nuque et de deux oreillères ; d'une cuirasse, de la braconnière, des tassettes et d'un garde-reins ; des brassards avec épaulières, cubitières et gantelets ; des cuissards et des grèves ; des genouillères et des solerets.

Elle est de fer battu et très-ornée de gravures.

Sur la seconde lame de la braconnière, on lit le nom de l'armurier :

FRANCISCUS GARBAGNAUS (1) BRIXIÆ FECIT, 1668.

Cette année 1668 est celle où fut conclue la paix d'Aix-la-Chapelle, et les événements que glorifient les épisodes militaires gravés sur les diverses parties de l'armure sont les campagnes de Louis XIV et les conquêtes de 1667.

La devise du roi, NEC PLURIBUS IMPAR [Il en vaut plus d'un], ayant pour âme un soleil rayonnant, se voit en avant du casque ; LA DEFAITE DE MARSIN et le SIEGE DE LILLE sont représentés sur les côtés du casque et désignés par des inscriptions.

Le motif principal de l'ornementation de la cuirasse est une très-grande fleur de lys, renfermant dans ses divisions des médaillons dans lesquels sont gravées des actions militaires ou des représentations de villes conquises ; des inscriptions les font connaître : on lit, au-dessus du sujet central, LA PRISE DE LA VILLE DE LILLE EN FLANDRE ; plus haut, DOUAY ; plus bas, ALOST ; sur les côtés, ATH et BINCH, OUDENARDE et COURTRAY.

L'on ne peut se défendre de penser aux quelques lignes de Voltaire, dont la brièveté peint bien la rapidité d'une facile conquête : « Louis entra dans Charleroy comme dans Paris ; Ath, Tournay furent prises en deux jours ; Furnes, Armentières, Courtray, ne tinrent pas davantage. Il descendit dans la tranchée devant Douay, qui se rendit le lendemain. Lille, la plus florissante ville de ces pays, la seule bien fortifiée et qui avait une garnison de six mille hommes, capitula après neuf jours de siége. »

Les villes des Flandres qui ne sont pas figurées sur le plastron de la cuirasse le sont sur la dossière, disposées de même dans les divisions d'une très-grande fleur de lys : TOURNAY, au centre ; FURNES, au-dessus ; CHARLEROY, au-dessous ; sur les côtés, ARMENTIÈRES et BERGUES.

---

(1) Le nom allemand est Garbagnauer.

Les ornements répandus sur toutes les parties de l'armure sont d'un goût particulier au XVIIe siècle, et qu'on retrouve dans les gravures ornant les armes à feu. Le temps était venu où les hommes de guerre renonçaient à s'envelopper de fer. L'usage, toutefois, n'en était pas encore entièrement perdu en 1667, et Voltaire, que j'ai déjà cité, observe que « la délicatesse des officiers ne les empêchait point alors d'aller à la tranchée avec le pot en tête et la cuirasse sur le dos. Le roi, » dit-il, « en donnait l'exemple : il alla ainsi à la tranchée devant Douay et Lille. »

113. — Canon offert au roi Louis XIV par la province de Franche-Comté, après la seconde conquête, en 1674, et son annexion à la France.

Longueur totale 1,240. — Longueur de la pièce 0,750.

Il est de cuivre ciselé et doré.

Le nom du ciseleur se lit gravé près de la culasse : LAURENTIUS BALLARDUS SCULP. 1676. et inv. [Laurent Ballard a inventé et sculpté, 1676.]

L'artiste a placé sur la partie la plus apparente de la pièce la statue du roi XIV, désigné par l'inscription L. XIV ; il est assis et porté par les peuples soumis. Monsieur, frère du roi, qui, avec le fils du grand Condé, avait accompagné Louis XIV au siège de Besançon, se voit plus bas, en buste, dans un cadre ovale que soutiennent des amours ; au-dessus et au-dessous de ce portrait, dans des cartouches que surmontent des figures allégoriques, sont représentés la ville de DOLE, celle de BESANÇON, et les épisodes des actions militaires qui les ont fait tomber au pouvoir de la France. L'acte de soumission au roi vainqueur est proclamé dans les deux vers qui se lisent au-dessus de la statue triomphale de Louis XIV :

INSTRUMENTA NOVI TIBI DANT HÆC ARMA TRIUMPHI
QUO MINUS ÆRIS HABENT, REX MAGNE VICTOR ERIS.

Ils veulent dire qu'après avoir triomphé par la force

des armes, le roi a une autre conquête à faire (c'est celle des cœurs), et qu'il y réussira d'autant mieux qu'il aura moins recours au métal dont sont faits les canons. Les armes de France sont sculptées sur la volée, ayant des anges pour soutiens, et la devise qui les accompagne, NECTUNTUR LILIA PALMIS, réunit en trois mots les lis de la France et les lauriers de la Victoire.

L'affut est de bois de chêne; les ornements qui le décorent sont de cuivre doré : le soleil de Louis XIV y est souvent répété, cantonné de fleurs de lis.

114 et 115. — Gantelets d'un costume militaire du roi Louis XIV.

Longueur 0,400.

Ils sont de cuivre doré et sont doublés, à l'intérieur, d'une soie de couleur violette, avec un galon d'or.

116 et 117. — Étriers ayant appartenu au roi Louis XIV.

Hauteur 0,180. — Largeur 0,110.

Cuivre doré et ciselé.

118 et 119. — Éperons.

Longueur 0,190.

Exécutés à la fin du XVIe siècle, ciselés avec goût, ornés de fleur de lis; ils ont été au nombre des objets qui, dans les cérémonies des funérailles de Louis XIV, étaient exposés comme lui ayant servi.

120. — Couvre-pied du lit du roi Louis XIV.

Ouvrage en dentelle.

Hauteur 2,500. — Largeur 1,850.

M. Eudore Soulié, conservateur du Musée de Versailles, a écrit et inséré dans l'*Union de Seine-et-Oise*, numéro du 27 novembre 1850, une description de ce couvre-pied, que nous reproduisons :

« Au centre, dans un médaillon ovale semé de fleurs de lis, se trouvent les armes de France et de Navarre, au dessous desquelles est une L couronnée. Les écussons, surmontés de la couronne royale et entourés des colliers des ordres de Saint-Michel et du Saint-Esprit, sont accompagnés des deux anges qui servaient de support aux armes des rois de France.

« Au dessous de ces armoiries, le chiffre de Louis XIV et Marie-Thérèse d'Autriche, infante d'Autriche, composé d'un double L, d'un M et d'un T, est surmonté de la couronne royale et entouré de palmes. Ce chiffre est répété dans les quatre milieux du couvre-pieds.

« A gauche, en remontant, sont les écussons de Louis, dauphin de France, fils de Louis XIV, et de la dauphine Marie-Anne-Christine-Victoire de Bavière, mariée en 1680. Ces écussons, surmontés d'une couronne fleurdelisée, sont accompagnés des mêmes supports que les armes de France, et sont répétés au côté opposé, dans le haut du couvre-pieds, à droite.

« A droite, et en pendant des armoiries précédentes, sont les écussons de Philippe, duc d'Orléans, frère du roi, et de sa seconde femme Élisabeth-Charlotte de Bavière, princesse palatine du Rhin, mariée en 1671. Les anges se retrouvent encore comme supports. Ces armoiries sont répétées au côté opposé, dans le haut du couvre-pieds, à gauche.

« Dans le bas, au-dessous du chiffre du roi et de la reine, sont le lion d'Espagne et l'aigle d'Autriche, allusion aux victoires de Louis XIV sur l'Espagne et sur l'empire d'Allemagne.

« A gauche est l'écusson de la reine, composé du lion du royaume de Léon et du château du royaume de Castille ; il est surmonté d'une couronne et accompagné, à gauche, d'une figure de femme portant un calice et représentant la Religion.

« A droite est le chiffre de la dauphine, composé des lettres M. A. C. V. B. ; il est entouré de dauphins, surmonté d'une couronne et accompagné, à gauche, d'une figure de femme tenant des balances et représentant la Justice.

« La même disposition est reproduite dans le haut du dessus du lit, mais il est à remarquer qu'au lieu des armes de la reine, ce sont celles de la première duchesse d'Orléans, Madame Henriette d'Angleterre, morte subitement à Saint-Cloud en 1670.

« Les écussons des angles rappellent les conquêtes de Louis XIV en Hollande, en Flandre, en Lorraine, et la paix de Nimègue qui les suivit. Dans le haut, à gauche, est le lion de la République de Hollande, armé d'un glaive et de trois flèches; dans le bas, du même côté, on reconnaît la croix à double branche de Lorraine accompagnée de quatre croisettes. Dans l'angle du bas, à droite, est le lion des anciens comtes de Flandre ; et, enfin, à l'angle supérieur, du même côté, un emblème deux fois répété représentant des mains qui se serrent, ce qui signifie, en termes héraldiques : Paix et alliance.

« Si ce couvre-pieds, comme tout le fait supposer, a été fait du vivant de la roi Marie-Thérèse, morte en 1683, la présence des armes de la dauphine, mariée en 1680, permet de placer l'exécution de ce tissu vers 1682, c'est-à-dire à l'époque même où Louis XIV fixa sa rédence à Versailles. »

121. — Jeu de la Chouette et cadran, ayant appartenu au roi Louis XIV.

Hauteur 0,470. — Largeur 0,470.

Les tables sont de bois d'ébène ; les inscrustations sont d'ivoire et gravées.

Au centre de chacun des deux jeux sont placées les fleurs de lis de France, surmontées de la couronne royale et entourées des colliers des ordres; aux quatre angles de l'un et de l'autre sont répétés les chiffres de Louis le Grand, et aussi au-dessus de la couronne. L'aiguille du cadran est terminée par une fleur de lis.

Le jeu de la chouette, qui se joue avec des dés, est assez semblable au jeu de l'oie.

On en trouve l'explication dans un traité dont le titre est :

La mayson des jeux académiques, contenant un recueil général de tous les jeux divertissants pour se réjouir et passer le temps agréablement. (Paris, Étienne Loyson, 1668, in-12, dédiée à Monsieur, frère unique du Roy).

LE JEU NOUVEAU DE LA CHOUETTE AUQUEL ON JOUE SUIVANT LES RÈGLES QUI SUIVENT :

« On aura bon nombre de jetons (lesquels à faute
« de monnoye), un d'entre les joueurs distribue aux
« autres, à sçavoir, un certain nombre pour le prix
« que les joueurs s'accorderont ensemble. Auquel prix
« quand tous ensemble ou quelqu'un quitte le jeu, il
« recevra les dits jetons en nombre susdit et rendra
« le prix contenu au prorata des jetons qu'il recevra.
« Au commencement, chacun mettra au jeu autant de
« jetons qu'aux joueurs bon leur semblera. Sembla-
« blement feront-ils quand le jeu sera décidé. Donc-
« ques pour jouer on aura trois dez, et on verra par
« le plus haut jet qui sera le premier. Ce fait, on pour-
« suivra toujours avec le soleil, chacun tenant son
« tour ; et on trouvera le jet des dez de chacun sur le
« papier. L'ayant trouvé on verra la lettre L a dessus
« prise : si c'est un T, c'est-à-dire Tirer, autant de
« jetons du jeu que le nombre mis au costé de la lettre
« montre. Si la lettre est un P, c'est-à-dire Payer,
« autant que le nombre montre ; lesquels jetons on
« mettra au jeu avec les autres. Quand quelqu'un fait
« trois six, il aura jeté la Grande Chouette, là ou se
« trouve écrit Tout, et tirera tous les jetons qui seront
« au jeu, et alors, chacun de rechef mettra des jetons
« au jeu, comme l'on fait au commencement. Mais
« quand quelqu'un jette trois autres pareils, il aura
« jeté une autre chouette dessous lesquels il y a écrit
« la moitié, et tirera la moitié des jetons du jeu. Mais
« en ce cas que les jetons fussent impairs, le restant

« sera pour le jeu, qui jettera ce ou il est écrit RIEN,
« pour cette fois, ne tirera ni ne payera rien. »

122. — Semaine sainte de Marie-Thérèse d'Autriche, femme du roi Louis XIV.

Hauteur 0,196. — Largeur 0,125.

Le titre du livre est : « L'office de la semaine sainte selon le Messel et breviaire Romain ; avec la concordance du Messel et breviaire de Paris. De la traduction de M. de Marolles, abbé de Villeloin. Ensemble l'explication des sacrez mysteres representez par les Ceremonies de cet Ordre. Par Fr. Daniel de Cigongne, de l'ordre de Saint-François.

« A Paris Par la Compagnie des libraires associez au livre de la semaine sainte. M.DC.LXXIII.

« Avec une épître à Monseigneur Molé, garde des sceaux de France. »

Le livre renferme quatre gravures en taille-douce : I° pour la messe du jour des Rameaux ; II° pour l'office du soir du mercredi saint ; III° pour l'office du soir du jeudi saint ; IV° pour le dimanche de la résurrection.

La couverture, de maroquin rouge, est ornée de fers dorés : sur les plats, qui sont semés de fleur de lis alternant avec le chiffre de la reine que surmonte la couronne royale, sont frappées les armes de France et d'Autriche. Le chiffre de la reine, composé des lettres M, T, A, se retrouve, avec la couronne, répété six fois sur le dos du livre.

La Semaine sainte de Marie-Thérèse d'Autriche a été donnée au Musée des Souverains, en 1861, par M. Revillion.

123. — Épée de chevet du roi Louis XV.

Longueur 0,970.

Le pommeau, la fusée, la coquille et la garde, qui composent la poignée, sont taillés dans des pierres dures, dites pierres des amazones, d'une couleur verte très-douce et d'un aspect soyeux ; des ornements, assez semblables à ceux qui ont été en usage pour les riches éventails du xviiie siècle, découpés dans des plaques d'or et ciselés, enveloppent comme un réseau et assemblent toutes les parties de la poignée que nous avons nommées. La lame, triangulaire, est d'acier azuré, avec les arêtes dorées ; elle est semée de fleurs de lis gravées sur des champs d'or et dégradant du talon à la pointe. Le chiffre de Louis XV est ciselé près de la garde, et, sur le côté qui lui est opposé, on lit cette inscription : Burdin. m[d] fourbisseur, à la Clef d'or, pont Saint-Michel, à Paris.

Le fourreau est de galuchat, et ses garnitures sont de même couleur que la poignée de l'épée.

124. — La bataille de Fontenoy, peinte sur émail pour le roi Louis XV, par MARTINIÈRE, 1747.

<small>Hauteur, avec le cadre, 0,250. — Largeur 0,400.</small>

« Les régiments et les escadrons sont disposés en ligne de bataille dans une plaine qui est terminée par des bois et un horizon de coteaux. Les figures sont de très-petite proportion, et les couleurs des uniformes sont indiquées par des teintes générales, ici rouges, là bleues, ailleurs d'un vert pâle. Les drapeaux qui dépassent désignent les différents corps. C'est ainsi que, vers le fond, on reconnaît aux drapeaux blancs l'armée royale appuyée en masse contre le bois, en arrière d'une église qu'entourent quelques maisons. Des batteries de canons et des redoutes sont disposées de place en place ; au premier plan, quelques tentes et des chevaux en liberté dans une prairie.

« Cette peinture est signée, au bas et à droite : Martinière, p. 1748, et le cadre contient, en outre de deux plaques en émail blanc, décorées du chiffre doré de Louis XV, formé par des tiges de lauriers, une troisième plaque, également émaillée de blanc et plus grande, sur laquelle on lit : Vue de la bataille de Fontenoy, dédiée au Roy.

> Ce fut là qu'un bras invisible
> Protégea l'auguste Louis
> Et que ce monarque invincible
> Déconcerta nos ennemis.

« MARTINIÈRE, *pinxit*, 1747. »

N° 560 de la Notice des Émaux du Louvre.

125. — Médaillier du roi Louis XV.

Hauteur 0,940. — Largeur 1,680.

La forme extérieure est celle d'une commode ; la marqueterie est faite de bois assemblés ; les cuivres dorés, dont le meuble est abondamment orné, sont des plus beaux qui aient été exécutés à cette époque : le masque de femme décorant le milieu, les têtes de bélier ciselées sur les pieds, les palmes et les guirlandes distribuées sur les surfaces et les contours du médailler, sont faits de main de maître. La destination du meuble est indiquée par des groupes de médailles qui, suspendues à des chaînes, retombent de places en places, se mêlant aux ornements qu'ils relient.

La tablette est de marbre rouge du Languedoc.

126 et 127. — Meubles complétant le médaillier du roi Louis XV.

Hauteur 0,940. — Profondeur 0,740.

Ils ont la forme d'encoignures.

La marqueterie, les appliques sur fonds bleus, les ornements dorés qui les enrichissent sont en parfait accord avec ceux du corps de meuble principal, quoique les motifs ciselés aient été variés.

Les tablettes sont de marbre rouge du Languedoc.

128. — Livre de prières de la reine Marie Leczinska, femme de Louis XV.

Manuscrit sur vélin.

Hauteur 0,200. — Largeur 0,170.

Le texte, commençant par les mots : PRIÈRES AVANT LA MESSE, et terminé par une peinture en cul de lampe qui renferme le mot FIN, est contenu dans cinquante-trois feuillets numérotés, au recto et au verso, de 1 à 106.

En tête des principales prières sont peintes des miniatures formant des petits tableaux, dont la hauteur moyenne est de 0,040 et la longueur de 0,098. Elles représentent : page 1, Jésus et Marie Madeleine ; p. 4, le Repentir de saint Pierre ; p. 10, la Gloire des Anges ; p. 13, la Vierge Marie et l'Enfant Jésus ; p. 16, le Roi David ; p. 20, Abel offrant un sacrifice à Dieu ; p. 24, le Baptême du Christ ; p. 27, l'Adoration du Saint-Sacrement ; p. 29, l'Enfant sauveur du Monde ; p. 32, le Repas chez Emmaüs ; p. 34, le Calvaire ; p. 36, Jésus-Christ au jardin des Oliviers ; p. 41, le Bon-Pasteur ; p. 44, Jésus-Christ et le Centurion ; p. 48, le Sacrifice de l'Agneau ; p. 51, Jésus-Christ et la Samaritaine ; p. 55, la Pénitence de Marie-Madeleine ; p. 63, Madeleine dans le désert ; p. 68, Dieu apparaissant à Moïse dans un buisson enflammé ; p. 75, l'Extrême-Onction ; p. 78, l'Agneau de la rédemption ; p. 86, l'Enfant présenté au temple ; la Vierge Marie ; p. 97, la Nativité.

Le livre contient en outre deux grandes peintures sur vélin, exécutées et signées par N. Chasteau. L'une, placée avant le folio 1, a pour sujet Jésus-Christ au jardin des Oliviers ; l'autre, qui se trouve à la page 54, représente le Repas de Jésus chez Emmaüs.

En tête des prières sont des titres tracés en lettres dorées et lettres peintes, et les initiales sont de grandes lettres romaines, dorées, renfermées dans un carré dont le champ est peint de couleurs très-vives.

Sur la feuille de garde qui précède le titre, on lit cette inscription : CE LIVRE APARTIENT A LA REINE. 1737. Un papier jauni par le temps, dont l'écriture ancienne est d'une encre altérée, accompagne le livre ; il contient cette note : « Ce précieux manuscrit a été donné à la Reine par le cardinal Fleury, premier ministre, en 1737. En 1768, la Reine le donna à Madame Sophie, sa fille, à cause de sa grande piété ; à la mort de Madame Sophie, il resta en possession de son valet de chambre et son bibliothécaire le sieur Chatelin. Acquis par moi Gaspard Roubaty, amateur des beaux-arts, ancien cent-suisse de la garde ordinaire de Louis 15 et 16. »

La couverture est de maroquin chagriné, de couleur grenat, et est encadrée dans des filets d'argent doré auxquels s'attachent deux petits fermoirs.

Ce manuscrit a appartenu à Mme la duchesse de Berry, aujourd'hui vivante, et a été acquis par l'administration des Musées, le 22 mars 1864.

129. — Petit fusil du dauphin, père du roi Louis XVI.

Longueur 1,000.

Il a été fait à Paris par l'armurier Bouillet. Les armes de France et la couronne de dauphin se voyent sur la crosse.

Il fait partie de l'ancien fonds du Musée.

130. — Couronne du sacre du roi Louis XVI.

Hauteur 0,240. — Diamètre 0,190.

Toutes les pierres sont fausses, mais elles imitent les pierreries de la couronne.

La monture, d'argent ciselé, est l'œuvre de Bapst, qui, en 1775, était joaillier du roi.

La disposition qu'il a adoptée diffère peu de celle qu'en 1722 Rondet, joaillier du roi Louis XV, avait imaginée ou imitée. La couronne de Louis XV a été décrite par l'avocat Barbier. « J'ai vu ces jours-ci, »

dit-il, « la couronne que l'on a faite pour le sacre ;
« c'est la chose la plus brillante et l'ouvrage le plus
« parfait que l'on puisse imaginer. Elle a huit bran-
« ches, dont le bas forme une fleur de lis de diamants,
« et au sommet est une grande fleur de lis en l'air et
« isolée. Le diamant appelé Sanci, qui était le plus
« beau du temps de Louis XIV, fait le haut de la fleur,
« et il y a quatre autres gros diamants qui font les
« feuilles ; cela est monté en perfection. Le diamant
« que Mgr le Régent a acheté pour le roi est placé au
« milieu du front. Il est surprenant pour le volume,
« et certainement plus gros qu'un œuf de pigeon. Il
« vaut trois millions ; aussi le nomme-t-on le million-
« naire. »

Dans la couronne de Louis XVI, c'est encore le Sanci dont nous retrouvons ici l'imitation, c'est le Régent dont nous voyons le fac-simile placé dans l'endroit qui surmontait le front, au bas d'une fleur de lis, au-dessus d'un très gros rubis.

La calotte, qui épousait la forme de la tête, a conservé son ancienne étoffe, qui est un satin rouge brodé d'or.

La couronne de Louis XVI, avant l'institution du Musée des Souverains, était conservée par le garde-meuble et placée dans le palais de Trianon.

131 et 132. — Épée du roi Louis XVI (Lame et fourreau de l').

Longueur de la lame 0,960.
Longueur du fourreau 0,820.

La poignée manque.

La lame, triangulaire, a la forme dite carrelet ; elle est d'acier, azurée, semée de fleurs de lis qui sont gravées sur des champs d'or ; les armes de France, surmontées de la couronne royale, se détachant en ton d'or sur l'azur du fond, sont répétées deux fois ; près du talon, et sur la partie la plus rapprochée de la soie, on lit le nom de l'armurier : Devismes, gendre et successeur du sieur Renard, m^d fourbisseur de la maison du roy. Pont Saint-Michel, au Cœur, à Paris.

Le fourreau, couvert de galuchat, est garni de deux bélières et d'une pointe ; ces garnitures, d'argent doré, sont enrichies sur les bords de lignes de diamants taillés en roses ; ce sont également, sur les deux côtés de la bélière supérieure, des roses qui composent les trois fleurs de lis posées sur des champs d'émail bleu, la couronne qui surmonte chacun de ces écussons, de même que les branches de chêne et d'olivier qui les entourent. Des pierres semblables sont disposées en fleurons sur les deux faces de la bélière du milieu, et sont montées en fleur de lis, groupées trois par trois, sur chaque côté de la pointe.

133. — Cordon bleu, de l'ordre du Saint-Esprit, qui a été porté par le roi Louis XVI.

Longueur 1,350. — Largeur 0,100.

Il est de soie moirée. L'usage était de le porter en sautoir, avec une croix de l'ordre, faite en la forme de celle de Malte, toute d'or, émaillée de blanc par les bords et le milieu sans émail.

Sur un papier jauni par le temps, qui enveloppait le cordon, on lit ces mots : « M. Descoings ancien officier de la maison civile du roi atteste que ce cordon a été porté par le vertueux et infortuné Louis XVI. »

Ce cordon a été remis à M. le Directeur général des Musées conformément à une décision de l'Empereur, notifiée par M. le Maréchal, Ministre de la Maison de S. M., à la date du 17 juin 1863.

134. — Dizain du roi Louis XVI.

Longueur 0,200.

Le dizain est un petit chapelet composé de dix boules.

Celui dont se servait le roi Louis XVI, comme grand-maître de l'ordre du Saint-Esprit, est montée en soie bleue; les boules sont d'ivoire, et à une boule plus forte est attachée une croix, ayant la forme de celle de Malte, d'ivoire, avec une image sculptée du Saint-Esprit.

Le dizain du roi Louis XVI fait partie de l'ancien fonds des collections du Louvre.

135. — Vilebrequin dont s'est servi le roi Louis XVI.

Longueur 0,340.

Il est de fer poli.

M. Boucher de Perthes, qui l'a offert pour le Musée des Souverains, a joint à son don cette note :

« Ce vilebrequin, qui a été doré, a été pris, à la mort de Louis XVI, dans son atelier de serrurerie. Il a été, assure-t-on, forgé, tourné et poli par le roi... Cet instrument, donné en 1796 par celui qui l'avait recueilli à feu mon père, a depuis lors été conservé dans ma famille. » (Archives du Musée.)

136. — Étau de serrurier dont s'est servi le roi Louis XVI.

Longueur 0,290. — Hauteur 0,176.

Il est de fer forgé et ciselé.

M. Eugène Isabey, qui l'a offert au Musée des Souverains en juillet 1852, a joint à son don une lettre dont nous transcrivons ici un extrait :

« J'ai l'honneur de vous envoyer, pour augmenter cette rare collection, l'étau authentique dont se servait le roi Louis XVI.

« Mon plus vif désir est que tous les hommes qui aiment leur pays s'empressent de suivre mon exemple, afin d'enrichir une collection qui sera unique dans le monde, et qui honorera l'homme qui en a eu la pensée. » (Archives du Musée.)

137. — Boîte (petite) travaillée au tour par le roi Louis XVI.

Diamètre 0,050.

Elle est de palissandre; un bouton d'ivoire est adapté au couvercle.

M. Elie Petit, qui en a fait don pour le Musée des Souverains, a joint à son offre une lettre, en date de février 1852, dont nous extrayons ce passage :

..... « Cette petite boîte n'a pas seulement appartenu à l'infortuné Louis XVI, mais encore a été tournée de ses mains.

....

« La question d'authenticité de cette origine sera sans doute élevée. Elle ne repose que sur une tradition, mais cette tradition est trop récente pour avoir été la moins du monde dénaturée.

« Après le 10 août, le cabinet de Louis XVI a été vendu. Le sieur Maëlrondt, marchand de curiosités fameux sous l'Empire, s'en est rendu acquéreur. La boîte que j'ai l'honneur de vous offrir en faisait partie. M. Maëlrondt étant décédé, sa veuve l'a donnée à mon père, chez qui je l'ai vue dès ma tendre enfance.

« La vénération avec laquelle mon père m'en a toujours parlé m'a inspiré pour cette boîte, qui se rattache si intimement à la mémoire de Louis XVI, un respect religieux qui ne s'est point affaibli, et dont je crois donner une preuve nouvelle en vous l'offrant pour cette noble et patriotique destination..... » (Archives du Musée.)

138. — Sculpture en bois exécutée pour le roi Louis XVI, par A.-J. Parent, 1777.

Hauteur 0,560. — Largeur 0,790.

La disposition est celle d'un tableau.

Le motif principal est une corbeille remplie de fleurs : roses, lilas, pavots, tulipes, anémones, jasmins, et beaucoup d'autres, groupées avec art, sculptées avec une extrême finesse ; la corbeille est posée sur un socle dont le champ fleurdelisé supporte une médaille représentant en buste, et de profil, le roi Louis XVI, désigné par les mots : LUD. XVI. REX. CHR. [Louis XVI, roi très-chrétien]. Deux cornes d'abondance accompagnent le médaillon, qui est surmonté par la couronne royale.

Sur le fond, à gauche, se voit, comme dans l'éloignement, une pyramide, base solide sur laquelle fleurit une tige de lis ; un bas-relief est sculpté sur une des faces de la pyramide, représentant un roi couronné par un archevêque ; il est expliqué par l'inscription qui se lit sur la face latérale :

DU REGNE DE LOUIS XVI SACRÉ A REIMS LE XI JUIN 1775.

L'année où a été fait ce petit monument est la seconde du règne, comme le précise la signature inscrite sur la base fleurdelisée dont nous avons déjà parlé : A. J. PARENT. F. 1777.

Un nid dans lequel est une couvée d'oiseau ; la mère qui s'en approche pour leur donner la béquée, le père qui plane au-dessus d'eux pour veiller et les protéger, symbolisent l'affection paternelle des rois pour leurs sujets ; et, du côté opposé, un canon, un drapeau, une forteresse, des armes suspendues au tronc d'un chêne indiquent comment, parmi les hommes, s'exerce la protection royale.

Sur le cadre doré, qui est orné d'oves, on lit une inscription, qui est sculptée en relief sur le bois, composée d'autant de vers qu'il y a de côtés ; une fleur de lis, posée aux angles, les séparant :

GRAND ROI DE VOS SUJETS ET L'AMOUR ET LE PÈRE

QUE LE FRANCOIS ADORE ET LA FRANCE REVERE

QUAND J'ERIGE UN TROPHÉE AUX PLUS RARES VERTUS

MON ART TRACE LOUIS ET RAPPELE TITUS.

(Palais de Trianon.)

139. — Secrétaire du roi Louis XVI.

<small>Hauteur 1,480. — Longueur 2,460.</small>

Il a été offert au roi par les États de Bourgogne. Le médaillon de Louis XVI, autour duquel on lit :

<small>LUDOVICO XVI. FR. ET NAVA. REGI OPTIMO. Duvivier.</small>

[A Louis XVI, très-excellent roi de France et de Navarre], est placé, au milieu du cylindre du meuble, sur le panneau du milieu. Les mots COMITIA BURGUNDIÆ [États de Bourgogne] en déterminent l'origine.

Il était, avant l'institution du Musée des Souverains, conservé par le Garde-Meuble de la Couronne, et était placé dans le palais de Trianon.

140. — Selle et harnachement du cheval du roi Louis XVI.

Ils ont été faits pour les cérémonies du sacre.
La couronne royale est brodée en or sur la croupière.
Ils étaient conservés dans le palais de Trianon.

141. — Éventail de la reine Marie-Antoinette.

<small>Longueur 0,260.</small>

Les branches sont d'ivoire sculpté ; sur l'une d'elles a été représentée la reine en costume de cour ; sur l'autre, on voit le roi Louis XVI ; plus bas, dans un médaillon, la tête de Henri IV, et celle de Louis XV, qui est du côté opposé. Lorsque les branches sont ouvertes, l'on retrouve sur la monture le roi Louis XVI assistant à un conseil.

La feuille peinte de l'éventail a été remplacée par un papier blanc.

Il a été acquis avec la collection Révoil, dont il faisait partie.

142. — Coffret offert par la ville de Paris à la reine Marie-Antoinette, à l'occasion de la naissance du Dauphin.

Hauteur 0,480. — Largeur 0,690.

Il est, à l'extérieur comme à l'intérieur, entièrement garni de taffetas blanc sur lequel sont peints des allégories, des sujets mythologiques, des bergeries et des scènes populaires.

Toutes les peintures font allusion à la naissance d'un prince et au bonheur de la nation.

Sur la partie plane du couvercle se trouve le sujet principal : l'enfant nouveau-né est présenté à la France par les Grâces ; Minerve, assise sur un nuage, a présidé à la naissance, que Mercure, porteur d'une lettre, va faire connaître à l'univers. La Renommée, appuyée sur l'écusson du Dauphin, que protége le Temps, proclame LE DÉSIR DE LA FRANCE, inscrit sur une banderole qui s'échappe de sa trompette. Neptune ordonne à ses Génies de répandre au loin l'heureuse nouvelle ; sur la terre, dans l'air et sur les eaux, les Amours se réjouissent, cueillent et assemblent des fleurs, étendent des guirlandes, tressent des lauriers, portent des fruits ; et les Génies de l'Hymen réunissent leurs flambeaux allumés sur l'écusson de France et Autriche.

Plus bas, sur la partie antérieure du couvercle, ce sont les chiffres de Louis et Marie-Antoinette, qui sont couronnés par les Amours.

Au-dessous, sur le corps du coffre, une réunion d'hommes, de femmes et d'enfants, les uns debout, les autres assis, tous parlant de la naissance du prince ; près d'eux, des musiciens, un arbre de mai autour duquel on danse. C'est un tableau d'une réjouissance publique.

Des épisodes de scènes semblables sont peints sur tous les autres côtés du coffre et se retrouvent à l'intérieur, qui, en outre, est garni sur toutes ses divisions de légères guirlandes composées de fleurs artificielles.

Le coffret de la reine Marie-Antoinette a été

donné au Musée des Souverains par l'empereur Napoléon III.

143. — Soulier de la reine Marie-Antoinette.

Longueur 0,230.

L'étoffe est de soie noire. Le talon, qui est élevé, est piqué de blanc. M. Salvador, dit Chéri, en offrant le soulier de la reine pour le Musée des Souverains, en 1853, a joint à son don cette lettre :

« .....Je me permets de vous offrir un soulier de l'infortunée Marie-Antoinette. Cet objet a été recueilli, le 10 août 1792, dans la chambre de la reine, par le capitaine Dorville, lequel l'a offert à ma mère le jour même; depuis cette époque, il a été religieusement conservé dans ma famille. » (Archives du Musée.)

144. — Armoire à bijoux de la reine Marie-Antoinette.

Hauteur 2,650. — Largeur 2,000.

Il est de bois d'acajou et très-richement orné de peintures et de cuivres dorés.

Les trois figures en ronde-bosse qui sont groupées et placées sur le faîte du meuble représentent la Sagesse, la Prudence, l'Abondance.

Les quatre statues qui, debout, soutiennent comme des cariatides la corniche, sont le Printemps, l'Été, l'Automne, l'Hiver; des allégories qui se rapportent aux différentes saisons de l'année se voient dans les peintures au fixé qui décorent les panneaux de l'armoire; et, par le même rapprochement, sont expliqués les camaïeux en grisaille qui sont appliqués autour de la table : le sujet de l'un est le Triomphe de Bacchus; celui de l'autre est un sacrifice à Cérès et l'Enlèvement de Proserpine; sur la grande frise du milieu sont peintes les Muses, présentées à la France par la Renommée. L'artiste qui a exécuté ces grisailles se nommait de Gault et a signé son œuvre, qu'il a datée de 1787.

Afin de rappeler que l'architecture, la sculpture et la peinture ont concouru pour offrir à la reine un chef-d'œuvre, qui en effet justifie sa prétention par la parfaite exécution des bronzes, un grand médaillon de cuivre doré a été placé au centre du meuble : l'on y voit, sculptées en bas-reliefs, trois femmes représentant les trois arts du dessin protégés par la Renommée, sous les regards du Génie de la France, qui tient dans ses mains trois couronnes.

Le meuble de Marie-Antoinette était, en juillet 1830, placé dans l'appartement de sa fille, madame la duchesse d'Angoulême. Les fractures dont il porte les traces ont été pratiquées à cette date.

145. — Chaise ayant appartenu à la reine Marie-Antoinette.

Hauteur 0,900. — Largeur 0,490.

Elle est de bois d'acajou et a été faite dans les ateliers de G. Jacob, dont elle porte la marque. Elle était placée dans la salle de la baignoire, à Versailles.

Elle a été donnée au Musée des Souverains par M. le comte d'Armaillé.

146. — Table géographique faite, par ordre du roi Louis XVI, pour l'éducation du Dauphin.

Diamètre 1,170. — Hauteur 0,850.

Elle est composée en son entier de stucs imitant des marbres d'Italie.

Les motifs qui l'ont fait exécuter et les indications jugées nécessaires pour en faire usage sont indiqués par une inscription qui se lit sur un cartel placé près des Terres Australes Antarctiques. Voici cette inscription :

« Cette carte est pour abréger l'étude des deux hémisphères terrestre et aquatique. »

Pour connaître cette carte générale de la terre par deux hémisphères tracés l'un sur l'autre, premièrement l'hémisphère oriental, qui est écrit en lettres noires, remplit tout le cercle des degrés qui fait le tour de cette table.

Les parties blanches représentant les mers, les lacs et les rivières.

La grande partie grise comprend l'Afrique, l'Europe et l'Asie, et les taches grises parsemées sur les parties blanches représentent les îles. L'Europe est séparée de l'Asie par deux lignes pointées qui se touchent, une noire et une jaune, de la mer Glaciale jusqu'à la mer Noire, et de suite détachée du reste de l'Asie et de toute l'Afrique par la mer Noire et la Méditerranée. L'eau et la terre sont séparées par deux lignes qui se touchent : une ligne verte du côté de la terre, qui borde tous les grands et petits continents, et une ligne jaune, qui marque le côté de l'eau et qui fait le même contour des mers, des lacs, des rivières et des îles.

L'hémisphère occidental, écrit en rouge, tracé sur l'hémisphère oriental, se reconnaît facilement par deux lignes qui se touchent, une noire et une rouge ; la ligne noire marque le côté de la terre.

C'est par cette remarque que tous les espaces qui se trouvent entre deux lignes noires ce sont les terres des continents ou des îles.

La ligne rouge qui suit la ligne noire marque le côté de l'eau, des mers, des lacs et des rivières.

Tant sur les parties grises que sur les parties blanches de l'hémisphère oriental.

147. — Épée du Dauphin, fils de Louis XVI.

Longueur 0,670.

La lame d'acier a la forme dite carrelet. Le pommeau et la fusée sont en agate d'Allemagne ; la garde, d'argent doré, est enrichie d'émeraudes et de diamants.

Les mêmes pierres se retrouvent sur les garnitures du fourreau.

Elle était conservée au Musée d'Artillerie.

148. — Petit canon ayant servi de jouet au Dauphin, fils de Louis XVI.

Longueur, avec l'attelage, 0,290.

Les trois fleurs de lis et la couronne de France, un chiffre composé de la répétition de la lettre L, sont ciselés sur le canon, qui est d'or.

Le train, taillé dans du bois, est garni d'acier. Les deux chevaux sont en ivoire, et le harnais d'or est orné de grenats et de turquoises.

Le jouet du Dauphin était conservé dans le palais de Trianon.

149. — Petit canon ayant servi de jouet au Dauphin, fils de Louis XVI.

Longueur 0,120.

Il est de cuivre doré et les roues sont d'acier.

Il a été donné au Musée des Souverains par M. Mirauld.

150. — Coffret, peint à Sèvres, ayant appartenu au roi Louis XVIII.

Hauteur 0,230. — Longueur 0,380.

Une peinture en camaïeu, ayant l'aspect d'un grand camée d'agate, décore le couvercle ; des champs de couleur rouge, rehaussés d'ornements dorés, l'encadrent et en font valoir les nuances douces ; la même disposition est reproduite sur toutes les parois du coffret, et les chiffres de Louis le Désiré sont plusieurs fois répétés sur le bord supérieur.

Le sujet de la grande peinture est la découverte du kaolin : c'est la province de Limoges qui présente à la France la terre précieuse dont l'apparition a transformé la fabrication des porcelaines.

Le coffret, fait à Sèvres pour le roi Louis XVIII, était destiné à contenir les produits délicats d'un art que la porcelaine s'est appliqué à imiter : il renferme encore les compartiments à plusieurs étages, dans lesquels étaient disposée la collection des portraits sur émail connus sous le nom d'émaux de Petitot, qui avait été formée par le roi.

Ces portraits sont exposés au Louvre, dans une des salles consacrées aux dessins des maîtres.

151. — Bureau du roi Louis XVIII.

Hauteur 0,800. — Longueur 1,460.

Il est de bois de merisier et le dessus de la table est couvert d'un drap vert. Un portrait du roi, dans son cabinet aux Tuileries, peint par Gérard, le représente assis auprès de cette table. C'est celle en effet qu'il y avait fait placer après s'en être servi, pendant son exil, à Mittau, en Russie, et en Angleterre, à Hartwell. Au pied droit de la table est un petit cercle en fer dont l'usage était de recevoir la canne du roi.

152. — Sonnette de bureau du roi Louis XVIII.

Diamètre 0,065 — Longueur, avec le manche de bois, 0,210.

153. — Chiffonnier du roi Louis XVIII.

Hauteur 1,340. — Longueur 0,580.

Il est en marqueterie de bois de rose et palissandre, composé de six tiroirs et recouvert d'une tablette en marbre rouge du Languedoc. Comme le bureau et comme la sonnette indiqués sous les n° 151 et 152, il a suivi le roi à Mittau, à Hartwell, et a fait partie du mobilier de son appartement aux Tuileries.

154. — Écran du roi Louis XVIII.

Hauteur 1,520. — Largeur 0,870.

Il est de bois sculpté et doré ; des tiges de lis liées par des rubans forment les montants; l'écusson de la couronne de France se voit sur l'étoffe de couleur cramoisie et brochée d'or. Il était placé aux Tuileries.

155. — Globe astronomique ayant appartenu au roi Charles X, lorsqu'il était comte d'Artois.

Hauteur 1,000. — Diamètre 0,520.

Surmonté d'une fleur de lis dorée, il est de cuivre et revêtu d'une peinture à l'huile : les constellations y sont représentées aux diverses places qu'elles occupent et sous la figure mythologique qui est de convention pour les désigner. Sur le globe est appliqué un cadran de pendule, et une plaque posée au-dessus du cadran indique l'avance et le retard. Le plateau sur lequel le pied est fixé contient une boussole.

156. — Manteau porté par le roi Charles X à son sacre.

Longueur 6,000. — Largeur 3,600.

La couleur violette du velours est celle qui est prescrite par le formulaire du sacre de saint Louis ; avant lui, la couleur du manteau était le bleu d'azur, et, comme l'azur est l'émail des armoiries de France, le manteau bleu a été le plus souvent celui des rois.

Il est semé de fleurs de lis qui sont brodées en or fin,

de même que la bordure, très-richement ornée. Il était garni et doublé d'hermine.

Le manteau du roi Charles X était conservé au palais de Trianon.

157. — Col de dentelle, porté par le roi Charles X à son sacre.

Hauteur 0,210. — Largeur 0,700.

Il est de point d'Angleterre ; les fleurs dont il est orné sont des roses et des lis ; des fleurs de lis sont semées de place en place, et l'on voit dans la bordure le chiffre du roi, composé de la lettre C, dont la répétition et l'enlacement forment un X.

Il a été donné au Musée des Souverains par Madame Moray.

158. — Rabat de dentelle porté par le roi Charles X à son sacre.

Longueur 0,500. — Largeur 0,370.

Il est de point d'Angleterre ; les fleurs dont il est orné sont des roses et des lis ; des fleurs de lis sont semées de place en place, et l'on voit dans la bordure le chiffre du roi, composé de la lettre C, dont la répétition et l'enlacement forment un X.

Il a été donné au Musée des Souverains par le docteur J. Petit.

159. — Selle et harnachement du cheval du roi Charles X.

Le cheval du roi les a portés dans le cortége du sacre.

Au milieu des ornements brodés, l'on distingue les armes de la France, la couronne royale, le collier du Saint-Esprit, des fleurs et des tiges de lis.

160. — Table en mosaïque de Florence, cadeau du grand-duc de Toscane au roi Charles X.

Longueur, 1,550. — Largeur, 0,780.

Elle est composée d'un assemblage de pierres dures taillées et polies : le lapis-lazuli domine dans la coloration, et tout le milieu de la table en est revêtu. Au centre est placée la tête du roi, vue de profil, ressemblant à un camée. La lettre initiale de son nom est répétée deux fois sur les côtés, et la répétition de la lettre C, adossée et entrecroisée, constitue le chiffre X. Au-dessous se voit la croix de saint Louis.

161. — Couronne du Dauphin, duc d'Angoulême, qui fut portée par ce prince, au sacre du roi Charles X, son père.

Hauteur, 0,210, — Diamètre, 0,190.

Elle est d'argent doré, et les saphyrs, rubis, émeraudes, diamants et opales, dont le cercle est orné, sont des imitations de pierres fines. Quatre dauphins la composent et une fleur de lis la surmonte.

Elle était conservée dans le palais de Trianon.

162 à 164. — Tunique, ceinture, souliers, portés par le Dauphin, duc d'Angoulême, au sacre du roi Charles X.

La tunique est de brocard d'or, brochée et brodée d'or ; des branches de lis sont le motif principal de la bordure.

La ceinture, de soie violette, est semée de fleurs de lis d'argent.

Une fleur de lis, posée au centre d'une étoile rayonnante, décore le soulier.

Le costume du Dauphin a été gravé, d'après un dessin de M. Isabey, pour le grand ouvrage du sacre de Charles X.

165. — Lettre de la reine Marie-Antoinette à Madame Elisabeth, tissée sur une étoffe de soie de Lyon. Elle a appartenu à Mme la duchesse d'Angoulême, fille de la reine.

Hauteur, 0,105. — Largeur, 0,780.

Les caractères, en soie noire sur fond de soie blanche, sont d'une lecture facile et disposés comme il suit :

LETTRE

DE MARIE-ANTOINETTE

A MADAME ÉLIZABETH.

C'est à vous, ma sœur, que j'écris pour la dernière fois. Je viens d'être condamnée, non pas à une mort honteuse (elle ne l'est que pour les criminels), mais à rejoindre votre frère. Comme lui innocente, j'espère montrer la même fermeté que lui dans ses derniers moments : je suis calme, comme on l'est quand la conscience ne reproche rien.

J'ai un profond regret d'abandonner mes pauvres enfants : vous savez que je n'existais que pour eux et vous, ma bonne et tendre sœur, vous qui avez par votre amitié tout sacrifié pour être avec nous, dans quelle position je vous laisse ! J'ai appris dans le plaidoyer même du procès que ma fille était séparée de vous. Hélas ! la pauvre enfant : je n'ose pas lui écrire : elle ne recevrait pas ma lettre. Je ne sais pas même si celle-ci vous parviendra. Recevez pour eux deux ici ma bénédiction. J'espère qu'un jour, lorsqu'ils seront plus grands, ils pourront se réunir à vous et jouir en entier de vos tendres soins.

Qu'ils pensent tous deux à ce que je n'ai cessé de

leur inspirer : que les principes et l'exécution exacte de ses devoirs sont les premiers biens de la vie ; que leur amitié et leur confiance mutuelle en feront le bonheur. Que ma fille sente qu'à l'âge qu'elle a elle doit toujours aider son frère par les conseils que l'expérience qu'elle a de plus que lui et son amitié pourront lui inspirer. Que mon fils, à son tour, rende à sa sœur tous les soins, tous les services que l'amitié peut inspirer.

Qu'ils sentent que, dans quelque position qu'il puissent se trouver, ils ne seront vraiment heureux que par leur union ; qu'ils prennent exemple de nous : combien dans nos malheurs notre amitié nous a donné de consolations ! et dans le bonheur, on jouit doublement, quand on le partage avec un ami ; et où en trouver de plus tendres que dans sa propre famille !

Que mon fils n'oublie jamais les derniers mots de son père, que je lui répète expressément ; qu'il ne cherche jamais à venger notre mort !

J'ai à vous parler d'une chose bien pénible à mon cœur : je sais combien cet enfant doit vous avoir fait de peine ; pardonnez-lui, ma chère sœur ; pensez à l'âge qu'il a et combien il est facile de faire dire à un enfant ce qu'on veut et même ce qu'il ne comprend pas. Un jour viendra où il n'en connaîtra que mieux tout le prix de votre bonté et de votre tendresse pour tous deux.

Il me reste à vous confier ma dernière pensée : j'aurais voulu vous écrire dès le commencement du procès ; mais outre qu'on ne me laissait pas écrire, la marche en a été si rapide que je n'en aurais réellement pas eu le temps. Je meurs dans la religion catholique, apostolique et romaine, dans celle de mes pères, dans celle où j'ai été élevée et que j'ai toujours professée.

N'ayant aucune consolation spirituelle à attendre, ne sachant pas s'il existe encore ici des prêtres de cette religion et même, le lieu où je suis, les exposant trop, s'ils y entraient une fois, je demande sincèrement pardon à Dieu de toutes les fautes que j'ai pu commettre depuis que j'existe. J'espère que dans sa bonté il voudra bien recevoir mes derniers vœux, ainsi que ceux que j'ai faits depuis longtems pour qu'il veuille bien recevoir mon âme dans sa miséricorde et sa bonté. Je demande pardon à tous ceux que je connais et à vous, ma sœur, en particulier, de toutes les peines que, sans le vouloir, j'aurais pu leur causer. Je pardonne à tous mes ennemis le mal qu'ils m'ont fait.

Je dis ici adieu à mes tantes et à tous mes frères et sœurs. J'avais des amis; l'idée d'en être séparée pour jamais et leurs peines sont un des plus grands regrets que j'emporte en mourant; qu'ils sachent du moins que jusqu'à mon dernier moment j'ai toujours pensé à eux.

Adieu, ma bonne et tendre sœur, puissé-je mériter vos regrets. Pensez toujours à moi. Je vous embrasse de tout mon cœur, ainsi que ces bons et chers enfants. Mon Dieu ! qu'il est déchirant de les quitter pour toujours !

Adieu, adieu ! Je ne vais plus m'occuper que de mes devoirs spirituels. Comme je ne suis pas libre dans mes actions, on m'amènera peut-être un prêtre; mais je proteste ici que je ne lui dirai pas un mot et que je le regarderai comme un être absolument étranger.

MARIE-ANTOINETTE.

Sur la bordure tissée, l'on remarque le portrait, en médaillon, de la reine, dont la tête est vue de profil; les armes de France, le chiffre de Marie-Antoinette, et la date de sa lettre et de sa mort, 1793. On lit, à l'angle gauche, le nom de l'ouvrier qui a tissé l'étoffe : a Stephano Maisiat, Lugdunensi, anno 1827.

L'étoffe, posée sous une glace, a été montée dans un écran de bois de noyer.

L'écran était, en 1830, placé dans l'appartement de Mme la duchesse d'Angoulême, aux Tuileries.

166. — Sceau de la lieutenance générale du royaume, dont s'est servi, du 31 juillet au 7 août 1830, le duc d'Orléans, avant qu'il fût déclaré roi sous le nom de Louis-Philippe Ier.

Longueur, 0,057. — Largeur, 0,040.

Il est de cuivre, et les mots qui y sont gravés sont :
LIEUTENANCE GÉNÉRALE DU ROYAUME.

167. — Bureau du roi Louis-Philippe Ier.

Hauteur, 1,460. — Largeur, 1,650.

Il est en racine de frêne. Au commencement de l'année 1848, il était placé, aux Tuileries, dans le cabinet du roi Louis-Philippe.

RACE NAPOLÉONIENNE.

NAPOLÉON Ier.

Le 15 avril 1821, l'empereur Napoléon Ier sentant sa fin prochaine à Longwood, île de Sainte-Hélène, a écrit de sa main, signé et scellé de ses armes son testament.

Le paragraphe 11 de cet acte de sa dernière volonté

commence par ces mots : « Je lègue à mon fils les boîtes, ordres et autres objets, tels qu'argenterie, lits de camp, armes, selles, éperons, vases de ma chapelle, livres, linge qui a servi à mon corps et à mon usage, conformément à l'état annexé, coté A. Je désire que ce faible legs lui soit cher comme lui retraçant le souvenir d'un père dont l'univers l'entretiendra. »

L'état A joint au testament est tel que nous le transcrivons :

I.

« 1° Les vases sacrés qui ont servi à ma chapelle à Longwood.

2° Je charge l'abbé Vignali de les garder et de les remettre à mon fils.

II.

1° Mes armes, savoir : mon épée, celle que je portais à Austerlitz, le sabre de Sobieski, mon poignard, mon glaive, mon couteau de chasse, mes deux paires de pistolets de Versailles;

2° Mon nécessaire d'or, celui qui m'a servi le matin d'Ulm, d'Austerlitz, d'Iéna, d'Eylau, de Friedland, de l'île de Lobau, de la Moskowa, de Montmirail. Sous ce point de vue, je désire qu'il soit précieux à mon fils.

3° Je charge le comte Bertrand de soigner et conserver ces objets, et de les remettre à mon fils quand il aura seize ans. »

Le fils de Napoléon Ier n'a pas recueilli ce legs de son père, et le 22 juillet de l'année 1832 sa vie s'est éteinte sans qu'il en ait été mis en possession.

Ce fut alors que l'abbé Vignali remit à Madame, mère de l'empereur et roi, les *vases sacrés de la chapelle de Longwood.*

Monsieur le comte Bertrand avait religieusement conservé les objets confiés à son dévouement. En 1840, lorsqu'il fut assuré que les cendres de l'Empereur seraient apportées en France, avant de partir pour

Sainte-Hélène, reçu solennellement par le roi Louis-Philippe, il lui dit : « . . . .
Prêt à m'éloigner pour aller remplir un devoir pieux, je remercie Votre Majesté de m'avoir associé au noble voyage de Sainte-Hélène.

« Ces armes du grand Napoléon que j'ai offertes à la patrie en lui demandant de réclamer les restes mortels de l'Empereur, ces armes à présent appartiennent à la France.

« . . . .
Sire, rendant hommage à l'acte mémorable de justice nationale que vous avez généreusement entrepris, animé d'un sentiment de gratitude et de confiance, je viens déposer entre les mains de Votre Majesté ces armes glorieuses que depuis si longtemps j'étais réduit à dérober au jour, et que j'espère placer bientôt sur le cercueil du grand capitaine, sur l'illustre tombe destinée à fixer les regards de l'univers. »

Ces armes étaient [1] l'épée que l'Empereur portait à Austerlitz et la seule qu'il ait portée habituellement depuis ; deux paires de pistolets d'arçon d'un riche travail ; l'épée en forme de glaive qu'il avait au champ de mai ; un sabre ayant appartenu à Jean Sobieski, et un poignard donné par le pape au grand-maître de l'ordre de Malte, Lavalette.

Les armes ont été déposées dans le trésor de la Couronne, en attendant la construction du tombeau de Napoléon.

Lorsque le tombeau de l'Empereur a été terminé, l'épée d'Austerlitz a été placée aux Invalides ; en 1852, les deux paires de pistolets d'arçon, l'épée en forme de glaive, le poignard du grand-maître de Malte ont été transportés du Trésor de la Couronne au Musée des Souverains.

---

[1] *Moniteur* du 5 juin 1840.

Ce sont les armes que nous allons décrire :

168. — Glaive de Napoléon, premier consul. C'est celui que l'Empereur, dans son testament, appelle son glaive, et qu'il a légué à son fils.

Longueur, 0,910.

La lame est d'acier, quadrangulaire, terminée en pointe, ornée en sa partie supérieure d'incrustations d'or dont les motifs sont des trophées et qui se détachent sur un fond dépoli. La poignée d'ivoire est presque cylindrique, taillée à côtes, enrichie sur les deux côtés aplatis de trophées ciselés en relief, d'argent doré, composés d'armes, d'étendards et ayant sur leur milieu un bouclier dont le fond d'émail rouge porte une tête de méduse ciselée en or ; au-dessus du bouclier est un écusson dans lequel se détachent en or sur émail bleu les lettres R. P. F. [république française]. Deux aigles sont ciselés, en or, sur la garde qui est d'argent doré, ornée d'émaux rouges, et sur le côté qui regarde la lame sont deux médaillons contenant ces mots : Manufacture à Versailles. — Boulet, directeur artiste. Le pommeau est formé par deux têtes de lion, adossées, d'argent doré, ciselées en ronde bosse.

169. — Fourreau du glaive de Napoléon, premier consul.

Longueur, 0,775.

Il est composé de plaques de nacre de perle ajustées dans des encadrements dorés. A la partie supérieure et vers la pointe, des ornements ciselés sur le métal en constituent la partie décorative ; quelques médaillons dont les fonds sont en émail rouge ajoutent un peu de couleur à l'éclat du métal ; sur l'un de ces médaillons est une tête de la République, sur celui qui lui est opposé une image de la patrie et les trophées finement ciselés qui se relient à l'un et à l'autre sont composés de la réunion d'instruments de métiers, des sciences et des arts.

170. — Poignard ayant appartenu à l'empereur Napoléon Ier. C'est celui que l'empereur, dans son testament, appelle son poignard, et qu'il a légué à son fils.

Longueur, 0,303.

La poignée est un travail d'orfèvrerie italienne du XVIe siècle; la composition est fort ingénieuse et l'or est ciselé avec autant de finesse que de goût : ce sont des cartouches dont la succession et l'enlacement forment une sorte de réseau sertissant de places en places comme dans un cadre élégant, des petites têtes d'hommes ou de femmes, et sur le pommeau des mufles de lions. Des émaux, de couleurs variées, sont posés sur tous les enroulements dont ils accusent les contours.

Ce beau poignard du XVIe siècle fut offert à Napoléon Bonaparte, général en chef de l'armée d'Egypte, après la prise de Malte et la dissolution de l'ordre; il avait été jusqu'alors en la possession des grands-maîtres de l'ordre de Malte, ayant été donné à l'un d'eux, Jean Parisot de la Valette, par le pape Pie IV, pour avoir défendu Malte en 1565 contre l'armée de Soliman II.

171. — Fourreau du poignard ayant appartenu à l'empereur Napoléon Ier.

Longueur, 0,223.

D'argent doré, il est garni de velours rouge; il a été fait par l'orfèvre de l'Empereur et porte son nom, gravé à l'intérieur : Biennais, orfèvre de L.L. M.M. Impériales et Royales. Les ornements sont finement ciselés; de chaque côté l'on voit l'aigle impérial couronné et une abeille.

172. — Sabre d'honneur (Poignée d'un) **offert au général Bonaparte à son retour d'Égypte. Donnée au Musée des Souverains par l'empereur Napoléon III.**

Longueur de la poignée, 0,200.

Les figures en ronde bosse et ciselées qui constituent les parties principales de la poignée sont d'or; celle qui la termine, vue jusqu'à mi-corps, nue, ailée, est une image du temps : de la main droite, il s'appuye sur une colonne formée par des faisceaux et de la gauche soutient un zodiaque, dont le poids fait pencher son corps.

Les branches de la garde sont formées par une tête d'éléphant et une tête de chameau rappelant l'Afrique et l'Asie; sur le milieu de la garde et dans des médaillons ovales dont les fonds sont incrustés de lapis, on voit figurés en bas relief et en or, d'un côté, le cheval, monture des Européens, parcourant en liberté les plaines de l'Égypte, et du côté opposé l'armée française et son général en vue des grandes pyramides. La partie de la poignée que la main embrasse et étreint est revêtue de deux plaques d'un très-beau jaspe oriental.

173. — Épée de cérémonie de l'empereur Napoléon Ier. Donnée au Musée des Souverains par l'empereur Napoléon III.

Longueur, 0,910.

La lame, étroite et fine, est d'acier, ornée à sa partie supérieure, mais d'un côté seulement, d'incrustations d'or, ciselées, dont les principaux motifs sont une couronne impériale, la lettre N, initiale du nom de Napoléon, l'aigle impérial et plus bas les lettres I. R. (*Imperator, Rex.*)

La poignée est d'or, richement et finement ciselée;

un aigle couronné et portant au col la croix de la Légion d'honneur est placé sur le milieu de la garde, appuyant ses serres sur un écu que remplit la lettre N ; une guirlande d'étoiles et la devise VENI, VIDI, VICI. [Je suis venu, j'ai vu, j'ai vaincu.] Sur les branches de la garde on lit : HONNEUR ET PATRIE. Des abeilles encadrées dans des lauriers décorent la fusée. Le pommeau est composé de la superposition de quatre couronnes, la première d'olivier et chêne, la seconde d'étoiles, la troisième qui est la couronne de fer du royaume d'Italie, la quatrième la couronne Impériale. L'extrémité du pommeau peut servir de cachet ; on y voit gravées en creux les armes de l'empire et on y lit ces mots : NAPOLÉON EMPEREUR ET ROI. (Les deux côtés de la poignée sont semblables.)

Le fourreau, d'écaille, semé d'aigles et d'abeilles qui sont d'or, inscrustés et gravés, est, à trois places, garni d'armatures en or ciselé dont les motifs principaux sont des foudres, des abeilles, des palmes.

L'orfèvre qui a fait exécuter cette épée a gravé son nom sur l'extrémité supérieure du fourreau, en un endroit que recouvre la pointe de la garde. On lit d'un côté : BIENNAIS, ORFÈVRE DE LEURS MAJESTÉS IMPÉRIALES, et de l'autre : A PARIS, 1806.

174. — Sabre ayant appartenu à l'empereur Napoléon Ier. Donné au Musée des Souverains par l'empereur Napoléon III.

Longueur, 1,00.

La lame porte d'un côté une inscription en caractères arabes inhabilement tracés, et de l'autre les signes maçonniques, l'œil et l'équerre. Le sens de l'inscription est : « Tu anéantiras les ennemis et tu protégeras les Musulmans. » Les lettres, de même que les signes maçonniques et quelques ornements d'un goût européen et qui ont été exécutés au dix-septième siècle, sont gravés sur l'acier, incrustés d'or ou dorés en plein.

La poignée du sabre et le fourreau, très-ornés de ciselures, en grande partie d'argent doré, d'or en quelques places, ont été exécutés, tout au commencement de ce siècle, à Stockholm, chez A. Fillberg, fourbisseur de la cour. Cette œuvre d'orfévrerie, très-compliquée, a été faite à l'intention de Napoléon victorieux; à la partie supérieure du fourreau, l'on voit une figure de femme assise près d'un lion, appuyant un coude sur un piédestal qui sert de base à des canons et posant la main droite sur un bouclier dont l'image est un portrait en buste de Napoléon, premier consul.

Les lettres R. P. F. (République française), sont inscrites sur le piédestal. Des actions militaires, des épisodes de siéges, de combats, sont représentés, en bas-reliefs, dans des médaillons de forme ovale, qui se succèdent sur toute l'étendue du fourreau. Les costumes des personnages sont ceux des hommes du nord et les uniformes tels qu'ils ont été pendant les guerres de la république. Des allégories mythologiques se voient, à côtés des scènes militaires, quelquefois le mélange des unes et des autres : ici un triomphe sur mer, avec tout l'appareil des chevaux marins, des tritons, des néréides, des dauphins, et le héros qui est porté sur une conque a le costume civil du commencement de ce siècle. A côté, le char du soleil sortant des eaux, indique une action militaire accomplie au lever de l'aurore. Plus loin, des amours cueillent des fleurs et une sorte de nymphe place une couronne sur la tête d'un guerrier, vêtu à l'antique. L'épisode sculpté dans le médaillon qui est le plus rapproché de la pointe du fourreau, fait allusion à la clémence d'un héros victorieux. La composition empruntée à l'histoire grecque est la reproduction presque exacte du tableau peint par Lebrun, et qui représente la famille de Darius aux pieds d'Alexandre-le-Grand ; l'artiste suédois a ajouté dans un coin du tableau un groupe qui réunit Alexandre et Hercule, se tenant par la main, pour symboliser l'alliance de la force et de la générosité.

Une tête d'Alexandre se retrouve sur la poignée du sabre, au dessous d'une tête de Mercure; plus bas, un buste de Bellone, sculpté presqu'en ronde bosse et douze têtes de physionomie barbare et d'apparence septentrionale, faites avec l'intention de représenter les Césars romains.

La poignée du sabre est terminée par une tête de cheval, en ronde bosse. C'est sur le fourreau et à la partie d'arrière qu'est gravée l'inscription que nous avons indiquée : « A Fillberg forbiseur (sic) de la cour à Stockholm. »

175 à 178. — Pistolets (deux paires de) ayant appartenu à l'empereur Napoléon Ier. Ce sont ceux que l'Empereur, dans son testament, appelle ses pistolets de Versailles et qu'il a légués à son fils.

Longueur, 0,420.

Ils sont à double détente, garnis en argent et ornés d'incrustations d'or. Quelques détails de l'ornementation sont répétés sur les deux paires, mais avec des variantes : dans l'une des paires, les canons brunis au mat sont étoilés d'or ; dans l'autre, ils sont presque en entier recouverts d'incrustations d'or mat, jaune, composant des lignes de trophées qui sont entrecoupées par des grecques. Le bois de cette dernière paire est richement décoré par des animaux chimériques, affrontés sur les deux côtés des crosses, disposés en plusieurs autres places et se détachant par la couleur rouge et le ton brillant de l'or poli sur la nuance fauve du bois de frêne. Les bois de l'autre paire sont sculptés. Les motifs que nous avons dit être répétés sur les deux sont une tête de Romulus, l'aigle impérial posé sur un trophée d'armes, une petite figure de génie en ronde bosse; sur la pièce de la sous-garde, un héros en costume antique, ayant un foudre dans la main droite et soutenant de la gauche une statuette de la victoire ; enfin sur le pommeau de la crosse, une tête de Minerve casquée, profil regardant à gauche. Tous ces motifs étant les mêmes, dans une des paires le fond sur lequel se détachent les ciselures, est dans la couleur naturelle de l'argent, comme sont les reliefs ; dans l'autre paire, les reliefs seuls sont ménagés dans la couleur de l'argent et tous les fonds sont dorés. Les pistolets sont munis de leurs baguettes.

Près des armes ont été disposés :

179 et **180**. — Deux baguettes pour les charger ; toutes deux pour enfoncer la balle. Bois d'ébène. Longueur, 0,290.

181 et **182**. — Deux baguettes pour enfoncer les bourres. Bois d'ébène. Longueur, 0,290.

183. — Maillet pour enfoncer les baguettes. Bois d'ébène. Longueur, 0,235.

184. — Tire-bourre. Acier. Longueur, 0,073.

185. — Manche qui s'adapte au tire-bourre. Acier. Longueur, 0,290.

186. — Moule à balle. Acier. Longueur, 0,160.

187. — Epinglette. Acier. Longueur, 0,075.

188. — Tournevis. Acier. Manche d'ébène. Longueur, 0,110.

189. — Marteau. Acier. Manche d'ébène. Longueur, 0,220.

190. — Poire à poudre. Corne, monture en argent. Longueur 0,130.

191 à 196. — Six fusils de chasse et une carabine de voyage ayant appartenu à l'empereur Napoléon Ier. Donnés au Musée des Souverains par l'empereur Napoléon III.

Longueur des fusils, 1,390.
Longueur de la carabine, 0,900.

Ces armes sont à silex et sortent de la manufacture de Versailles dont elles portent la marque.

Elles sont ornées d'incrustations d'argent; la lettre N, initiale du nom de Napoléon surmontée d'une couronne, se voit sur le côté de la crosse et des abeilles sont mêlées aux ornements distribués sur quelques profils.

Ces armes ont été conservées pendant plusieurs années par M. Lepage, arquebusier de l'Empereur.

197. — Carabine ayant appartenu au premier consul. Offerte par M. Charles-Édouard Long, Anglais.

Longueur de la carabine, 0.980.
Longueur de la clef, 0,130.

Elle est à silex et à balle forcée. Le canon se détache de la crosse au moyen d'une clef, et l'arme se charge par la culasse. Elle a été fabriquée à Paris chez Lepage; l'on a gravé sur la clef ces mots : Carabine au premier consul.

La lettre dont suit la transcription accompagnait la remise de cette arme, faite au Musée des Souverains, par ordre de Sa Majesté Napoléon III.

« M. Long, de Londres, a offert à l'Empereur pour le Musée Napoléon, une carabine ayant appartenu à Napoléon Ier. Sa Majesté, qui a accepté, me charge de vous envoyer ce souvenir afin que vous vouliez bien le placer au Musée spécial, avec l'inscription ci-après, selon le désir exprimé par M. Long, à qui Sa Majesté a jugé qu'il y avait lieu de donner satisfaction. Voici l'inscription qu'il demande : « Offert par M. Charles-Edouard Long, Anglais. »

Lettre adressée le 15 novembre 1860 à M. le Directeur général des Musées, par M. Mocquard, chef du cabinet de l'Empereur.

Archives du Musée.

198 à 206. — Sabres, selles, équipements, housses, à l'usage des orientaux, recueillis sur le champ de bataille, après la journée des Pyramides et offerts par l'état-major de l'armée française à son général en chef Napoléon Bonaparte.

Les sabres, n°s 198, 199, 200, 201, très-recourbés, sont uniformément composés ; les lames n'en sont pas la partie brillante ; les fourreaux, de bois, garnis d'étoffe, laine couleur lie de vin, velours violet, rouge ou bleu de ciel, sont garnis de cuivres dorés, ciselés et découpés à jour. Ces ornements appliqués, dont les motifs principaux sont des roses, des soleils rayonnants, des feuillages, enveloppent la pointe du fourreau, en décorent la partie supérieure, et, sans interruption, revêtent en entier la poignée.

Trois des sabres ne diffèrent essentiellement entre eux que par la couleur du velours, mais il en est un qui offre cette particularité que des coraux et des lapis, de formes circulaire et ovale, polis et enchâssés, enrichissent les montures, dans un système de décoration qui est le même que l'on distingue sur la selle dont la description suit :

202. — SELLE RECOUVERTE DE LAINE COULEUR LIE DE VIN.

Une large plaque de cuivre doré enveloppe le devant et l'arrière de la selle, et sur cette plaque sont semés des lapis et des coraux de formes circulaires et ovales, alternant entre eux et posés par groupes que séparent des appliques d'or ciselé dont les ornements se détachent sur un fond d'émail bleu. Les mêmes coraux, les mêmes lapis, se retrouvent sur l'équipement de la tête et sur presque toute l'étendue de la housse, constituant une sorte de réseau très-serré, sur la têtière, et cloisonné sur le tapis par des lignes de clous dorés. Une étoffe d'or recouvre la selle ; une étoffe de soie, d'or et d'argent est posée sur le milieu de la housse. Des franges d'or tombent du frontal et entourent la housse.

203. — Selle de velours violet.

L'étoffe disparaît sous la broderie d'or qui la surcharge. La housse de drap violet est semée de perles et de croissants qui sont des appliques de cuivre doré. Les étriers, très-grands, sont ornés de ciselures découpées à jour qui sont posées sur un velours bleu.

204. — Selle de velours rouge, surchargée d'une broderie d'or qui la recouvre en entier.

Les ornements répartis sur toute la surface, sur les fontes et sur la têtière sont du plus riche dessin. Les broderies du frontal se détachent sur quelques parties de velours vert, d'autres étant rouges comme le fond de la selle.

205. — Selle de velours rouge, garnie de galons d'or.

La têtière, le frontal, les ornements du poitrail sont composés d'appliques de cuivre doré, très-richement rehaussées de coraux taillés en forme de perles et d'olives : un très-fort pommeau se détache en relief du milieu du poitrail. Les coraux sont posés sur la têtière, par groupes rayonnant comme des étoiles, et le travail du frontal est une cotte de maille dont les divisions sont des losanges de cuivre doré, avec une perle de corail au centre, reliés par des anneaux d'acier.

206. — Housse.

Hauteur, 1,680. — Largeur, 2,200.

La section sur laquelle se posait la selle est de satin bleu de ciel. Le tapis est entièrement composé de losanges, dont le fond d'or résulte de la juxtaposition de paillettes circulaires, les tracés ou lignes diagonales étant formés par la succession de paillettes couleur de rubis. Aux angles du tapis sont quelques ornements plus colorés, des paillettes couleur de saphir, d'émeraude et de diamant étant groupées de place en place. La housse est entourée d'un galon étroit et d'une grande frange d'or.

207. — Selle du cheval de l'empereur Napoléon Ier, faite pour le cortége du sacre.

La selle, la housse et les garnitures des fontes sont de velours cramoisi, richement brodé d'or et d'argent : des tiges de chêne, d'olivier, de laurier, forment les bordures, des couronnes impériales, des épées, des caducées, des foudres, sont mêlés aux ornements qui sont d'un grand relief. Sur les étriers, de cuivre doré, sont placés des aigles et des lions ciselés en ronde bosse.

208. — Éperon ayant appartenu à l'empereur Napoléon Ier. Donné au Musée des Souverains par l'empereur Napoléon III.

Longueur, 0,110.
Ouverture, 0,070.

Il est d'argent et est muni d'une boucle d'attache, également d'argent. Des inscriptions gravées à l'intérieur des branches et à l'extérieur en constatent l'origine et la transmission. On lit, à l'intérieur : « *Le baron E. de Las Cases à J. B. Loùsada jun. esq.* » et à l'extérieur : « L'Empereur Napoléon, Campagnes de 1812, 1813, 1814, 1815, Sainte-Hélène. »

209. — Mors du cheval que montait l'empereur Napoléon Ier le jour de la bataille de Waterloo.

Hauteur, 0,200. — Largeur, 0,170.

210 et 211. — Étriers de sa selle. Ils ont été donnés au Musée des Souverains par S. M. Napoléon III.

Hauteur, 0,140. — Largeur, 0,130.

212. — Drapeau du premier régiment des grenadiers à pied (garde impériale) dont l'Empereur a embrassé l'aigle lorsque, à Fontainebleau, il fit ses adieux à sa garde.

Hauteur, 0,830. — Largeur, 0,810.

On lit sur l'un des côtés : *Garde impériale. L'Empereur Napoléon au 1er régiment des grenadiers à pied*. Sur le revers, les noms des batailles de Marengo, Ulm, Austerlitz, Iéna, Eylau, Friedland, Eckmul, Essling, Wagram, Smolensk, Vienne, Berlin, Madrid, Moscou.

Envoyé en 1815 par l'Empereur au général Petit, il a été offert à l'Empereur Napoléon III par le fils du général dont nous transcrivons la lettre :

« . . . .

« Voici l'inscription que je désire qu'on place au-dessus du drapeau ; c'est celle qu'avait indiqué l'Empereur qui, je vous le répète, n'a voulu que mon père le cédât qu'à la condition de cette inscription : Drapeau des adieux de Fontainebleau envoyé en 1815 par l'Empereur au général Petit. »

Extrait d'une lettre adressée, le 17 février 1853, à M. le Directeur général des Musées, par M. Petit, officier de la Maison de l'Empereur. (Archives du Musée.)

213. — Cocarde tricolore que l'empereur Napoléon Ier portait à son chapeau le jour où, à Fontainebleau, il fit ses adieux à sa garde.

Diamètre, 0,045.

Elle a été offerte à S. M. Napoléon III par Mme veuv^e Gatte, née Ninci, et remise au Musée avec la lettre et les documents ci-joints :

« J'ai l'honneur de vous envoyer sous ce pli, par ordre de l'Empereur, une boîte contenant la cocarde tricolore que Napoléon Ier portait à son chapeau le jour des adieux de Fontainebleau, et qui fut remplacée à Porto-Ferrajo par la cocarde aux trois abeilles. Sa Majesté désire que ce précieux souvenir soit placé au Musée des Souverains, et me charge de vous en informer en vous le transmettant. Je vous envoie également divers papiers qui constatent l'authenticité de cette cocarde, ainsi que la lettre par laquelle madame veuve Gatte en a fait hommage à l'Empereur. »

Extrait d'une lettre adressée, le 6 octobre 1853, à M. le Directeur général des Musées, par M. Albert de Dalmas, sous-chef du cabinet de l'Empereur.

A cette lettre étaient joints les papiers dont les extraits suivent :

« Porto-Ferrajo, 15 mai 1814.

« Je déclare, moi soussigné, Joseph Ninci, que la cocarde française tricolore, derrière laquelle il y a un rond de parchemin, de grandeur égale, uni à la cocarde avec soie céleste, cachetée avec cire, et ayant un cachet portant les deux lettres G. N., avec l'inscription : « Cocarde appartenant au chapeau de l'Empereur Napoléon, lorsqu'il arriva à l'île d'Elbe, le 5 mai 1814, G. Ninci, commissaire du palais, » est la même que S. M. l'Empereur avait à son chapeau à son arrivée ici, à Porto-Ferrajo, le susdit jour 5 mai 1814; à laquelle cocarde, par son ordre, on substitua l'autre bicolore, pareille au drapeau fond blanc, avec bande transversale rouge et trois abeilles d'or, que la même Majesté a daigné donner à cette île, sa principauté indépendante. Cette cocarde, ainsi qu'une autre pareille, appartenant à un autre chapeau, sont restées dans mes mains, me trouvant dans le palais de la commune destiné pour habitation par S. M. I. R., en qualité de commissaire du palais, et chargé non-seulement de la direction de celui-ci, mais de la fourniture nécessaire et du service près S. M. I. R. De la première susdite cocarde, j'ai fait don en ce jour, 15 mai 1814, à mon frère Laurent Ninci, et de l'autre à M. Antoine Brignole. Ce dont j'affirme la vérité. »

« *Signé* : G. Ninci, commissaire du palais. »

N° 2. — *A S. M. Napoléon III.*

« Veuve d'un des serviteurs les plus dévoués de Napoléon, de Gabriel Gatte, pharmacien de l'Empereur, qui le suivit à l'île d'Elbe, où S. M. signa mon contrat de mariage, j'ai depuis bien des années en ma possession un souvenir précieux que je prie Votre Majesté d'accepter et de placer au milieu des souvenirs de famille qu'elle se plaît à ressembler sous ses yeux. C'est la cocarde que Napoléon portait à son chapeau le jour fatal des adieux de Fontainebleau, et qu'il remplaça, en arrivant à Porto-Ferrajo, par celle aux trois abeilles qu'il avait adoptée. » . . . .

« Paris, 18 septembre 1853.

« *Signé :* Vᵉ Gatte, née Ninci. »

(Archives du Musée.)

214. — **Cocarde portée par l'empereur Napoléon Ier pendant son séjour à l'île d'Elbe. Donnée au Musée des Souverains par M. Magnier.**

Diamètre, 0,095.

M. Magnier a remis, avec la cocarde, la note qui suit :

« Historique de la cocarde ci-jointe : Napoléon, arrivant à l'île d'Elbe, se fit représenter les différents étendards de cette île, parmi lesquels il en vit un rouge et blanc, parsemé d'étoiles ; il adopta ces deux couleurs pour en faire une cocarde elboise, qu'il orna de trois abeilles. Il porta cette cocarde jusqu'à son débarquement en France, où le général Bertrand la lui retira pour la remplacer par celle tricolore. Dès ce moment, le général la conserva et en fit présent à Mme Bertrand, sa mère.

Blessé dans la campagne de Waterloo, M. Victor Magnier, aide de camp alors du général baron Gengoult, passant à Châteauroux, fut logé chez M. Bertrand, père du général, où il reçut tous les soins que sa position demandait. Son dévouement à la personne de Napoléon lui valut de la part de Mme Bertrand mère le présent de cette cocarde, et ce fut en présence de MM. le général Gengoult, le colonel Paul Rapatel et le capitaine Besson, aide de camp du général Hubert, qu'elle lui fut offerte. »

Signé : V. M.

Paris, 3 mars 1829.

215. — **Cocarde elboise qu'en vue des côtes de France M. Marchand a détachée du chapeau de l'empereur Napoléon Ier, pour la remplacer par la co-**

carde nationale. Donnée au Musée par Mme Marchand.

Diamètre, 0,070.

Elle est de satin et soie blanche et rouge, avec trois abeilles d'or.

216. — Tabatière de l'empereur Napoléon Ier. Donnée au Musée des Souverains par l'empereur Napoléon III.

Longueur, 0,093. — Largeur, 0.045.

De forme ovale, elle est d'écaille et doublée d'or; elle a été faite chez Biennais, dont le nom est gravé sur la gorge d'or de l'intérieur. Deux médailles grecques, d'argent, ornent le couvercle de la boîte; elles sont montées de façon à laisser voir à l'intérieur leur revers: l'une est la tête de Démétrius Ier, roi de Macédoine, profil regardant à droite; au revers, un Neptune debout, la jambe droite relevée, le pied posé sur un rocher; il tient un trident. Les légendes inscrites verticalement, aux côtés du Neptune, sont : ΒΑΣΙΛΕΩΣ ΔΗΜΗΤΡΙΟΥ.

L'autre médaille est la tête d'Antiochus Hiérax, prince de la dynastie des Séleucides, profil regardant à droite; au revers, un Apollon assis, ayant dans les mains une flèche et un arc ; les légendes sont : ΒΑΣΙΛΕΩΣ ΑΝΤΙΟΧΟΥ

217. — Tabatière de l'empereur Napoléon Ier. Donnée au Musée des Souverains par l'empereur Napoléon III.

Longueur, 0,094. — Largeur, 0,046.

De forme ovale, elle est d'écaille et doublée d'or. Le portrait de l'impératrice Marie-Louise, dont elle est ornée, a été fait par Isabey; la date du 2 AVRIL 1810, incrustée en lettres d'or au-dessous du portrait, rappelle l'un des jours de la semaine qui a suivi la célébration du mariage de l'empereur; le chiffre incrusté, en or et en argent, au-dessus du portrait, est composé des lettres N et L, initiales des noms de Napoléon et Louise.

La tabatière, qui fut un cadeau de la jeune impératrice à son glorieux époux, avait été faite chez M. E. Nitot, dont le nom est gravé sur la gorge d'or de l'intérieur.

218. — Passe-partout dont l'empereur Napoléon Ier se servait pendant ses séjours à Fontainebleau.

Longueur 0,130.

Il est de fer dépoli, et l'entrée a la forme d'un N.

Il a été offert par M. Malpièce, attaché à la restauration des sculptures du Louvre.

Dans l'état A, joint au testament de l'Empereur, au nombre des objets légués à son fils, et confiés à la fidélité de Marchand, son premier valet de chambre, on lit ces mots : « ..... Un de chacun de mes uniformes, une douzaine de chemises, et un objet complet de chacun de mes habillements, et généralement de tout ce qui me sert à ma toilette. »..... Et plus bas : « Il ne sera vendu aucun des effets qui m'ont servi. Le surplus sera partagé entre mes exécuteurs testamentaires et mes frères. »

Nous lirons [1] dans la note précieuse de M. le comte Marchand que l'uniforme de grenadiers de la garde lui

---

[1] Notice, folio 258.

était échu en partage, ayant été tiré au sort. L'Empereur Napoléon Ier portait tous les jours l'habit des chasseurs de la garde; c'était son habit de campagne; il le conservait à Paris, aux Tuileries; le dimanche, habituellement, il revêtait l'uniforme des grenadiers de la garde, et cet habit il l'avait à Sainte-Hélène. C'est celui que nous devons à M. le comte Marchand.

Nous possédons en outre :

219. — L'habit de général de division porté par le premier consul à Marengo. Laissé en dépôt à M. le comte de Turenne. Donné au Musée des Souverains par S. M. Napoléon III.

— L'habit de grenadier de la garde porté par l'empereur Napoléon Ier. Donné au Musée des Souverains par M. le comte Marchand.

Voir le n° 392 de la Notice.

220. — La redingote grise de l'empereur Napoléon Ier. Donnée au Musée des Souverains par S. M. Napoléon III.

La lettre qui suit y étant jointe :

« L'Empereur me donne l'ordre de vous remettre le chapeau et la redingote grise ayant appartenu à l'Empereur Napoléon Ier. Sa Majesté désire que ces deux objets, dont l'authenticité a été reconnue, prennent, dans le Musée des Souverains, la place qui leur appartient. »

Lettre adressée, le 4 février 1854, à M. le Directeur général des Musées, par le grand-chambellan, duc de Bassano.   *Archives du Musée.*

221. — Chapeau dont l'empereur Napoléon Ier s'est servi dans la campagne de 1814. Offert à l'empereur Napoléon III par M. le capitaine de Belleville, et donné par Sa Majesté au Musée des Souverains.

Ce chapeau de l'Empereur est celui qui est désigné dans la lettre de M. le duc de Bassano, transcrite ci-dessus. La remise qui nous en a été faite était accompagnée de la lettre qui suit, adressée à M. de Belleville, donateur :

« Le Prince, président de la république, accepte l'offre que vous lui faites du chapeau de l'Empereur, remis à Fontainebleau, en 1814, à M. Rible, votre grand-père, par M. le comte de Turenne, chambellan de service à cette époque..... »

Extrait d'une lettre adressée, le 2 avril 1852, à M. de Belleville, capitaine au 20ᵉ de ligne, par M. le général de division, aide de camp, commandant la maison militaire, comte Roguet. (Archives du Musée.)

222. — Chapeau porté par l'empereur Napoléon Ier à l'île Sainte-Hélène. Donné au Musée des Souverains par l'empereur Napoléon III.

— Habits du sacre.

L'Empereur Napoléon Ier a revêtu deux costumes pour les cérémonies de son sacre et couronnement, le grand et le petit habillement; tous deux nous sont connus par les dessins d'Isabey; la désignation écrite de l'un et de l'autre, accompagne les gravures qui en ont été faites, pour le grand ouvrage du sacre de Napoléon : (1)

Grand habillement de l'Empereur. « Le manteau impérial de velours pourpre, parsemé d'abeilles d'or : dans la broderie sont enlacées des branches d'olivier, de laurier et de chêne, qui entourent la lettre N. La doublure, la bordure et l'épitoge sont en hermine. Le manteau ouvert du côté gauche laisse voir l'épée soutenue par une écharpe de satin blanc brodée et garnie de torsades en or. La robe longue, de satin blanc brodée d'or sur toutes les tailles; le bas de la robe brodé et garni d'une torsade en or. La cravate et le col de chemise en dentelle. La couronne de laurier d'or sur la tête ; le sceptre dans la main droite et la main de justice dans la gauche ; le grand collier de l'ordre sur l'épitoge. Le cothurne de satin blanc, brodé et lacé d'or. »

Petit habillement de l'Empereur. « Un manteau de velours pourpre, brodé d'or et d'argent; la doublure de satin blanc, brodée d'or sur les parements et le collet. L'habit de velours de même couleur, brodé d'épis d'or sur les tailles, parements et collet de velours blanc brodés de même. Chapeau de feutre noir, surmonté de plumes blanches, ganse en diamants. Cravate et collet de chemise en dentelle. Le grand collier et le grand cordon de la Légion d'honneur. L'épée enrichie de diamants, et sur la coquille le diamant dit le Régent. La ceinture de satin blanc, brodée et garnie de torsades d'or. »

Des deux costumes du couronnement il n'est parvenu jusqu'à nous que :

223. — La robe longue qui a fait partie du grand habillement de l'Empereur le jour de son sacre.

De satin blanc, brodée d'or sur toutes les tailles;

---

(1) Notice, folio 238.

le bas de la robe brodé et garni d'une torsade en or.

224. — Écharpe qui soutenait l'épée de l'Empereur dans le grand habillement du jour de son sacre.

225 à 227. — Cravate et col de chemise, manchettes, qui ont été portés par l'Empereur le jour de son sacre.

Ils sont en dentelles.

228. — Manteau qui a fait partie du petit habillement de l'Empereur le jour de son sacre.

Il est de velours pourpre, brodé d'or et d'argent ; la doublure de satin blanc, brodée d'or sur les parements et le collet. Dans les broderies sont enlacées des branches d'olivier, de laurier et de chêne qui entourent la lettre N, initiale du nom de Napoléon. Une plaque de la Légion d'honneur est posée sur le côté.

229. — Habit porté par l'Empereur le jour de son sacre, et faisant partie du petit habillement.

Il est de velours pourpre, comme le manteau désigné sous le n° 228 et très-orné de broderies assorties à celles du manteau ; des épis d'or sont jetés sur les tailles ; les parements et le collet de velours blanc sont brodés de même.

Cette portion des costumes du sacre, comprise sous les n°s 223 à 229, fait partie des habillements impériaux qui, en 1814 et 1815, ont été laissés en dépôt, par l'Empereur Napoléon Ier, à M. le comte de Turenne, l'un de ses chambellans et grand-maître de la garde-robe. Remis en 1852 par M. le comte de Turenne, son fils, ils ont été envoyés au Musée des Souverains par ordre de S. M. Napoléon III.

Les objets qui suivent, de 231 à 242, ont la même origine (1).

230. — Couronne dite de Charlemagne.

Hauteur, 0,250.

Elle a été exécutée pour les cérémonies du sacre et couronnement de l'empereur Napoléon Ier. La couronne qui, pendant plusieurs siècles, avait été conservée dans le trésor de l'abbaye de Saint-Denis, sous le nom de couronne de Charlemagne, ayant été détruite, et les dessins qui nous en sont restés démentant sa glorieuse attribution, le modèle suivi par les orfèvres de l'Empereur a été emprunté par eux à une figure de Charlemagne gravée dans l'ouvrage de Montfaucon.

Elle est composée d'un cercle fleuronnée, fermé par huit branches, qui, à leur point de jonction, supportent un globe surmonté d'une croix.

Elle est ornée de pierres gravées, au nombre de quarante, parmi lesquelles sont quelques pierres grecques, de travail byzantin, d'autres italiennes, taillées au XVIe siècle.

L'empereur Napoléon Ier n'a pas porté sur sa tête

---

(1) En outre de ces habillements, M. le comte de Turenne a remis, à la même date : un habit de général de division, porté par Napoléon, premier consul, à Marengo (il est inscrit sous le n° 219), et les objets, dont suit le détail, qui sont conservés au Louvre et ne sont pas exposés : une culotte de velours blanc et jarretières brodées ; quatre paires de bas de soie blancs avec les coins brodés en or ; quatre paires de souliers blancs, brodés en or ; trois paires de gants blancs, brodés en or ; une paire de gants blancs, brodés en soie ; deux paires de gants blancs, sans broderies.

cette couronne ; celle qui, déposée sur l'autel avec les ornements impériaux, y a été prise par l'Empereur lui-même, qui l'a placée sur sa tête, était une couronne d'or, faite de feuillages de laurier.

La couronne de Charlemagne a été, pendant les cérémonies du sacre, portée sur un coussin de velours violet brodé d'or, par le maréchal Kellermann, ayant à sa gauche M. Auguste Talleyrand, chambellan, à sa droite M. le colonel de France, écuyer.

231. — Habit de cérémonie.

Velours pourpre, brodé d'or. Il est semblable à celui que l'Empereur a porté le jour de son sacre et qui est inscrit sous le n° 229.

232. — Habit de cérémonie.

Velours pourpre. Il ne diffère de celui qui précède que par les épis brodés qui sont en argent, les branches de laurier, d'olivier et de chêne étant brodées en or.

233. — Habit de cérémonie.

Velours vert brodé d'or. De même forme et ayant les mêmes broderies que l'habit porté par l'Empereur le jour de son sacre.

234. — Habit de cérémonie.

Soie de couleur amarante. Il est brodé d'or ; le dessin des broderies ne diffère pas de celui des habits susdésignés. Il porte au droit de la poitrine les deux plaques de la Légion d'honneur et de la Couronne de fer.

235. — Habit de cérémonie.

Soie. De couleur amarante. Il ne diffère de celui qui précède que par les épis qui sont brodés avec de l'argent, les branches de laurier, d'olivier et de chêne étant brodés en or.

236 à 238. — Trois vestes de soie blanche, brodées d'or.

239. — Ceinturon porté par l'empereur Napoléon Ier pour soutenir son couteau de chasse. Conservé par M. le comte de Turenne. Donné au Musée des Souverains par l'empereur Napoléon III.

Longueur, 0,950.

Il est de velours vert; des abeilles et des étoiles d'or sont brodées sur les bords; une tête de Méduse, d'un léger relief, orne la plaque d'argent doré qui forme la ceinture.

240. — Ceinturon.

Longueur, 1,310.

Il est de velours blanc et brodé d'or; le dessin de la broderie est composé de la répétition d'aigles posés sur un globe et tenant des foudres dans leurs serres. Les chiffres de l'Empereur et des cornes d'abondance alternent avec chaque motif.

241. — Baudrier.

Replié, il mesure 0,680.

Deux plaques d'argent doré, sont fixées, aux extrémités; chacune d'elles est ornée de l'aigle impérial placé entre deux couronnes qui renferment la lettre N, initiale du nom de Napoléon.

Le ceinturon est muni de deux porte-mousqueton, d'argent doré.

Il est de velours blanc et la broderie est absolument semblable à celle du ceinturon inscrit sous le n° 240.

242. — Ceinturon.

Longueur, 1,060.

Il est de soie blanche moirée.

La broderie d'or est composée d'un semé d'étoiles, d'abeilles, de flambeaux d'hyménée, de carquois; sur les bords sont entremêlées des tiges de lauriers et d'oliviers.

Deux plaques, d'argent doré, sont fixées aux extrémités; chacunes d'elles est ornée de l'aigle impérial placé entre deux couronnes qui renferment la lettre N, initiale du nom de Napoléon.

Le ceinturon est muni de deux porte-mousqueton, d'argent doré.

243 à 351. — Nécessaire de campagnes de l'empereur Napoléon Ier. C'est celui que l'Empereur a désigné dans son testament, lorsque, après avoir parlé de ses armes, il a écrit : « Mon nécessaire d'or, celui qui m'a servi le matin d'Ulm, d'Austerlitz, d'Iéna, d'Eylau, de Friedland, de l'île de Lobau, de la Moskowa, de Montmirail. Sous ce point de vue, je désire qu'il soit précieux à mon fils. » Il appartient à la ville de Paris, et est conservé dans le Musée des Souverains, à titre de dépôt.

Il se compose de trois séries distinctes : 1° les instruments de travail, 2° les objets qui servent à la toilette, 3° ceux qui servent pour un repas.

Les instruments de travail comprennent :

243. — Compas d'épaisseur, vermeil, 0,155.

244. — Compas à pointes mobiles, argent. Longueur, 0,115. La vis de précision manque.

245. — Compas de division à pointes sèches, argent. Longueur, 0,090.

246. — Tire-ligne du compas à pointe mobile, argent. Longueur, 0,072.

247. — Porte-crayon du compas à pointe mobile, argent. Longueur, 0,057.

248. — Allonge du compas, argent. Longueur, 0,099.

249. — Porte-crayon, vermeil. Longueur, 0,120.

250. — Plume d'argent renfermée dans un étui d'argent qui mesure 0,138.

251. — Demi-cercle rapporteur, argent. Longueur, 0,091.
Il porte le nom de Biennais, à Paris.

252. — Demi-cercle rapporteur en corne. Longueur, 0,080.
Il porte l'adresse de Biennais (*Au Singe violet*).

253. — Un demi-pied brisé, avec les divisions du mètre, argent. Longueur, 0,165.
Le nom de Biennais et son adresse (*Au Singe violet*, à Paris), sont gravés sur l'un des côtés.

254. — Pied de France, divisé en douze pouces, os, garnitures en argent. Il porte le nom de Meurand, quai de l'Horloge, à Paris, et sur la plaque d'argent qui garnit l'une des pointes, on lit ces mots qui sont gravés : POIDS DES BOULETS, CALIBRE DES PIÈCES, une échelle à cette intention étant tracée sur ce côté du pied.

255. — Echelle de proportion avec les divisions du mètre et les divisions du pied, ivoire. Longueur, 0,170.

256. — Godet pour l'encre de Chine, albâtre, octogone. Longueur, 0,050.

257. — Ciseaux, acier. Longueur, 0,090.

258. — Lorgnette, vermeil et écaille. Diamètre, 0,048.

Les objets qui servent à la toilette comprennent :

259. — Cuvette, de forme ovale, se transformant en un plat à barbe par l'adjonction d'un appendice posé sur le plus long côté, vermeil. Les armes de l'Empire sont gravées au fond de la cuvette et sur l'appendice. Longueur, 0,300; largeur, 0,190.

260. — Pot à eau, muni d'un couvercle, orné de ciselures, vermeil. Les armes de l'Empire sont gravées sur la partie extérieure. Hauteur, 0,165.

261. — Boîte à savon, dont le couvercle est à jour, vermeil. Les armes de l'Empire sont gravées sur la boîte et sur le couvercle. Hauteur, 0,090; diamètre, 0,070.

262. — Boîte à pâte, ayant un double fond, vermeil. Hauteur, 0,092; diamètre, 0,070. La partie supérieure contient de la pâte d'amandes qui a été humectée. Les armes de l'Empire sont gravées sur la boîte et sur le couvercle.

263. — Boîte à pâte, vermeil. Les armes de l'Empire sont gravées sur la boîte et sur le couvercle. Hauteur, 0,090; diamètre, 0,070.

264. — Boîte cylindrique, dont le couvercle se visse, vermeil. Hauteur, 0,095; diamètre, 0,045. Les armes de l'Empire sont gravées sur la boîte et sur le couvercle. Elle contient de la poudre pour les dents qui a été humectée et forme un corps solide.

265. — Boîte cylindrique, à double fond, fermant à vis, ayant son couvercle, vermeil. Hauteur, 0,089;

diamètre, 0,041. Les armes de l'Empire sont gravées sur la boîte et sur le couvercle.

266. — Boîte (petite) cylindrique, ayant un couvercle, vermeil. Les armes de l'Empire sont gravées sur le couvercle. Hauteur, 0,050 ; diamètre, 0,038.

267. — Boîte cylindrique, se divisant en trois parties qui sont superposées et qui ferment à vis. La partie supérieure est un encrier, celle intermédiaire est une poudrière et le bas est une boîte qui contient des pains à cacheter. Les armes de l'Empire sont gravées sur la face antérieure de l'encrier, vermeil. Hauteur totale, 0,095 : diamètre, 0,045.

268. — Veilleuse composée d'une boîte cylindrique dont le couvercle est à sa partie supérieure percé d'un orifice pour laisser passer la mèche allumée ; elle contient tous les ustensiles que nécessite son usage, et le pied garni d'un manche sur lequel elle s'adapte peut être détaché, vermeil. Hauteur totale, 0,085 ; diamètre de la lampe, 0,108. Les armes de l'Empire, des aigles, des abeilles sont gravés sur le tour de la lampe.

269. — Pinceau à barbe enfermé dans son étui. Le manche et l'étui sont de vermeil. Longueur, 0,095. Les armes de l'Empire sont gravées sur l'étui.

270 — Boîte à briquet, forme aplatie, vermeil, munie d'un morceau d'acier. Longueur, 0,080 ; largeur, 0,043. Elle renferme une pierre à fusil et des allumettes.

271. — Flacon cylindrique, cristal taillé à pointes de diamant, bouchon de vermeil sur lequel sont gravées les armes de l'Empire. Hauteur, 0,080. Il contient un peu d'eau de lavande.

272. — Flacon cylindrique, cristal taillé à pointes de diamant, bouchon de vermeil sur lequel sont gravées les armes de l'Empire. Hauteur, 0,080. Il contient un peu d'eau de Cologne.

273. — Flacon cylindrique, cristal taillé à pointes de

diamant, bouchon de vermeil sur lequel sont gravées les armes de l'Empire. Hauteur, 0,075.

274. — Flacon cylindrique, cristal taillé à pointes de diamant, bouchon de vermeil sur lequel sont gravées les armes de l'Empire. Hauteur, 0,075.

275. — Flacon rectangulaire, cristal taillé, bouchon de vermeil sur lequel sont gravées les armes de l'Empire. Hauteur, 0,086. Sur un papier collé comme une étiquette on lit : EAU DE ROSE, et le flacon contient un peu de liquide.

276. — Flacon rectangulaire, semblable au précédent, mais brisé.

277. — Flacon de poche, cristal, bouchon de vermeil. longueur, 0,092.

278. — Flacon de poche, cristal, bouchon de vermeil. Longueur, 0,085.

279. — Etui cylindrique, écaille, cerclé de vermeil. Longueur, 0,090; diamètre, 0,021. Il contient vingt-une épingles.

280. — Etui cylindrique, écaille, cerclé de vermeille. Longueur, 0.093; diamètre, 0,021.

281. — Brosse à dents, montée en vermeil, Longueur, 0,129.

282. — Ciseaux, acier, branches de vermeil. Longueur, 0,115.

283. — Pince à épiler, vermeil. Longueur, 0,072.

284. — Cure-dents, muni de trois pointes, vermeil. Longueur, 0,097.

285. — Passe-lacet, vermeil. Longueur, 0,122.

286. — Crochet pour une montre, vermeil. Longueur, 0,047.

287. — Crochet pour une montre, vermeil. Longueur, 0,047.

288. — Poinçon, acier, manche d'écaille incrusté d'argent. Longueur, 0,098.

289. — Tournevis, acier, manche d'ivoire monté en vermeil. Longueur, 0,080.

290. — Lime, acier, manche de nacre de perle, monté en vermeil. Longueur, 0,130.

291. — Pointe recourbée, acier, manche en nacre de perle, monté en vermeil. Longueur, 0,133.

292. — Pointe aplatie, acier, manche en nacre de perle, monté en vermeil. Longueur, 0,125.

293. — Grattoir, acier, manche en nacre de perle, monté en vermeil. Longueur, 0,127.

294. — Grattoir, acier, manche en nacre de perle, monté en vermeil. Longueur, 0,120.

295. — Curette, acier, manche en nacre de perle, monté en vermeil. Longueur, 0,128.

296. — Crochet pour les bottes, acier. Longueur, 0,163.

297. — Crochet pour les bottes, acier. Longueur, 0,168.

298. — Tire-boutons, acier. Longueur, 0,115.

299. — Tire-bouchon, acier. Longueur, 0,115.

300. — Pince à ongles, acier. Longueur, 0,100.

301. — Vrille, acier, manche d'ivoire. Longueur, 0,075.

302. — Vrille, acier, manche d'ivoire. Longueur, 0,068.

303. — Démêloir, écaille. Longueur, 0,140.

304. — Cuir à rasoirs, manche d'ébène. Longueur, 0,200.

305. — Étui de maroquin rouge avec écusson d'ar-

gent sur lequel est gravée l'initiale du nom de Bonaparte.

306. — Pierre à rasoirs, manche d'ébène, Longueur, 0,200.

307. — Etui de maroquin rouge, avec écusson d'argent, sur lequel est gravée la lettre initiale du nom de Bonaparte.

Les objets qui servaient pour un repas, comprennent :

308. — Ecuelle à potage, vermeil, deux colombes forment le bouton du couvercle, dont le bord est ciselé. Les armes de l'empire sont gravées sur l'écuelle et sur le couvercle. Diamètre, 0,160 ; hauteur, 0,045.

309. — Poêlon pour le lait, vermeil, les armes de l'Empire sont gravées sur la partie antérieure. Diamètre, 0,145. Le manche est d'ébène et terminé par un bouton d'ivoire.

310. — Cafetière, vermeil, ornée de ciselures. Les armes de l'Empire sont gravées sur un côté. Hauteur, 0,150. Le manche est d'ébène et terminé par un bouton d'ivoire.

311. — Chocolatière, vermeil, le bord du couvercle est ciselé ; les armes de l'Empire sont gravées sur un côté et sur le couvercle. Hauteur, 0,100. Le manche est d'ébène et terminé par un bouton d'ivoire.

312. — Théière, vermeil, ornée de ciselures, les armes de l'Empire sont gravées sur un côté et sur le couvercle. Hauteur, 0,085, l'anse est d'ébène.

313. — Pot à lait, vermeil, orné de ciselures, les armes de l'Empire sont gravées sur la partie antérieure. Hauteur, 0,095.

314. — Sucrier, vermeil, traversé par une corde ciselée ; les armes de l'Empire sont gravées sur le couvercle. Hauteur, 0,072.

315. — Pince à sucre, vermeil. Longueur, 0,091.

316. — Tasse, vermeil. Hauteur, 0,070; diamètre, 0,063. Elle est plane à l'intérieur, et à l'extérieur est à pans coupés; le bord est gravé et les armes de l'Empire décorent la partie antérieure, l'anse est d'ébène.

317. — Tasse, vermeil. Hauteur, 0,070; diamètre, 0,060. Elle est plane à l'intérieur, et à l'extérieur est à pans coupés; le bord est gravé et les armes de l'Empire décorent la partie antérieure; l'anse est d'ébène.

318. — Tasse, vermeil. Hauteur, 0,070; diamètre, 0,067. Elle est plane à l'intérieur, et à l'extérieur est à pans coupés; le bord est gravé et les armes de l'Empire décorent la partie antérieure; l'anse est d'ébène.

319. — Tasse, vermeil. Hauteur, 0,070; diamètre, 0,065. Elle est plane à l'intérieur et à l'extérieur est à pans coupés. Le bord est gravé et les armes de l'Empire décorent la partie antérieure; l'anse est d'ébène.

320. — Soucoupe, porcelaine. Diamètre, 0,113. Au centre est un écusson doré sur lequel se détache en blanc la lettre B, initiale du nom de Bonaparte. Une branche de chêne et une de lauriers accompagnent l'écusson. Le bord et le dessous sont dorés en plein.

321. — Soucoupe, porcelaine. Diamètre, 0,117. Le centre, qui est blanc, est décoré d'une lettre N, initiale du nom de Napoléon, surmontée de la couronne impériale et accompagnée d'une branche de chêne et d'une de lauriers. Le bord est doré en plein.

322. — Soucoupe telle que celle qui précède. Elle a été brisée et est recollée.

323. — Soucoupe, porcelaine. Diamètre, 0,110. A l'intérieur elle est dorée en plein et sur le bord extérieur est décorée d'une guirlande de lauriers.

324. — Verre à boire, vermeil. Hauteur, 0,070 ; diamètre, 0,060. Il est de forme cylindrique et n'ayant

d'autre ornement que les armes de l'Empire qui sont gravées vers le milieu de la hauteur.

325. — Verre à liqueur, vermeil. Hauteur, 0,038; diamètre, 0,035. Il est la réduction du verre à boire.

326. — Verre à liqueur, vermeil. Hauteur, 0,038; diamètre, 0,035. Il est la réduction du verre à boire.

327. — Assiette, vermeil. Diamètre, 0,194. Les armes de l'Empire sont gravées sur bord.

328. — Assiette, vermeil. Diamètre, 0,194. Les armes de l'Empire sont gravées sur le bord.

329. — Cuiller pour servir un potage, vermeil. Longueur, 0,313. Les armes de l'Empire y sont gravées.

330. — Cuiller, vermeil. Longueur, 0,190. Les armes de l'Empire y sont gravées.

331. — Cuiller, vermeil. Longueur, 0,190. Les armes de l'Empire y sont gravées.

332. — Cuiller, vermeil. Longueur, 0,190. Les armes de l'Empire y sont gravées.

333. — Cuiller, vermeil. Longueur, 0,190. Les armes de l'Empire y sont gravées.

334. — Fourchette pour découper, vermeil, le manche d'ivoire. Longueur, 0,270. Les armes de l'Empire sont gravées sur des écussons de vermeil incrustés sur chaque côté du manche.

335. — Fourchette, vermeil. Longueur, 0,190. Les armes de l'Empire y sont gravées.

336. — Fourchette, vermeil. Longueur, 0,190. Les armes de l'Empire y sont gravées.

337. — Fourchette, vermeil. Longueur, 0,190. Les armes de l'Empire y sont gravées.

338. — Fourchette, vermeil. Longueur, 0,190. Les armes de l'Empire y sont gravées.

339. — Couteau, vermeil, la lame ne faisant qu'un avec le manche. Longueur, 0,200. L'extrémité du manche est ciselé et les armes de l'Empire sont gravées d'un côté.

340. — Couteau, vermeil, la lame ne faisant qu'un avec le manche. Longueur, 0,200. L'extrémité du manche est ciselée et les armes de l'Empire sont gravées d'un côté.

341. — Couteau, vermeil, la lame ne faisant qu'un avec le manche. Longueur, 0,200. L'extrémité du manche est ciselée et les armes de l'Empire sont gravées d'un côté.

342. — Couteau, vermeil, la lame ne faisant qu'un avec le manche. Longueur, 0,200. L'extrémité du manche est ciselée et les armes de l'Empire sont gravées d'un côté.

243. — Couteau pour découper, lame d'acier, de Gavet, à Paris, manche d'ivoire. Longueur, 0,292. L'aigle impérial est gravé dans un écusson de vermeil incrusté sur chaque côté du manche.

344. — Couteau, lame d'acier de Paris, manche d'ivoire. Longueur, 0,232. L'aigle impérial est gravé dans un écusson de vermeil incrusté sur chaque côté du manche.

345. — Couteau, lame d'acier de Paris, manche d'ivoire. Longueur, 0,232. L'aigle impérial est gravé dans un écusson de vermeil incrusté sur chaque côté du manche.

346. — Couteau, lame d'acier de Paris, manche d'ivoire. Longueur, 0,232. L'aigle impérial est gravé dans un écusson de vermeil incrusté sur chaque côté du manche.

347. — Couteau, lame d'acier de Paris, manche d'i-

voire. Longueur, 0,232. L'aigle impérial est gravé dans un écusson de vermeil incrusté sur chaque côté du manche.

348. — Flambeau qui se transforme en candélabre par l'adjonction de trois branches mobiles, vermeil. Hauteur, 0,170; diamètre du pied, 0,078. Il est orné de ciselures et de gravures ; on y plaçait quatre bougies.

349. — Flambleau qui se transforme en candélabre par l'adjonction de trois branches mobiles, vermeil. Hauteur, 0,170 ; diamètre du pied, 0,078. Il est orné de ciselure et de gravures ; on y plaçait quatre bougies.

350. — Bobêche de flambeau, vermeil. Hauteur, 0,030.

351. — Bobêche de flambeau, vermeil. Hauteur, 0,035.

Lorsque le nécessaire de l'Empereur a été déposé au Musée des Souverains, la déclaration qui suit en a été faite :

« L'an mil huit cent cinquante-trois, le dix-huit mars, devant nous, comte de Nieuwerkerke, directeur général des Musées impériaux, s'est présenté Monsieur Yvert, chef du cabinet de Monsieur le Préfet de la Seine, au nom de Monsieur le Préfet de la Seine, lequel a remis entre nos mains, pour être déposé au Musée des Souverains, un nécessaire de toilette en vermeil, ayant appartenu à S. M. l'Empereur Napoléon Ier et devenu depuis la propriété de la ville de Paris, en vertu de la donation (1) qui lui en a été faite par le général Bertrand, pour se conformer aux dispositions testamentaires de S. M. I.

Le nécessaire susmentionné ne nous a été remis qu'à

---

(1) Voir le *Moniteur* des 6 et 14 juin 1840.

titre de dépôt seulement et continuera à demeurer la propriété de la Ville de Paris. . . . . . . »

Extrait du procès-verbal de dépôt.

Archives du Musée.

352. — Verre à boire, dont l'empereur Napoléon Ier s'est servi pendant la campagne de Russie. Donné au Musée des Souverains par M. Sinet.

Il est de cristal, l'orifice est évasé. Hauteur, 0,090; diamètre de l'orifice, 0,082. Une zone qui l'entoure vers le milieu est taillée à très-petites pointes de diamant, et la même taille existe sous le verre. Près du haut du verre est gravée la lettre N, initiale du nom de Napoléon, surmontée d'une couronne impériale.

M. Sinet a joint à son don la note qui suit :

« Il m'est échu par droit de succession un verre et son étui ayant appartenu à Sa Majesté Napoléon Ier, et lui ayant servi dans la campagne de Russie. Je puis en garantir l'authenticité. »

Extrait d'une lettre adressée, en novembre 1860, à M. le Directeur général des Musées, par M. Gustave Sinet.

A l'envoi du verre était jointe la note qui suit :

« Verre et son étui ayant servi à l'Empereur Napoléon dans la campagne de Russie.

« Je désire qu'à mon décès il soit remis à mon fils Victor Sinet et qu'il le garde comme souvenir. Un jour il sera estimé un grand prix. Je tiens ce verre de ma cousine Sinet, dont le mari était chargé par l'Empereur de le porter toujours sur lui et de ne le mettre sur sa table qu'au moment où il prendrait ses repas. Ce verre a été fourni par M. Paris, faïencier de l'Empereur, demeurant rue Taranne, lequel a fait graver ce verre par M. Dartois, premier graveur sur verre de son temps. M. Paris m'en a garanti l'authenticité. »

Paris, le 6 mai 1847. Signé Sinet aîné. (Archives du Musée.)

353. — Assiette dont s'est servi l'empereur Napoléon Ier. Donnée au Musée des Souverains par M. de Saint-Légers.

Elle est d'argent, creuse. Diamètre, 0,205. Les armes de l'Empire sont gravées sur le bord.

L'on trouve en dessous le poinçon de Biennais.

354. — Aigle impérial, qui était placé comme bouton sur l'une des grandes pièces d'argenterie du service de table de l'empereur Napoléon Ier. Il a été donné par S. M. Napoléon III.

Hauteur, 0,065.

Il est d'argent.

Il tient dans ses serres un foudre. Il est posé sur un globe de marbre noir, ayant un piédouche de brèche ; le piédestal qui le porte est noir ayant une base de brèche. On lit sur le piédestal cette inscription gravée et dont les lettres sont peintes en jaune : L'EMPEREUR NAPOLÉON, OBLIGÉ DE FAIRE FONDRE SON ARGENTERIE A SAINTE-HÉLÈNE, EN CONSERVA LES AIGLES POUR ÊTRE ENVOYÉS A SA FAMILLE. CELUI-CI FUT REMIS AU ROI JÉRÔME.

Hauteur de l'ensemble, 0,210.

355. — Lettre de Napoléon Bonaparte, général en chef de l'armée d'Italie, signée de son nom.

Recto et verso. Placée entre deux verres.

Hauteur, 0,340. — Largeur, 0,230.

RÉPUBLIQUE FRANÇAISE.

Armée d'Italie.

N°

Liberté.   **Égalité.**

Au quartier-général de Milan, le 6 vendémiaire an 5ᵉ de la République une et indivisible.

Bonaparte, général en chef de l'armée d'Italie.

Rép. le 14 et donné les ordres le même jour.

Au général d'artillerie.

{ Cette lettre sera envoyée au citoyen Aniere qui la lui fera passer et en exécutera provisoirement les dispositions.

« La fabrique de poudre, située près de Milan, travaillera jour et nuit. Le traitement du Directeur sera en conséquence doublé et il lui sera nommé un adjoint. Le nombre d'ouvriers, au lieu de neuf, sera porté à quinze. Leur traitement sera augmenté. On travaillera tous les jours, même les jours de fête, on aura toujours en magasin les matériaux nécessaires pour le travail de trois mois. Il est indispensable que le Général d'artillerie donne des ordres pour que cette poudrière puisse fabriquer de 20 à 25,000 de poudre par mois; il y fera établir un atelier de tonnelier, il établira un sergent d'artillerie qui sera sous les ordres du Directeur et chargé de faire les fonctions de garde magasin. L'on ne tiendra dans le fort de Milan que cent cinquante milliers de poudre, on fera partir le surplus pour servir à l'approvisionnement de Peschiaire, Porto-Legnago et la citadelle de Véronne.

« Le Général d'artillerie enverra le plus tôt possible un officier d'artillerie à Modène, en reconnaissance de la fabrique de poudre existante près cette ville, il donnera des ordres pour que cette fabrique travaille également jour et nuit, et même les jours de fête. Il fera prendre à Modène 2,000 fusils, il en fera transporter 1,000 à Crémone pour le service de ce dépôt, il fera transporter les 1,000 autres à Peschiaire.

« Signé : BONAPARTE. »

356. — Le livre du sacre.

Manuscrit sur papier vélin.

Hauteur, 0,625. — Largeur, 0,485.

Il contient 149 feuillets :
Après le feuillet de garde, on trouve le titre écrit à la main et signé du nom de Baron : *Le sacre de S. M. l'Empereur Napoléon dans l'église métropolitaine de Paris et le 11 frimaire an XIII, dimanche 2 décembre* 1804, puis l'*encadrement* du titre gravé par Malbeste et à la suite le dessin de Percier d'après lequel a été gravé l'*encadrement*. Au folio 1, commence la *Relation des cérémonies du sacre et du couronnement de S. M. l'Empereur Napoléon* et elle ne s'arrête qu'au folio 28.

Folio 29. *Médailles distribuées au peuple,* puis *distribution des Aigles au Champ-de-Mars.*

Folio. 33. *Banquet impérial.*

Folio. 34. *Réception des principaux corps et fonctionnaires de l'Empire et des députations des armées.*

Folio 38. *Fête donnée à LL. MM. par le Corps municipal de Paris.*

Au folio 58 finit le texte manuscrit.

A la suite on trouve : *Description des tableaux et explication des costumes*, titre gravé par A. Godefroy, d'après Percier.

Description du premier tableau, représentant la sortie de l'Empereur du Palais des Tuileries.
La gravure de ce tableau par Dequevauvillier.
Le dessin original par Isabey et Fontaine.
Description du deuxième tableau, représentant l'arrivée de l'Empereur au Champ-de-Mars.
La gravure de ce tableau par Malbeste.
Le dessin original par Isabey et Fontaine.
Description du grand habillement de l'Empereur.
L'Empereur en grand costume, gravure par A. Tardieu.
Le dessin original par Isabey.
Description du petit habillement de l'Empereur.
L'Empereur en petit costume, gravé par Ribault.
Le dessin original par Isabey.
Description du grand habillement de l'Impératrice.
L'Impératrice en grand costume, gravure par Audoin.
Le dessin original par Isabey.
Description du petit habillement de l'Impératrice.
L'Impératrice en petit costume, gravure par Ribault.
Le dessin original par Isabey.
A Notre-Dame.
La gravure de ce tableau par Dupréel.
Le dessin original par Isabey et Fontaine.
Description du troisième tableau, représentant les onctions.
La gravure de ce tableau par Delvaux.
Le dessin original par Isabey et Fontaine.
Description du quatrième tableau, représentant le couronnement de l'Empereur.
La gravure de ce tableau par Lavalé.
Le dessin original par Isabey et Fontaine.

Description du cinquième tableau, représentant les offrandes.

La gravure de ce tableau, par Simonet.

Le dessin original par Isabey et Fontaine.

Description du sixième tableau, représentant la prestation de serment par l'Empereur.

La gravure de ce tableau par Pauquet et Delignon.

Le dessin original par Isabey et Fontaine.

Description du septième tableau, représentant la distribution des Aigles.

Description de l'habillement du pape.

Le pape Pie VII, gravure par L. Petit.

Le dessin original par Isabey.

Description de l'habillement d'un prince français.

Prince français, gravure par J.-B. Simonet.

Le dessin original par Isabey.

Description de l'habillement d'une princesse.

Princesse, gravure par R. Delvaux.

Le dessin original par Isabey.

Description de l'habillement d'un prince grand dignitaire.

Prince grand dignitaire, gravure par Petit.

Le dessin original par Isabey.

Description de l'habillement d'un maréchal d'empire, portant les honneurs.

Maréchal d'empire portant les honneurs, gravure par Urbin Massard.

Le dessin original par Isabey.

Description de l'habillement d'une dame du palais, portant les offrandes.

Dame du palais portant les offrandes, gravure par Pauquet et Dupréel.

Le dessin original par Isabey.

Description de l'habillement du cardinal grand-aumônier.

Le cardinal grand-aumônier, gravure par Audoin.

Le dessin original par Isabey.

Description de l'habillement d'un grand-officier de la couronne.
Grand-officier de la couronne, gravure par Massart.
Le dessin original par Isabey.

Description de l'habillement du ministre grand-juge.
Ministre grand-juge, gravure par Ribault.
Le dessin original par Isabey.

Description de l'habillement d'un ministre.
Ministre, gravure par Simonet.
Le dessin orignal par Isabey.

Description de l'habillement du colonel général des cuirassiers.
Colonel général des cuirassiers, gravure par Guttenberg.
Le dessin original par Isabey.

Description de l'habillement du colonel général des dragons.
Colonel général des dragons, gravure par Pigeot.
Le dessin original par Isabey.

Description de l'habillement du colonel général des hussards.
Colonel général des hussards, gravure par Pauquet.
Le dessin original par Isabey.

Description de l'habillement du colonel général des chasseurs.
Colonel général des chasseurs à cheval, gravure par Pauquet.
Le dessin original par Isabey.

Description de l'habillement d'un officier civil de la maison de l'Empereur.
Officier civil de la maison, gravure par Delvaux.
Le dessin original par Isabey.

Description de l'habillement d'un aide des cérémonies.
Aide des cérémonies, gravure par Delvaux.
Le dessin original par Isabey.

Description de l'habillement du maître des cérémonies d'église.

Maître des cérémonies de l'église, gravure par Lavalé.

Le dessin original par Isabey.

Description de l'habillement d'un page, gravure par Petit.

Le dessin original par Isabey.

Description de l'habillement du roi d'armes.

Chef des hérauts d'armes, gravure par Massart.

Le dessin original par Isabey.

Description de l'habillement d'un huissier de la chambre de Sa Majesté.

Huissier de la chambre, gravure par Massart père.

Le dessin original par Isabey.

Description de l'habillement d'un sénateur.

Sénateur, gravure par Lavalé.

Le dessin original par Isabey.

Description de l'habillement d'un conseiller d'État.

Conseiller d'État, gravure par Massart père.

Le dessin original par Isabey.

Description de l'habillement d'un membre du Corps législatif.

Membre du Corps législatif, gravure par Ribault.

Le dessin original par Isabey.

Description de l'habillement d'un membre du Tribunat.

Membre du Tribunat, gravure par Lavalé.

Le dessin original par Isabey.

Description de l'habillement du premier président de la Cour de Cassation.

Premier président de la Cour de Cassation, gravure par M. Massart.

Le dessin original par Isabey.

Description de l'habillement d'un maire.

Maire de ville, gravure par Audoin.

Le dessin original par Isabey.

Description de l'habillement d'un président de canton.

Président de canton, gravure par Ribault.

Le dessin original par Isabey.

Après les costumes peints et gravés sont inscrits les *titres et dignités actuelles des personnes qui ont rempli des fonctions au sacre et au couronnement de l'Empereur Napoléon;* puis la *Liste nominative* des principaux fonctionnaires appelés à la cérémonie du sacre et couronnement de l'Empereur.

La reliure en maroquin rouge avec fers dorés aux chiffres de Napoléon et aux armes de l'Empire a été faite dans les ateliers de Tessier, relieur et doreur de l'Intendance de la maison de l'Empereur. Le titre est : Le Sacre de S. M. l'Empereur Napoléon.

357. — Code Napoléon, exemplaire de l'Empereur.

Hauteur, 0,255. — Largeur, 0,200.

Unique, imprimé sur peau de vélin. Le titre, CODE NAPOLÉON, ÉDITION ORIGINALE ET SEULE OFFICIELLE, A PARIS, DE L'IMPRIMERIE IMPÉRIALE, M.DCCC.VII, a en son milieu les armes de l'Empereur. Deux timbres faits avec un cachet et à l'encre rouge sont marqués sur la page; on lit sur l'un : CABINET DE SA MAJESTÉ L'EMPEREUR ET ROI, et sur l'autre : BIBLIOTHÈQUE DU ROI. LOUVRE, parce que le livre, après avoir appartenu à Napoléon Ier, a été conservé, jusqu'à la création du Musée des Souverains, dans la Bibliothèque du Louvre. Il comprend 610 pages et a été imprimé par les soins de J.-J. Marcel, directeur général de l'Imprimerie impériale.

La couverture est de velours violet, presque noir, très-richement brodé d'or, d'argent et de soie. Sur le dos, qui porte le titre : CODE NAPOLÉON, trois abeilles alternent avec la lettre N, initiale du nom de Napoléon répétée trois fois. Les deux plats sont semblables l'un à l'autre : au centre, les armes de l'Empereur ; aux quatre angles, des tables d'argent sur lesquelles on lit deux fois : CODE NAPOLÉON ; elles sont posées sur une épée, surmontées de la couronne impériale, accompagnées de balances, que maintiennent en équilibre une main de justice et le sceptre de Charlemagne. L'initiale de Napoléon est brodée quatre fois sur les bords, dans des embranchements de lauriers.

Un cartonnage doré permet de couvrir, en les maintenant fermés, les feuillets du livre pour lequel a été fait un solide étui.

Cet étui de maroquin rouge, doublé de velours bleu, a l'apparence d'un livre. Il est orné des initiales de Napoléon, que surmonte la couronne impériale, d'aigles, d'abeilles ; on lit sur le devant : CODE NAPOLÉON, IMPRIMÉ SUR PEAU DE VÉLIN. Hauteur de l'étui, 0,285 : profondeur, 0,255 ; épaisseur, 0,110.

358. — Livre des poésies d'Ossian, qu'a possédé et dont s'est servi l'empereur Napoléon Ier

Hauteur, 0,274. — Largeur, 0,204.

Il comprend le tome Ier et le tome II, reliés en un volume ; la reliure de maroquin jaune, ornée de fers dorés, porte sur ses plats deux grands écussons qui sont les armes de l'Empire ; sur le dos, des abeilles, des étoiles, un aigle et le titre OSSIAN.

Si l'on ouvre le livre, qui est doublé de moire violette, en regard de la feuille de titre on trouve une composition peinte sur vélin en miniature et à l'aquarelle, dont le sujet est indiqué par deux lignes manuscrites :

Ossian seul et aveugle chante les temps passés.
Les ombres des héros de sa famille l'environnent.

Cette composition, comme l'apprennent quelques mots qui sont écrits près des angles, a été *dessinée d'après le tableau de Gérard, appartenant à S. M. l'Empereur, par Isabey, peintre, dessinateur du cabinet.*

Le titre imprimé que l'on voit à la suite est : Ossian, fils de Fingal, barde du IIIe siècle ; poésies galliques, traduites sur l'anglais de M. Macpherson, par M. Letourneur, à Paris, chez Musier fils, libraire, rue du Foin-Saint-Jacques, M.DCC.LXX.VII, avec approbation et privilége du roi. Deux timbres faits avec un cachet et à l'encre rouge sont marqués sur cette page ; on lit sur l'un : CABINET DE S. M. L'EMPEREUR ET ROI, et sur l'autre : BIBLIOTHÈQUE DU ROI. LOUVRE, parce que le livre, après avoir appartenu à Napoléon Ier, a été conservé, jusqu'à la création du Musée des Souverains, dans la Bibliothèque du Louvre.

359. — Portefeuille de voyage de l'empereur Napoléon Ier.

Longueur, 0,535. — Largeur, 0,270.

Il est de maroquin rouge et orné de vignettes dorées. La lettre B, initiale du nom de Bonaparte, est gravée sur la partie supérieure du fermoir qui est d'argent doré. Des coins d'argent doré protégent les angles de la partie inférieure.

Il a été légué au Musée des Souverains par M. Cart Balthazar, 1865.

360. — Lit de camp de l'empereur Napoléon Ier. Donné au Musée des Souverains par l'empereur Napoléon III.

Longueur, 1,800. — Largeur, 0,840.

C'est un lit de fer, qui peut se plier ; la sangle du lit est posée à 0,210 au-dessus du sol. Quatre tringles de fer sont ajustées pour soutenir les rideaux, qui sont de soie verte et très-altérés.

Dans un des états joints au testament de l'Empereur, l'on lit la désignation de « son lit de camp, dont il a fait usage dans toutes ses campagnes. » Ce lit, que l'Empereur a légué à son fils, qui était à Sainte-Hélène, dans sa chambre à coucher et sur lequel il a rendu le dernier soupir, est en la possession de S. A. le prince Murat.

361 et 362. — Siége et table de camp de l'empereur Napoléon Ier.

Du siége : Hauteur, 0,460. — Longueur, 0.630.
De la table : Hauteur, 0,730. — Longueur, 0,970.

Le siége pliant, en forme d'X, est de bois de frêne, taillé sans aucunes moulures ; l'assise, les bras et le dossier sont en cuir rouge.

La table taillée et ajustée avec la même simplicité est en bois blanc, avec des côtés et des pieds de chêne.

Madame la comtesse de Castagny a fait hommage à l'Empereur Napoléon III de ces deux meubles, dont elle avait hérité de son père, M. Schulmeister. C'est ce qu'atteste la lettre qui suit :

« Madame la comtesse de Castagny vient de faire hommage à Sa Majesté du fauteuil et de la table qui servaient en campagne à l'Empereur Napoléon Ier, et dont elle vient d'hériter à la mort de son père, M. Schulmeister.

« Sa Majesté a daigné agréer l'hommage de ces deux précieux objets et elle m'a ordonné de vous les envoyer pour qu'ils prennent place dans le Musée des Souverains. »

Lettre adressée, le 13 mai 1853, à M. le Directeur général des Musées, par M. le général Rolin, adjudant-général du Palais. (Archives du Musée.)

363. — Bureau dont se servait en campagne l'empereur Napoléon Ier.

Hauteur, 1,140. — Longueur, 1,050.

De bois d'acajou et fait à cylindre, il est garni de

tiroirs; l'on en compte huit à l'intérieur et quatre au-dessus du cylindre. Les pieds du meuble se dévissent et le bureau pouvait être attaché à la voiture de l'Empereur.

Il a été conservé par le garde-meuble de la Couronne et était placé dans le palais de Trianon.

364. — Fauteuil du trône de l'empereur Napoléon Ier. Donné au Musée des Souverains par l'empereur Napoléon III.

Hauteur, 1,200. — Largeur, 0,780.

Le bois est doré, et des boules d'ivoire sont posées à l'extrémité des bras. L'étoffe est un velours vert, les broderies sont d'or : la lettre N, initiale du nom de Napoléon, est le motif central de l'ornementation du dossier.

A l'envoi du meuble était jointe la note qui suit :

« Le 29 mars dernier, conformément aux ordres de S. M. l'Empereur, un fauteuil de trône qui a servi à l'Empereur Napoléon Ier au palais de Fontainebleau et se trouvait dans les magasins du garde-meuble, a été transporté au palais du Louvre pour y être placé dans le Musée des Souverains. »

Extrait d'une lettre adressée, le 14 avril 1858, à M. le Directeur général des Musées, par M. Williamson, administrateur du mobilier de la Couronne. (Archives du Musée.)

365. — Fauteuil de bureau de l'empereur Napoléon Ier.

Hauteur, 1,020. — Largeur, 0,680.

Le bois est doré; l'étoffe est un velours vert, brodé d'argent; l'ornementation est composée de rosaces, de foudres et d'abeilles, de palmettes et de tiges de laurier formant bordures. Le siége se lève et s'abaisse au moyen d'une vis.

Ce fauteuil a été conservé dans le garde-meuble de la Couronne.

366. — Table-échiquier avec jeu d'échecs. Donnée à l'empereur Napoléon Ier par sa sœur, reine de Naples. Elle faisait partie de l'ameublement de Saint-Cloud.

Hauteur, 0,760. — Longueur, 0,600.

La table est de bronze doré, or mat, et couverte comme de broderies faites avec du corail ; l'aigle impériale, couronnée et tenant un foudre dans ses serres, la lettre N, initiale du nom de Napoléon, l'abeille, sont les principaux motifs de l'ornementation des quatre faces du pied ; sur les angles sont posés, au lieu de moulures, des rangs de corail taillé à facettes, et des lignes semblables profilent la base et suivent les bords du plateau de la table ; les quatre côtés de ce plateau étant sur leurs faces verticales ornés de camées taillés dans du corail.

Les parois de l'échiquier sont de jaspe égyptien, zoné ; leurs lignes droites et rectangulaires déterminent, au milieu, l'échiquier, et, sur chaque côté, des bandes dont les champs sont formés par des plaques de prisme d'amétiste. Les cases de l'échiquier sont mi-partie de jaspe égyptien et d'albâtre oriental.

Les figures du jeu sont sculptées dans du corail ; les pions sont des imitations des statues égyptiennes ; les pièces qui représentent des tours ou des obélisques sont taillées dans des morceaux de serpentine verte de l'Apennin et sont chargées de signes hiéroglyphiques.

367. — Table à jeu ayant fait partie de l'ameublement de l'empereur Napo-

léon Ier, à Longwood (île de Sainte-Hélène).

<small>Hauteur, 0,700. — Longueur et largeur, 0,910.</small>

Elle est de bois d'acajou et se plie sur le milieu. Les cases d'un damier et les divisions d'un trictrac sont incrustées sur le plateau de la table dont une des parties est mobile et peut former un pupitre.

M. Boisselier, en offrant à S. M. l'Empereur Napoléon III la table dont l'Empereur a fait usage à Sainte-Hélène, a remis les documents annexés à la lettre qui suit :

« M. Boisselier, chancelier du Consulat général de France à Londres, a offert à l'Empereur un meuble qui a servi à Napoléon Ier à Sainte-Hélène. C'est une table formant pupitre ou damier. Sa Majesté a accepté cet objet et désire le donner au Musée historique...

« Je vous transmets les pièces qui constatent l'origine du meuble. »

Extrait d'une lettre adressée, le 23 avril 1858, à M. le Directeur général des Musées, par M. Mocquard, chef du cabinet de l'Empereur. Trois pièces y étant jointes :

Pièce n° 1. — La table à trictrac, connue par bien des personnes pour être bien identiquement la même qui a servi à Napoléon, et qui a été mise à l'enchère à la vente du mobilier de l'Empereur, fut adjugée, à un prix très-élevé, à M. Cole, directeur de la poste à Sainte-Hélène. A la vente du mobilier de M. Cole, à Rose Bower, cette même table fut l'objet d'une grande convoitise, et après une lutte prolongée, M. Beale en resta l'acquéreur et en fit plus tard cadeau à madame John Mason. Signé : Anth. BEALE (Victoria), 13 juin 1855.

Pièce n° 2. — Je suis à même de certifier que la table à échecs, en acajou, antérieurement en la possession de madame J. R. C. Mason, a été achetée à la vente après décès du mobilier de l'Empereur Napoléon Bonaparte, par mon père, M. Anthony Beale, payeur au service de la Compagnie des Indes orientales à Sainte-Hélène, et par lui donnée à madame Mason. Signée : KATHARINE-ANNE-SIBILLA BURT. N° 3, Rose Hill, Ramsgate, 27 février 1855.

Pièce n° 3. — *A Monsieur H. Boisselier.* « Monsieur, il peut ne pas être sans intérêt pour vous de savoir que la table à trictrac apportée en Angleterre par madame Mason, et que j'ai eu l'honneur de vous remettre à mon arrivée en Angleterre, d'après le désir formel de M. G. Moss, vice-consul de France à Sainte-Hélène, a positivement appartenu, dans l'origine, à l'Empereur Napoléon. J'ai, en conséquence, l'honneur de vous adresser deux documents, à savoir : le premier, signé Anthony BEALE, esquire, ancien payeur de l'établissement de l'honorable Compagnie des Indes orientales à Sainte-Hélène, constatant de quelle manière il devint propriétaire de cette table et en faveur de qui il en disposa : le second, signé de madame BURT, sa fille, confirmant le transfert de ce meuble à madame Mason, de qui je l'ai reçu à mon tour. J'atteste, en outre, par les présentes, comme étant à ma connaissance personnelle, que ces deux pièces sont sincères et que foi entière peut être ajoutée à leur authenticité, aussi bien qu'à celle de ladite table à trictrac dénommée table à échecs dans le certificat de madame Burt. Signe Nath. SALOMON, membre du conseil de Sainte-Hélène, consul d'Autriche, des Pays-Bas ; et pour traduction conforme, le Chancelier du Consulat général, de France en Angleterre, H. BOISSELIER. »

Archives du Musée.

368. — Berceau du roi de Rome, offert au jeune prince par la ville de Paris.

Longueur, 1,350. — Largeur, 0,690.

La couchette est de forme elliptique, et le fond qui

s'élève, comme la capote d'une voiture, est arrondi en cul de four ; le couronnement est une figure ailée dont les bras élevés supportent les rideaux.

Le meuble est en racine de frêne et très-orné d'appliques en cuivre doré, ciselées par Thomire : sur les côtés ce sont des bas-reliefs représentant l'un, la Seine, l'autre, le Rhône, pour personnifier les villes de Paris et de Lyon ; sur le devant, des cornes d'abondance et un génie de la justice ; sur le dossier des couronnes de laurier et d'olivier. Il a été placé dans le Musée en 1858, ainsi que le dit la lettre ici jointe :

« ..... Rien ne s'opposerait maintenant à ce que le berceau du Roi de Rome, que le Ministre avait fait réserver au Garde-Meuble, dans l'éventualité du voyage, fût réintégré au Musée du Louvre. Ce berceau a été restauré et a reçu des rideaux et une garniture nouvelle, en remplacement des rideaux et de la garniture qui l'enveloppaient précédemment et qui n'étaient pas ceux ayant servi pour le Roi de Rome. Ces changements avaient d'ailleurs été ordonnés en vue du Prince impérial, le jour de son baptême, et en effet le berceau a figuré à Notre-Dame, dans une pièce disposée pour le Prince. C'est un souvenir historique de plus qui est venu s'ajouter ainsi à ceux que rappelait ce meuble qui n'a d'ailleurs subi aucune altération. »

Extrait d'une lettre adressée le 14 avril 1858, à M. le Directeur général des Musées, par M. Williamson, administrateur du mobilier de la Couronne.

Archives du Musée.

— Hochet du roi de Rome.

Voir le n° 388, folio 257 de la Notice.

Don de M. le comte Marchand.

369. — La Ville de Dieppe (modèle en ivoire du vaisseau de 88 canons). Offert

par la ville de Dieppe, à l'impératrice Marie-Louise, à l'occasion de la naissance du roi de Rome.

Longueur, 0,305.

L'Impératrice l'avait donné, en 1822, à M. Ballonhey, intendant des dépenses de sa maison. M. Ballonhey, mort en 1846, l'avait légué au Musée du Louvre, et, avant l'institution du Musée des Souverains, il était placé dans le Musée de Marine.

370. — Canne du roi de Rome. Donnée au Musée par le général baron Delarue.

Longueur, 0,910.

C'est une baguette de palissandre dont la monture est une petite pomme en or ciselé.

M. Delarue en était possesseur par donation que lui en avait faite M. le duc de Raguse, dont un extrait du testament suit :

« Du testament de M. Auguste-Frédéric-Louis Viesse de Marmont, duc de Raguse, Maréchal de France, décédé à Venise, le 3 mars 1852, par lui fait olographe, en date, à Lausanne, du dix septembre 1842, il a été extrait littéralement ce qui suit : « Je laisse comme souvenir et preuve de ma haute estime et de ma sincère amitié, mon épée à M. le baron Isidore Delarue, aujourd'hui colonel. J'y joins le sabre d'honneur que j'ai reçu après la bataille de Lodi, en 1796, étant chef de bataillon, et en outre la canne du duc de Reichstadt, que l'Impératrice Marie-Louise m'a envoyée, par le lieutenant Hartmann, après la mort de son fils. »

Extrait par M⁰ Frémy, notaire, à Paris, soussigné, ce jourd'hui 3 décembre 1852, sur l'original dudit testament.

Archives du Musée.

371. — Arc d'enfant ayant appartenu au roi de Rome. Donné au Musée par M. Brand.

Longueur, 0,840.

Il est en baleine ; le maroquin rouge qui le double est orné d'abeilles et d'étoiles dorées.

M. Brand, en l'offrant au Musée, y a joint la lettre qui suit :

« Mon aïeul vient de mourir sans avoir pu réaliser le vœu qu'il avait formé, de voir au Musée des Souverains un petit arc ayant appartenu au roi de Rome, Napoléon II. Je viens donc, M. le Directeur, mettre, selon son désir, cet objet à votre disposition. Je crois que Sa Majesté le reconnaîtra, elle a dû jouer avec, étant enfant. »

Extrait d'une lettre adressée à M. le Directeur général des Musées, par M. Brand, peintre.

Archives du Musée.

372. — Trompette d'enfant ayant appartenu au roi de Rome. Donnée au Musée par Mme Marchand.

Longueur, 0,280.

Elle est de cuivre doré et entourée d'une corde en soie rouge et argent, avec des glands.

373. — Giberne d'enfant ayant appartenu au roi de Rome. Donnée au Musée par Mme Marchand.

Longueur, 0,100. — Largeur, 0,070.

Elle est de cuivre argenté et est garnie de cuir rouge.

374. — **Sabretache d'enfant ayant appartenu au roi de Rome. Donnée au Musée par Mme Marchand.**

Hauteur, 0,250. — Largeur, 0,190.

Elle est de drap rouge et est brodée d'or. Elle a été placée dans un cadre et sous verre.

375 et 376. — **Petit bougeoir avec son éteignoir, ayant appartenu au roi de Rome. Donné au Musée par Mme Marchand.**

Hauteur, 0,080. — Diamètre, 0,030.

Il est d'argent doré.

377 et 378. — **Buste du roi de Rome et cordon de la Légion d'honneur ayant appartenu à l'empereur Napoléon Ier. Donnés au Musée par Mme Marchand.**

Plâtre. — Hauteur, 0,420. — Largeur, 0,260.

Le buste a été fait par Rutchiel, en 1813, on y peut lire la signature du sculpteur et la date.

379. — **Petit costume du roi de Rome. Donné au Musée par M. Pierron, maître d'hôtel de l'empereur Napoléon Ier, à l'île d'Elbe et à Sainte-Hélène.**

Il est de drap blanc et les décorations du jeune roi sont cousues sur la veste.

380. — **Nécessaire de toilette du roi de Rome. Donné au Musée des Souverains par Mme de Foresti.**

<small>Hauteur, 0,210. — Longueur, 0,360.</small>

Ce sont les dimensions de la boîte, qui est d'acajou et bordée de cuivres dorés ; les objets qu'elle renferme sont d'argent : les principaux sont un miroir, une cuvette, un plat creux pour la barbe, un seau pour l'eau chaude : dans le double fond de la boîte sont pratiquées cinq cases, à couvercles mobiles, en cartonnage revêtu de maroquin rouge, pour renfermer des papiers.

381 à 402. — **Don fait au Musée des Souverains par M. le comte Marchand, l'un des exécuteurs testamentaires de l'empereur Napoléon Ier.**

Aux objets qui en font partie a été jointe une note de M. le comte Marchand, que nous reproduisons intégralement ; nous n'ajouterons rien aux paroles qu'elle renferme pour ne la point altérer.

Nous nous sommes bornés à faire précéder chacun des objets qu'elle désigne du numéro sous lequel il est exposé dans le Musée.

Note de M. le comte Marchand.

« Inventaire des effets qui me sont échus dans le partage du mobilier de Sa Majesté l'Empereur Napoléon Ier, en vertu de l'art. IV du codicile du 16 avril 1821, ainsi conçu :

« Art. IV. Tout le reste de mes effets sera partagé entre Bertrand, Montholon et Marchand, défendant qu'il ne soit rien vendu de ce qui a servi à mon corps.

« Art. VIII. J'institue mes exécuteurs testamentaires les comtes Montholon, Bertrand et Marchand.

« Longwood, 16 avril 1821.

(*Signé*) NAPOLÉON.

« Je certifie que tout ce que contient cet inventaire dont l'offre est faite au Musée des Souverains a appartenu à l'Empereur Napoléon Ier, soit à son corps, soit à son usage.

381. — Reliquaire.

« Le médaillon de gauche, en haut, renferme des cheveux de l'Empereur coupés après sa mort. Le médaillon de droite contient des cheveux de l'Impératrice Joséphine après la mort de cette princesse. Le médaillon de gauche, en bas, contient un morceau de linge imprégné du sang décoloré de l'Empereur, à l'autopsie de son corps. Le médaillon du milieu renferme des cheveux du roi de Rome, envoyés de Vienne à Sainte-Hélène, par ma mère, pour être remis à l'Empereur. Le cinquième médaillon contient de la barbe de l'Empereur, coupée après sa mort. Les trois décorations de la Légion d'honneur, de la Couronne de fer et de la Réunion, suspendues chacune à leur cordon, sont celles que l'Empereur portait sur son uniforme des chasseurs de la Garde impériale en quittant la France et à son arrivée à Sainte-Hélène.

« La plaque de la Légion d'honneur qui est au centre du Reliquaire appartient au même uniforme. La couronne de saule est une branche détachée par moi le 5 mai 1821 du saule qui désormais allait ombrager de ses rameaux le tombeau de l'Empereur. Toutes ces reliques sont déposées sur une autre non moins précieuse : un morceau d'acajou dans son épaisseur provenant du cercueil de l'Empereur. Les vis de ce premier cercueil étant corrodées, les planches furent brisées et divisées, par parties égales, à chacun des membres de la Commission par le chef de l'expédition.

382. — Montre de l'Empereur.

« Cette montre avec sa clef et sa chaîne en or a traversé l'empire ; elle était à l'île d'Elbe. Elle est de Lépine. Elle m'a été donnée par l'Empereur la veille de quitter l'île pour rentrer en France, en y ajoutant ces paroles : « Elle me donne l'heure depuis le Consulat. »

383 à 385. — Pinceau à barbe, brosse à dents, petite cuiller en vermeil.

« Le pinceau à barbe, dont l'enveloppe est en vermeil, aux armes impériales, et la brosse à dents, de même matière, étaient l'un et l'autre à l'usage journalier de l'Empereur. La petite cuiller, également aux armes impériales, a été constamment à son usage dans sa longue maladie.

386 et 387. — Pot à crême et tasse en vermeil aux armes impériales.

« Ces deux petites pièces d'orfévrerie étaient à l'usage de l'Empereur.

388. — Hochet du roi de Rome.

« Ce bijou, à l'usage du roi de Rome, est en or ; il est décoré d'un aigle, de grelots et d'un bout en corail. Il a été donné par l'Impératrice Marie-Louise à ma mère, lorsqu'elle cessa de donner ses soins à ce prince qui passait aux hommes.

389 et 390. — Couvert d'argent.

« Ce couvert, aux armes impériales, a été à l'usage de l'Empereur, à Sainte-Hélène.

391. — Chapeau de l'Empereur.

« Ce chapeau que portait l'Empereur en quittant la

France, orné, comme il l'est, de la cocarde nationale, est celui avec lequel il est arrivé à Sainte-Hélène. Sa coiffe était grise, elle eut besoin d'être changée; Santini lui mit celle qui existe. Mis plus tard à la réforme, enfermé dans une armoire jusqu'à la mort de l'Empereur, il devint alors un objet de vénération, fut tiré au sort entre le comte Bertrand, le comte de Montholon et moi. Il m'échut en partage.

392. — Uniforme de grenadier de la garde.

« Cet uniforme des grenadiers de la garde impériale, de l'année 1813, orné d'épaulettes en or et d'une plaque de la Légion d'honneur, fut, comme le chapeau, tiré au sort; il m'échut en partage.

393 à 399. — Effets de corps (1).

« Une culotte et une veste d'uniforme, casimir blanc, à l'usage de l'Empereur à Sainte-Hélène.

Une paire de bottes à l'écuyère, à l'usage de l'Empereur à Sainte-Hélène.

Deux chemises de toile de Hollande, à l'usage de l'Empereur à Sainte-Hélène.

Deux mouchoirs de poche avec la couronne, à l'usage de l'Empereur à Sainte-Hélène. »

400. — Un mouchoir de l'impératrice Joséphine. Donné par M{i}lle Cochelet en 1821.

---

(1) Ils ne sont pas exposés et sont conservés dans un des dépôts du Musée.

401. — Un grand-cordon de la Légion d'honneur que portait l'empereur sous son habit à Sainte-Hélène.

402. — Un ceinturon en daim. Celui qui était à l'épée de l'Empereur à Sainte-Hélène.

Paris, ce 4 juillet 1856.

Signé : Comte MARCHAND,
Chevalier de la Légion d'honneur, l'un des exécuteurs testamentaires de l'empereur Napoléon Ier.

Archives du Musée.

403. — Chapeau porté par l'empereur Napoléon Ier pendant son séjour à Sainte-Hélène. Donné au Musée des Souverains par M. Pierron.

404. — Mouchoir que Napoléon Ier a touché aux derniers instants de sa vie. Donné au Musée des Souverains par M. Pierron.

A ce double don était jointe la note qui suit :

« J'ai eu l'honneur d'appartenir à l'empereur Napoléon Ier, comme maître d'hôtel, attaché à sa personne jusqu'à ses derniers moments et au nombre de celles qui y ont assisté ; j'ai recueilli, sur le lit mortuaire, un mouchoir (marqué au chiffre impérial), dont il venait de se servir. Cette précieuse relique, conservée par moi dans le même état et que je voulais garder jusqu'à ma mort, je viens vous l'offrir aujourd'hui, pour la réunir aux précieux souvenirs que vous avez déjà dans votre Musée. »

Extrait d'une lettre adressée, le 20 janvier 1853, à M. le Directeur général des Musées, par M. Pierron, ancien maître d'hôtel de l'Empereur à l'île d'Elbe et à Sainte-Hélène, membre de la Commission de Sainte-Hélène, en 1840.

Archives du Musée.

405. — Cheveux de l'empereur Napoléon Ier, coupés au commencement de 1814 par M. Duplan.

Ils ont été donnés au Musée par M. Jules Duplan, fils du coiffeur de l'Empereur.

406. — Cheveux de l'empereur Napoléon Ier et du roi de Rome. Donnés au Musée par M. Pierron.

Ils sont réunis dans un médaillon.

407. — Cheveux du roi de Rome. Donnés au Musée des Souverains par M. Rudolf Fuchs.

Au don était jointe la note qui suit :

« Mon père était médecin-dentiste de tous les princes de la famille impériale d'Autriche, par conséquent aussi du roi de Rome et il avait le droit de circuler dans les appartements du château. Le lendemain de la mort du prince, le corps étant encore dans son lit, mon père entra et prit cette mèche de cheveux pour en avoir un souvenir. Après la mort de mes parents, dont je suis le seul fils, cette relique est venue dans ma possession et je ne connais pas d'endroit plus convenable pour la conserver que le Musée des Souverains. Je garantis son authenticité et vous prie de vouloir bien l'accepter pour le Louvre. »

Extrait d'une lettre adressée, le 20 juillet 1863, à M. le surintendant des Beaux-Arts, par M. Rudolf Fuchs, lieutenant du 12e lanciers, au service de l'Autriche, aide de camp du maréchal-lieutenant, baron Lédérar.

Archives du Musée.

408. — Couronne offerte par la ville de Cherbourg pour être déposée sur le cercueil de l'empereur Napoléon Ier au moment de son transbordement en vue de la terre de France.

Elle est d'argent doré, composée d'une branche de chêne et d'une branche de laurier, l'une et l'autre étant garnies de fruits ; elle a d'ouverture 0,210. Les feuillages se rejoignent sur le devant et les tiges, qui sont entrecroisées à la partie opposée, sont reliées par un ruban noué. Sur les bouts des rubans on lit ces mots gravés en relief : « A NAPOLÉON LE GRAND, LA VILLE DE CHERBOURG RECONNAISSANTE.

L'artiste qui a exécuté ce travail d'orfèvrerie, l'a signé sur le revers et près du nœud : « Ed. Granger, *fecit*. Paris. 1840.

M. le Ministre d'État et de la Maison de l'Empereur, en remettant au Musée des Souverains la couronne de Cherbourg, a fait connaître par la lettre ici jointe les intentions de Sa Majesté Napoléon III.

« Après avoir pris les ordres de Sa Majesté, j'ai décidé que la couronne d'or que la ville de Cherbourg déposa en 1840 sur le cercueil de l'empereur Napoléon Ier, au moment de son débarquement, serait transportée au Louvre, pour faire partie du Musée des Souverains. Je vous prie de vouloir bien prendre possession, au nom de la Maison de l'Empereur, de cet objet précieux qui est actuellement déposé au Palais-Royal et a été confié par le prince Jérôme Napoléon, à M. Varcollier, intendant général de la Maison de S. A. I. »

Extrait d'une lettre adressée, le 16 juin 1853, à M. le Directeur général des Musées, par le Ministre d'Etat et de la Maison de l'Empereur.

Archives du Musée.

Typ. Charles de Mourgues frères, rue J.-J. Rousseau, 8. — 6555.